Bibliografische Information der Deutschen Nationalbibliothek:
Die Deutsche Nationalbibliothek verzeichnet diese Publikation in der Deutschen Nationalbibliografie; detaillierte bibliografische Daten sind im Internet über http://dnb.d-nb.de abrufbar.

Impressum:

Lektorat: Gina Kacher

Copyright © 2015 ScienceFactory

Ein Imprint der GRIN Verlags GmbH

Druck und Bindung: Books on Demand GmbH, Norderstedt, Germany

Coverbild: morguefile.com

Achtsamkeit in der Therapie
Ein buddhistisches Prinzip in der modernen Psychotherapie

Inhalt

Das buddhistische Konzept Achtsamkeit im Netzwerk der Copingstile von Franziska Thieme 3

Zusammenfassung 5

1 Einleitung 7

2 Achtsamkeit 8

3 Stressbewältigung 40

4. Fragestellungen der Untersuchung 50

5 Methodik und Hypothesen der Untersuchung 53

6. Ergebnisse 67

7. Diskussion 80

Literaturverzeichnis 93

Tabellenanhang 99

Fragebögen 111

Achtsamkeitsbasierte Ansätze in der Psychotherapie von Abhängigkeitsstörungen von Stefanie Gmerek 127

Danksagung 128

Zusammenfassung 129

1 Einleitung 130

2 Abhängigkeitsstörungen 131

3 Das Problem des Rückfalls 138

4 Das Prinzip der Achtsamkeit 143

5 Achtsamkeit in der Entstehung und Aufrechterhaltung von Abhängigkeit ... 145

6 Achtsamkeit in der Therapie von Abhängigkeitsstörungen 153

7 Achtsamkeit, Spiritualität und Psychotherapie 163

Literaturverzeichnis 172

Anhang 179

Durch Achtsamkeit aus der Depression – Achtsamkeitsbasierte Ansätze zur Behandlung von Depressionen von Nicola König 187

1. Einleitung 188
2. Einführung in die Begrifflichkeiten 189
3. Achtsamkeitsbasierte Ansätze zur Bewältigung von Depressionen 194
4. Fazit 206
Literaturverzeichnis 207

Das buddhistische Konzept Achtsamkeit im Netzwerk der Copingstile von Franziska Thieme

2008

Zum Gelingen dieser Arbeit haben viele Menschen beigetragen. Ganz besonders danke ich...

Steffi, Berit, Cathrin und Nicole für die Unterstützung während des Schreibens, die vielen kraftspendenden Stunden und die anregenden Gespräche über, für und gegen Achtsamkeit,

Katja und Lydi fürs Durchackern, Dranbleiben und Dasein,

Dragutin und Michael für die nie ausgehenden Gelegenheiten, euch, anderen und mir selbst wirklich zu begegnen,

dem Raum der Stille in der Hainstraße, in dem ich jede Woche „sitzen" konnte,

Marcus Roth für das Vertrauen, die Verbindlichkeit und die angenehme, stets neugierig-interessierte Betreuung,

Gunnar Ströhle für die Telefongespräche über Inhaltliches und Methodisches, die bereichernd und bestärkend waren,

Bernadette Sowa für die regelmäßigen Arbeitseinsätze, die Pausenzeiten (Stichwort: Espresso) und die inhaltliche Mitwirkung,

allen, die unerwähnt bleiben, sei es aus Platzmangel oder unbekannterweise,

meiner Familie, ohne die alles nichts wäre,

und dem Leben selbst, das mir immer wieder Anlass gibt, den Blick zu schärfen, für das, was ist.

Zusammenfassung

Das Konzept der Achtsamkeit ist in den letzten Jahren zunehmend in das Interesse klinisch-psychologischer Forschung gerückt. Es hat seine Ursprünge im Buddhismus und beschreibt eine Haltung, in der die Aufmerksamkeit konsequent auf die Erfahrung des Augenblicks gerichtet ist. Jeder Moment wird möglichst vollständig mit all seinen Facetten wahrgenommen. Die aktuellen Gedanken, Gefühle oder körperlichen Empfindungen werden nicht weiter verarbeitet, sondern lediglich zur Kenntnis genommen. Im Buddhismus wird es als Weg gelehrt, der zu Wohlbefinden und einem von Leid befreiten Leben führt. Auch in der empirischen Erforschung findet sich eine Vielzahl von Belegen, die für die Wirksamkeit von Interventionen sprechen, in denen das Achtsamkeitskonzept vermittelt wird.

In der vorliegenden Diplomarbeit wird der Frage nachgegangen, wie sich die Forderung nach Innehalten und bloßem Wahrnehmen mit den Ergebnissen der Copingforschung, die ein aktives und problemfokussiertes Vorgehen im Umgang mit Stress empfehlen, vereinbaren lässt. Leitend ist dabei die Frage, mit welchen Bewältigungsstrategien Achtsamkeit einhergeht und ob sich Achtsame in Stresssituationen eher aktiv-problemlösender oder passiv-vermeidender Strategien bedienen. Darüber hinaus wird anhand der Bewältigungskonstrukte *Vigilanz* und *Kognitive Vermeidung* untersucht, welche Aufmerksamkeitssteuerung Achtsame in Stresssituationen aufweisen und ob sie gegenüber Bedrohungsreizen eher zu einer Aufmerksamkeitshin- oder -abwendung neigen. Außerdem wird geprüft, ob Achtsamkeit mit psychischer Gesundheit einhergeht. Regressions- und faktoranalytische Modelle geben Aufschluss darüber, wie das Achtsamkeitskonzept auf der Ebene psychologischer Konstrukte verstanden werden kann. In der Untersuchung wird angenommen, dass Achtsamkeit ein Persönlichkeitsmerkmal ist, das bei jeder Person zu einem bestimmten Grad vorliegt, unabhängig davon, ob die Person spezielle Kenntnisse über das Achtsamkeitskonzept besitzt oder nicht.

Die Erhebung der Daten erfolgte anhand einer Stichprobe von Studierenden der Medizin, Psychologie und Theologie (N= 143). Der Fragebogen, der im Rahmen von Lehrveranstaltungen von diesen bearbeitet wurde, enthielt psychometrische Skalen zur Erfassung der Achtsamkeit (FFA), spezifischer Bewältigungsstrategien (COPE), der Aufmerksamkeitssteuerung in Bedrohungssituationen (ABI-R) und der individuellen psychischen Symptombelastung (SCL).

Die Ergebnisse zeigen, dass Achtsamkeit mit aktiv-problemlösenden Strategien einhergeht, während zu passiv-vermeidenden Strategien kein Zusammenhang besteht. Es finden sich bedeutsame Unterschiede zwischen Hoch- und Niedrigachtsamen in der Wahl der Bewältigungsstrategien. Dabei sind Hochachtsame charakterisiert durch einen aktiven und zugleich akzeptierenden Umgang mit Stresssituationen. Sie zeigen ein problemfokussiertes Herangehen und planen konkrete Handlungsschritte. Situationen, die zunächst nicht zu ändern sind, nehmen sie hin oder sie lenken den Blick auf das Positive. Sie geben Ziele weniger schnell auf und agieren Angst, Ärger und Frustration in Stresssituationen seltener ungesteuert aus, was für eine konsequente Verfolgung persönlicher Ziele und für die Fähigkeit zur Emotionsregulation spricht. Das Achtsamkeitskonzept ist mit dem Konstrukt der *Kognitiven Vermeidung* positiv, dem der *Vigilanz* negativ assoziiert. Demnach tendieren Achtsame gegenüber Bedrohungsreizen zur Abwendung der Aufmerksamkeit. Mit psychischer Gesundheit korreliert Achtsamkeit positiv. Die faktoranalytischen Berechnungen legen nahe, dass sich Achtsamkeit in das Netzwerk der übrigen Copingstile einreiht und keine eigenständige Dimension abbildet. Die Prüfung der Moderator- und Mediatormodelle spricht dafür, dass es sich bei Achtsamkeit – auf der Ebene psychologischer Konstrukte – um ein Persönlichkeitsmerkmal handelt, das seine Wirkung zum einen über die Copingstrategien entfaltet, zum anderen selbst die Funktion einer Bewältigungsstrategie übernimmt.

1 Einleitung

„Tue nichts, und alles ist getan."

Lao-tse

Nichts-Tun wird im westlichen Kulturkreis oft als Passivität, als Verharren aufgefasst. Es ist jedoch etwas anderes gemeint. Bei genauerem Hinschauen enthüllt dieser kurze Vers die Essenz der zen-buddhistischen Lehre. Es gilt, das Nichts-Tun zu üben – kontinuierlich und immer wieder von Neuem. Dabei geht es nicht darum, sich von der Welt zurückzuziehen und in regungsloser Pose auf dem Meditationskissen zu verharren. Die Idee des Nichts-Tuns beinhaltet, die Dinge wahrzunehmen, wie sie sind – unabhängig davon, ob sie angenehm oder unangenehm sind und gleichgültig, ob sie zum Ziel führen oder ein Hindernis darstellen. Das Wahrgenommene wird nicht umgedeutet, damit es erträglicher ist, nicht gerade gebogen, damit es besser passt, nicht festgehalten, um alles aus ihm herauszuholen. Bodhi (1994), ein Lehrer des Theravâda-Buddhismus, fordert zum Nicht-Tun derjenigen Dinge auf, mit denen der Geist die meiste Zeit beschäftigt ist: Denken und planen, bewerten, beurteilen und interpretieren. Den östlichen Weisheitslehren nach führt das ernsthafte Bemühen, diese Dinge zu lassen, zu einem glückvollen, von Leid befreitem Leben.

In der westlichen Wissenschaftslehre beschäftigt sich eine Vielzahl von Forschergruppen gleichermaßen damit, welche Bedingungen erfüllt sein müssen, damit psychisches Wohlbefinden erhalten oder wiedererlangt werden kann. Im Bereich der Stressbewältigungsforschung werden aus den Ergebnissen wissenschaftlicher Untersuchungen Handlungsempfehlungen abgeleitet, die der Maxime des Geschehenlassens widersprechen. Für den Umgang mit Stress und Belastungen erweisen sich besonders aktive und problemfokussierte Verhaltensweisen als hilfreich, während passive und vermeidende Strategien als wenig effektiv, wenn nicht sogar gesundheitsschädlich eingeschätzt werden.

Die Unvereinbarkeit dieser beiden Handlungsempfehlungen ist der Ausgangspunkt für die wissenschaftlich-psychologische Untersuchung der vorliegenden Diplomarbeit. Es wird der Frage nachgegangen, wie diejenigen Menschen Stress bewältigen, die aus der Perspektive der östlichen Lehrer das Nichts-Tun erfolgreich anwenden. Möglich ist dies, weil die Idee des Nichts-Tuns vor kurzem Eingang in die wissenschaftlich-psychologische Forschung gefunden hat – über das Konzept der Achtsamkeit. Dieses beschreibt eine Haltung, in der die Aufmerksamkeit konsequent auf die Erfahrung des Augenblicks gerichtet ist. Jeder Moment wird möglichst vollständig, mit all seinen Facetten wahrgenommen. Die aktuellen Gedanken, Gefühle oder körperlichen Empfindungen werden nicht weiter verarbeitet, sondern lediglich ohne Wertung zur Kenntnis genommen. In den letzten fünfzehn Jahren wurde – zunächst im nordamerikanischen Raum und später auch in Deutschland – eine Vielzahl von Studien zur Wirksamkeit von achtsamkeitsbasierten Therapien veröffentlicht. Ziel dieser Interventionen ist die Entwicklung einer inneren Haltung der Achtsamkeit. Ob eine solche Haltung tatsächlich mit psychischer Gesundheit einhergeht und mit welchen Bewältigungsstrategien – aktiv-problemlösende oder passiv-vermeidende – das Konzept der Achtsamkeit verbunden ist, sind die Leitfragen der vorliegenden Untersuchung.

Die einzelnen Kapitel der vorliegenden Diplomarbeit bauen inhaltlich aufeinander auf, dennoch ist der Einstieg an verschiedenen Stellen möglich, da die wichtigsten Aussagen in regelmäßigen Abständen zusammengefasst werden. Der „rote Faden" der Arbeit ergibt die folgende inhaltliche Gliederung: In den Kapiteln 2.1 und 2.2 wird in das Konzept der Achtsamkeit eingeführt – zum einen über die Achtsamkeitspraxis des Buddhismus sowie seine Anwendung in der Psychotherapie, zum anderen über empirische Ansätze der Definition des Konzepts. Die Kapitel 2.3 und 2.4 fassen den gegenwärtigen Stand der Forschung in Bezug auf die Wirksamkeit und die Wirkungsweise von Achtsamkeit zusammen. In den Kapitel 3.1 bis 3.3 werden psychologische Modelle zur Entstehung von Stress und Ansätze zur Klassifikation von Bewältigungsstrategien vorgestellt. Außerdem wird ein Überblick gegeben, welche Strategien in der Copingforschung als besonders wirksam identifiziert wurden. Aus den theoretischen Überlegungen ergeben sich die spezifischen Fragestellungen der vorliegenden Diplomarbeit, die in Kapitel 4 ausführlich dargestellt sind. Anhand der Kapitel 5 und 6 können der methodische Aufbau der empirischen Untersuchung, die statistischen Auswertungsprozeduren sowie die Ergebnisse nachvollzogen werden. Die Diskussion der Methodik und der Ergebnisse der vorliegenden Untersuchung findet in Kapitel 7 statt.

2 Achtsamkeit

2.1 Definitionsansätze der Achtsamkeitskonzepts

Die ersten vier Kapitel stellen in einem kurzen Abriss dar, wie das Achtsamkeitskonzept in seinen unterschiedlichen Kontexten definiert wird. Es geht dabei um eine möglichst präzise Annäherung daran, als was Achtsamkeit verstanden werden kann. Möglich wird dies über die Betrachtung seiner ursprünglichen Bedeutung im Buddhismus, seiner Anwendung in der

Psychotherapie und über die wissenschaftlichen Definitonsansätze, die feststellen, um was es sich bei dem Achtsamkeitskonzept aus psychologischer Sicht handelt.

2.1.1 Achtsamkeit im Buddhismus

Die Bedeutung des Achtsamkeitsprinzips fällt in den verschiedenen Meditationstraditionen des Buddhismus unterschiedlich aus. Eine zentrale Rolle spielt die Kultivierung von Achtsamkeit im Theravada-Buddhismus, der heute überwiegend in Südostasien und Sri Lanka vertreten ist. Dieser gehört zusammen mit dem Tibetischen Buddhismus und dem Zen zu den drei Haupttraditionen, die auch in den Westen getragen wurden (Gruber, 1).

Im Theravâda-Buddhismus ist Achtsamkeit das Hauptmittel, um Einsicht zu gewinnen in die drei Daseinsmerkmale des Lebens: Vergänglichkeit, Ungreifbarkeit und Nicht-Selbstheit[1]. Sie stellen die Erkenntnis dar, dass die Wirklichkeit flusshaft-vergänglich, letztlich ungreifbar und selbstloser Natur ist (Gruber, 2001). Aber wie soll es zu dieser Erkenntnis kommen? Die Lehrreden des Buddha, u.a. die Rede von den Vergegenwärtigungen der Achtsamkeit[2], enthalten konkrete Anweisungen, wie Achtsamkeit systematisch in der Meditation und im Alltag eingeübt werden soll. Der Weg sei die Entwicklung einer Moment-zu-Moment-Aufmerksamkeit gegenüber folgenden Wahrnehmungsinhalten: allem Körperlichen, allen Gefühlsreaktionen, allen Geistesqualitäten und allen natürlichen Wahrheiten.

Er spricht dabei von einer reinen Aufmerksamkeit. Rein deshalb, weil die Objekte schlicht so wahrgenommen werden sollen, wie sie tatsächlich sind; ohne sie vorschnell zu beurteilen, zu kategorisieren oder mit anderen kognitiven Aktivitäten auf sie zu reagieren. Falls dennoch solche Prozesse ablaufen und zum Beispiel weitere Gedanken oder Reflexionen angestoßen werden, werden ebendiese zum Gegenstand der Betrachtung; d.h. ihnen wird mit der beschriebenen reinen Aufmerksamkeit begegnet (Bodhi, 1994).

Die Abbildung 2.1 zeigt eine stark vereinfachte Darstellung des buddhistischen Achtsamkeitsverständisses.

---

[1] (Pali) anicca, dukkha und anatta
[2] (Pali) Satipatthana-Sutta

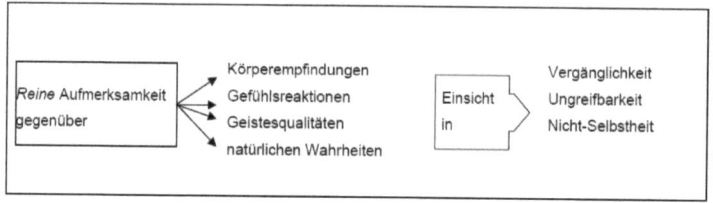

Abb. 2.1: Achtsamkeit in der Lehrreden des Buddha (eigene Grafik)

Das Praktizieren von Achtsamkeit wird eher als ein aktives Nicht-Tun verstanden: Nicht denken, nicht bewerten oder beurteilen, nicht assoziieren, nicht planen, nicht vorstellen, nicht interpretieren etc. (Bodhi, 1994). Siddharta Gautama (zit. nach Thera, 1989), der Buddha, resümiert dies so:

„Das Gesehene soll lediglich ein Gesehenes sein, das Gehörte lediglich ein Gehörtes, das (durch die drei anderen Körpersinne) Empfundene lediglich ein (so) Empfundenes, das Erkannte lediglich ein Erkanntes."

Im Verständnis buddhistischer Meditationspraxis beschreibt das Prinzip Achtsamkeit also eine Haltung, in der alle nacheinander ins Bewusstsein kommenden Phänomene gleich behandelt werden. Das kann geschehen, indem sie lediglich aufmerksam registriert werden und nichts weiter damit „getan" wird.

2.1.2 Achtsamkeit in der Psychotherapie

Eng an dieses buddhistische Verständnis anknüpfend definiert Kabat-Zinn, der Begründer der am weitesten verbreiteten Achtsamkeitsintervention, den Begriff. Er beschreibt Achtsamkeit als eine bestimmte Art und Weise der Aufmerksamkeitslenkung. Sie sei absichtsvoll, auf den aktuellen Moment gerichtet und nicht-urteilend (Kabat-Zinn, 1990)[3]. Er stellt den Bewusstseinszustand, der dabei entsteht, dem sogenannten Autopilot-Modus gegenüber. Dieser zeichnet sich im Gegensatz zur Achtsamkeit dadurch aus, dass mentale Aktivitäten jeglicher Art dominieren, z.B. Tagträume, Phantasien, Zukunftsgedanken, Grübeleien etc. (Heidenreich & Michalak, 2004). Die Abbildung 2.2 veranschaulicht Kabat-Zinns Achtamkeitsverständnis.

---

3 (Original) Paying attention in a particular way: on purpose, in the present moment and nonjudgementally.

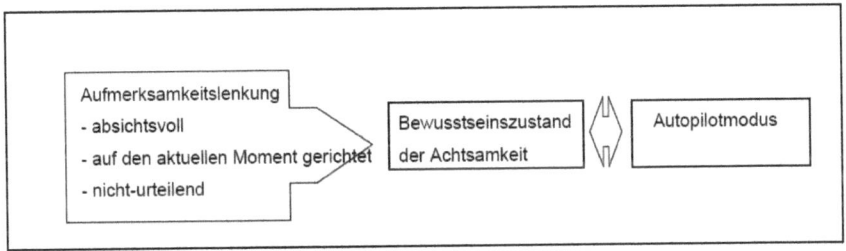

Abb. 2.2: Achtsamkeitsverständnis nach J. Kabat-Zinn (eigene Grafik)

Der Verdienst Kabat-Zinns ist, dass er die Achtsamkeit aus ihrem religiös-spirituellen Kontext herauslöste und als therapeutische Methode etablierte. Sie bildet das Kernstück des Behandlungsprogramms „Mindfulness-based Stress Reduction", das er als ehemaliger Molekularbiologe und Anatomieprofessor an der Stress-Reduction-Clinic, Massachusetts, entwickelte. Da es eine Pionierrolle im Bereich der Therapie einnimmt und bis heute die am weitesten verbreitete Achtsamkeitsintervention ist (an über 200 Kliniken und Zentren weltweit, vgl. Bishop, 2002), soll sie an dieser Stelle kurz vorgestellt werden, um das Achtsamkeitsprinzip greifbarer zu machen.

Das Programm der Mindfulness-Based Stress Reduction ist eine achtwöchige Gruppenintervention, das ursprünglich für PatientInnen mit Schmerzstörungen entwickelt wurde. Heute wird sie in der Regel nicht mit störungshomogenen Gruppen durchgeführt, sondern mit PatientInnen mit ganz unterschiedlichen körperlichen oder psychischen Erkrankungen. Es werden einerseits konkrete Übungen vermittelt, andererseits wird großer Wert auf den Transfer der Übungsinhalte in die informelle Praxis des Alltags gelegt. Die formelle Praxis des Programms setzt sich aus Sitz- und Gehmeditation, Body-Scan und Yoga-Übungen zusammen. Sie werden in den acht wöchentlichen Gruppensitzungen sowie einem ganztägigen Seminar gemeinsam gelernt. An den restlichen Tagen üben die TeilnehmerInnen täglich ca. 45 Minuten eigenständig. Achtsamkeit wird in diesem Programm vor allem durch die Methode der Atemmeditation geschult. Die TeilnehmerInnen nehmen dabei eine bequeme Position auf einem Stuhl oder einem Kissen ein und richten ihre Aufmerksamkeit auf die körperlichen Empfindungen der Atmung. Die Atmung wird nicht beeinflusst, sondern in ihrem unwillkürlichen Ablauf einfach beobachtet. Gegenstand der Betrachtung kann zum Beispiel das Senken und Heben der Bauchdecke sein. Sobald die Aufmerksamkeit zu Gedanken, Emotionen oder anderen Körperempfindungen abschweift, wird dies lediglich zur Kenntnis genommen, ohne es zu bewerten oder zu analysieren, und anschließend die Aufmerksamkeit sanft wieder auf den Atem gelenkt. Dies wird jedes Mal wiederholt, sobald er/sie bemerkt, dass sich seine/ihre Aufmerksamkeit auf etwas anderes als den Atem richtet (vgl. Bishop, 2002; Heidenreich & Michalak, 2006).

Das Programm macht deutlich, wie Kabat-Zinn Achtsamkeit versteht: als eine Fähigkeit, die bei jedem Menschen angelegt ist, die man jedoch wie einen Muskel beständig trainieren muss (Kabat-Zinn, 2006). Die Fähigkeit, die Aufmerksamkeit absichtsvoll und nicht-wertend auf das momentane Erleben zu richten, ermögliche es dann in mehr und mehr Situationen des Alltags, den beschriebenen Bewusstseinszustand der Achtsamkeit herzustellen. Achtsamkeit fand inzwischen Eingang in eine Reihe weiterer Therapien. Drei der bekanntesten sind:

- Mindfulness-Based Cognitive Therapy (Segal, Williams & Teasdale, 2002), der
- Dialektisch-Behavioralen Therapie (Linehan, 1996) und der
- Acceptance and Commitment Therapy (Hayes, Strohsal & Wilson, 1999).

Von welchen Wirkmechanismen des Achtsamkeitsprinzips diese Therapieansätze ausgehen, ist in einem anderen Abschnitt (Kap. 2.4) beschrieben.

2.1.3 Achtsamkeit als psychologischer Prozess

Die Definition von Kabat-Zinn nähert sich dem Konstrukt Achtsamkeit, indem sie beschreibt, über welche Art der Aufmerksamkeitslenkung dieser Bewusstseinszustand hergestellt wird. Bishop und Kollegen wenden ein, dass diese Definition zu unpräzise sei, vor allem dann, wenn man das Konstrukt Achtsamkeit wissenschaftlich einordnen wolle (Bishop, Lau, Shapiro, Carlson, Anderson & Carmody, 2004). Mit ihrer operationalen Definition versuchen sie deshalb, eine genaue Determinierung des Begriffs zu geben, um daraus empirisch prüfbare Hypothesen abzuleiten. Sie schlagen ein Zwei-Komponenten-Modell vor, welches die impliziten psychologischen Prozesse der Achtsamkeit erfasst. Achtsamkeit sei zum einen eine Selbstregulation der Aufmerksamkeit, zum anderen eine Einstellung gegenüber der momentanen Erfahrung (Abb. 2.3).

Die Regulation der Aufmerksamkeit ermöglicht, dass sie immer wieder von einem Moment zum nächsten auf die Erlebnisse des Augenblicks gelenkt und aufrechterhalten werden kann. Dies hat den Effekt, dass die sich ständig verändernden Reize (z.b. Gedanken, Gefühle oder Körperempfindungen) einfach nur wahrgenommen werden, ohne sie gedanklich weiter zu verarbeiten (Bishop et al., 2004).

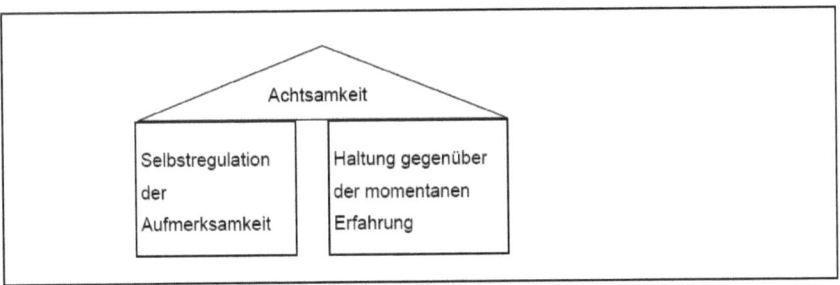

Abb. 2.3: Achtsamkeitskomponenten nach S. R. Bishop (eigene Grafik)

Betrachtet man die erste Komponente aus einer allgemeinpsychologischen Perspektive, dann beinhaltet die Selbstregulation der Aufmerksamkeit Prozesse wie die Aufmerksamkeitsaufrechterhaltung, den Aufmerksamkeitswechsel und die Hemmung elaborierter, sekundärer Prozesse (Bishop, 2002). Aus differentiell-psychologischer Perspektive sind nach diesem Modell solche Personen achtsamer, die ihre Aufmerksamkeit länger auf die unmittelbar im Moment ablaufenden Prozesse richten können, sich weniger in gedankliche Elaborationen verstricken und wenn sie dies tun, ihre Aufmerksamkeit leichter wieder auf den aktuellen Moment lenken können (Bishop et al., 2004).

Mit dieser aufmerksamkeitsregulierenden Komponente geht eine neugierige, offene und akzeptierende Haltung gegenüber den momentanen Erlebnisinhalten einher, die Bishops zweite Komponente darstellt. Jedem Augenblick wird mit Neugier begegnet, ohne selektiv bestimmte Erlebnisse zu bevorzugen oder auszuwählen. Die von Moment zu Moment ins Bewusstsein kommenden Erlebnisinhalte werden unvoreingenommen akzeptiert und zugelassen, indem sie wahrgenommen werden.

Nach dieser Definition wird Achtsamkeit als eine Art metakognitiver Prozess verstanden. Die Aufmerksamkeit nimmt eine beobachtende Rolle gegenüber dem kognitiven Geschehen ein, es werden z.B. die eigenen Gedanken beobachtet. Bishop und Kollegen (2004) sprechen in diesem Zusammenhang von einer metakognitiven Regulation der Aufmerksamkeit. Auch sie begreifen Achtsamkeit als Zustand, der nur durch regelmäßiges Üben ausgebildet werden kann. Ihnen zufolge können jedoch außer der Atemmeditation auch andere Methoden einen achtsamen Bewusstseinzustand fördern. Zum Beispiel könne sich Achtsamkeit auch im Rahmen einer erfolgreichen Psychotherapie entwickeln. Durch die Definition der Achtsamkeit als psychologischen Prozess lösen sie das Konstrukt aus dem Kontext der Meditationspraxis heraus. Als Konsequenz daraus könne man, so Hayes und Shenk (2004), genau genommen jede Technik, welche zum Ziel hat die Aufmerksamkeit auf den Moment zu erhöhen und eine Einstellung von Akzeptanz zu kultivieren, als eine achtsamkeitsbasierte Methode bezeichnen.

2.1.4 Achtsamkeit auf der Ebene psychologischer Konstrukte

Nachdem der Definitionsansatz von Bishop (2002, 2004) vorgestellt wurde, der Achtsamkeit zum einen als Einstellung gegenüber der aktuellen Erfahrung und zum anderen als Fähigkeit zur Aufmerksamkeitsregulation versteht, wird geprüft, was das Achtsamkeitskonstrukt aus persönlichkeitspsychologischer Sicht darstellt. Es wird diskutiert, ob man das Achtsamkeitskonstrukt als Persönlichkeitsmerkmal verstehen kann, um welche Art von Persönlichkeitsmerkmal es sich im engeren Sinne handeln könnte und welche Definition für die vorliegende Untersuchung angenommen wird.

Persönlichkeitsmerkmale (traits) zeichnen sich nach dem Eigenschaftsparadigma durch drei Merkmale aus: Sie bilden interindividuelle Unterschiede ab, sind transsituativ konsistent und zeitlich stabil. Was sagt die bisherige Forschung zum Achtsamkeitskonstrukt in Bezug auf diese Merkmale aus? Die zahlreichen Achtsamkeitsskalen, die entwickelt wurden, sprechen für die (zumindest implizite) Annahme der Autoren, dass die Merkmale auch auf das Achtsamkeitskonstrukt zutreffen. Einen empirischen Nachweis dafür konnten bisher nur Brown und Ryan (2003; 2004) in ihren Untersuchungen erbringen, die individuelle Unterschiede auch bei Personen fanden, die keinerlei Erfahrung in Meditation hatten. Auch theoretisch erscheint es jedoch plausibel, dass Achtsamkeit das Erleben und Verhalten einer Person in unterschiedlichen Kontexten und über verschiedene Situationen hinweg beeinflusst. Was seine zeitliche Konsistenz angeht, scheint es sich eher um eine mittelfristige Stabilität zu handeln. Indikator dafür ist, dass Achtsamkeitsinterventionen darauf abzielen, die Achtsamkeit der Teilnehmer bedeutsam zu verändern (d.h. zu erhöhen). Weiterhin wird Achtsamkeit im Verständnis einiger Experten, u.a. Jon

Kabat-Zinn, als Fähigkeit betrachtet, die angeboren und bei jedem Menschen zu einem bestimmten Grad ausgeprägt ist. Angesichts des persönlichkeitspsychologischen Fähigkeitsbegriffs, der darunter Eigenschaften wie Intelligenz, Kreativität oder soziale Kompetenz versteht, lässt sich das Achtsamkeitskonstrukt dort nur schwer einordnen, will man es in seiner Bedeutung nicht entfremden.

Schon eher macht es Sinn, Achtsamkeit dem Bereich der Temperamentsmerkmale zuzuordnen, die individuelle Besonderheiten in Formaspekten des Verhaltens beschreiben. Diese zeigen sich in den „drei A's der Persönlichkeit": Affekt, Aktivierung und Aufmerksamkeit (Asendorpf, 2007). Die enge Verknüpfung von Achtsamkeit und neurophysiologischen Prozessen ist bisher nicht ausreichend erforscht, dennoch ist in den vorangehenden Kapiteln deutlich geworden, wie radikal das Achtsamkeitskonzept an basalen Aufmerksamkeits- und Wahrnehmungsprozessen ansetzt.

Das Achtsamkeitskonzept psychologisch als Einstellung zu definieren, wie Bishop (2002) es tut, ist nachvollziehbar. Einstellungen bezeichnen individuelle Besonderheiten in der Bewertung spezifischer Objekte der Wahrnehmung (Asendorpf, 2007). Das Objekt der Wahrnehmung ist beim Achtsamkeitskonzept die Erfahrung des aktuellen Moments. Allerdings wird diesem gegenüber eine nicht-wertende Haltung eingenommen, was die persönlichkeitspsychologische Definition ad absurdum führt.

Dass das Achtsamkeitskonzept auf der Ebene psychologischer Konstrukte schwer einzuordnen ist, wenn man das Konzept nicht soweit reduzieren will, dass sein eigentlicher Inhalt verloren geht, liegt in dem ihm eigenen Ganzheitlichkeitanspruch begründet. Es zeigt sich bei den Definitionsversuchen beispielsweise, dass abwechselnd zwei unterschiedliche Aspekte des Achtsamkeitskonzepts in den Blick genommen werden. Einerseits wird Achtsamkeit als Handlung verstanden (zum Beispiel als willentliche Lenkung der Aufmerksamkeit auf den aktuellen Moment), andererseits als das Ergebnis dieser Handlung (zum Beispiel der Bewusstseinszustand der Achtsamkeit bei Kabat-Zinn). Bishop (2002) hat beide Aspekte in seine Achtsamkeitsdefinition integriert. Für ihn bezeichnet Achtsamkeit zum einen, inwieweit eine Person ihre Aufmerksamkeit reguliert, und zum anderen, welche Einstellung sie gegenüber der aktuellen Erfahrung einnimmt.

Auch für die vorliegende Untersuchung wird diese zweiteilige Definition angenommen, da beide Aspekte für die Untersuchung von Relevanz sind. Bezüglich der Komponente der Aufmerksamkeitsregulation wird die Frage untersucht, wie sich die Aufmerksamkeitsregulation der Achtsamkeit im Bewältigungsmodell von Krohne und Egloff (1999, vgl. Kap. 3.2.3) positioniert. Darüber hinaus wird der Frage nachgegangen, welche Bewältigungsstrategien im Umgang mit Stresssituatioen mit der Einstellung der Achtsamkeit einhergehen (vgl. Kap. 3.2.2). Begünstigt eine achtsame Einstellung passiv-vermeidende oder aktiv-problemlösende Strategien? Außerdem ist zu vermuten, dass Achtsamkeit einen spezifischen Umgang mit Belastungen hervorzusagen vermag, so wäre es aus persönlichkeitspsychologischer Sicht den Copingstile zuordenbar. Diesen Fragen wird in der vorliegenden Untersuchung nachgegangen.

2.2 Operationalisierungsansätze der Achtsamkeit

In den folgenden vier Kapiteln werden die Erkenntnisse zusammengetragen, die sich aus der empirischen Analyse des Achtsamkeitskonzepts ergeben. Von Interesse sind dabei zum einen die zur Erfassung des Konstrukts entwickelten Instrumente. Die Items der Fragebögen dienen dabei als Indikatoren dafür, was Achtsamkeit den jeweiligen Autoren nach beinhaltet bzw. (bei negativ gepolten Items) was als dessen Gegenteil angesehen wird. Zum anderen sind Untersuchungen von Bedeutung, in denen Dimensionalitäts- und Korrelationsanalysen zum Achtsamkeitskonzept durchgeführt wurden. Die Ergebnisse dieser Studien werden kurz dargestellt und in Bezug auf die Klärung der Frage, wie Achtsamkeit definiert werden kann, eingeordnet.

2.2.1 Der Freiburger Fragebogen zur Achtsamkeit

In den letzten Jahren sind im angloamerikanischen Raum eine Reihe von Fragebögen veröffentlicht worden, die das Konstrukt auf unterschiedliche Art und Weise messen. Zwei davon wurden auch für den deutschsprachigen Raum adaptiert: Die Mindful Attention Awareness Scale (Brown & Ryan, 2003; dt. von Heidenreich und Michalak, 2003) und das Kentucky Inventory of Mindfulness Skills (Baer, Smith & Allen, 2004; dt. von Ströhle, unveröff.). Außerdem entwickelte eine Freiburger Arbeitsgruppe (Walach, Buchheld, Buttenmüller, Kleinknecht, Grossman & Schmidt, 2004) ein eigenständiges Instrument, den Freiburger Fragebogen zur Achtsamkeit.

Der Freiburger Achtsamkeitsfragebogen (FFA) ist derjenige unter den deutschen Achtsamkeitsskalen, der am explizitesten Bezug nimmt auf die buddhistischen Wurzeln des Achtsamkeitskonstrukts. Anhand der Vipassanâ-Literatur formulierte die Arbeitsgruppe um Walach zunächst 73 Items, die das buddhistische Achtsamkeitsverständnis abbilden. Danach befragten sie eine Reihe von Experten mit langjähriger Meditationserfahrung. Daraus resultierte eine Vorform des Fragebogens mit 38 Items. Die Überprüfung dieser (Trennschärfekoeffizienten und Schwierigkeitsindices) ergab den FFA mit 30-Items. Trotz seiner vergleichsweise hohen Variabilität – er erfasst auch subtilere Aspekte der Achtsamkeit wie Nicht-Identifikation und Nicht-Reaktivität – weist er eine hohe interne Konsistenz (Cronbachs a = .93) auf, die auch in Folgestudien (Walach et al., 2004) bestätigt werden konnte. Die Dimensionalität der Skala ist unterschiedlich, weshalb die Autoren eine Generalfaktorenlösung am ehesten in Betracht ziehen. Nach Walach und Kollegen würden die Ergebnisse dafür sprechen, dass es sich bei der Achtsamkeit im Grunde um ein ganzheitliches und unteilbares Konstrukt handelt, das sich zwar durch methodische Analysen in verschiedene Komponenten zerlegen lässt, jedoch im konkreten Erleben nicht in unabhängige Elemente zerfällt.

Ströhle (unveröff.) kam in seinen Analysen zu dem Schluss, dass ein Zwei-Faktoren-Modell die Beziehung zwischen den Items noch besser erklärt. Der erste Faktor fasse Items zusammen, die die Aufmerksamkeit auf und Beobachtung von momentan ablaufenden körperlichen und geistigen Prozessen abbilden. Der zweite Faktor beinhaltet die Offenheit und Akzeptanz gegenüber sich selbst und anderen.

2.2.2 Konvergente und divergente Konstruktvalidität

Die Analysen zur diskriminanten Validität des FFA ergaben folgende Zusammenhänge: Die mit dem FFA erfasste Achtsamkeit ist positiv assoziiert mit den Konstrukten Private Selbstaufmerksamkeit und Selbsterkenntnis. Zur Skala *Öffentliche Selbstaufmerksamkeit* besteht hingegen ein schwach negativer Zusammenhang. Negative Korrelationen bestehen weiterhin zu den Konstrukten psychopathologische Symptombelastung und Dissoziation.

Ingesamt bestätigen die gefunden Zusammenhänge die Operationalisierung des Konstrukts.

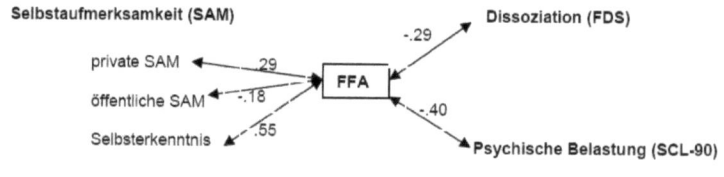

Abb. 2.4: Korrelation mit anderen Konstrukten in der Studie von Walach et al. (2004) (eigene Grafik)

2.2.3 Faktoranalytische Untersuchung des Achtsamkeitskonzepts

Einen besonderen Erkenntnisgewinn verspricht der Ansatz der Arbeitsgruppe um Ruth A. Baer. Diese (Baer, Smith, Hopkins, Krietemeyer & Toney, 2006) wählten fünf der englischsprachigen Fragebögen aus[4] – darunter eine Übersetzung des Freiburger Fragebogens zur Achtsamkeit – und führten eine methodisch anspruchsvolle Analyse durch, um Hinweise auf die zugrunde liegenden Dimensionen der Achtsamkeit zu gewinnen. Sie rechneten explorative und konfirmatorische Faktorenanalysen mit dem Gesamtsatz der Items aller fünf Fragebögen, die sie an einer Stichprobe von 613 Psychologiestudierenden erhoben hatten. Die Ergebnisse deuten darauf hin, dass Achtsamkeit sich, wenn sie mit Fragebögen erfasst wird, in fünf Facetten differenzieren lässt. Vier der fünf Faktoren entsprechen weitgehend den Unterskalen des KIMS (Kentucky Inventory of Mindfulness Skills). Es ergab sich ein weiterer Faktor, der eine nicht-reaktive Haltung gegenüber innerem Erleben[5] abbildet. In Tabelle 2.1 sind die fünf Facetten mit jeweils einem Markieritem sowie die Zusammenhänge mit anderen Konstrukten dargestellt.

---

4 Mindfulness Attention Awareness Scale, Freiburg Mindfulness Inventory, Kentucky Inventory of Mindfulness Skills, Cognitive and Affective Mindfulness Scale, Mindfulness Questionnaire
5 (Englisch) nonreactive stance toward inner experience

Faktoren	Anteil der Varianz (in %)	Item mit der höchsten Ladung	Zusammenhänge mit anderen Konstrukten
Nicht-reaktive Haltung	15,39	Ich beobachte meine Gefühle und Emotionen, ohne auf sie reagieren zu müssen	Selbst-Mitgefühl (+)
Beobachten	7,10	Ich achte auf Empfindungen wie zum Beispiel Wind in meinem Haar oder Sonnenschein auf meinem Gesicht	Offenheit für Erfahrungen (+)
Mit Achtsamkeit handeln	4,30	Ich merke, wie ich Dinge tue, ohne auf sie zu achten.	Dissoziation (-), Gedankenlosigkeit (-)
Beschreiben	3,26	Ich habe Schwierigkeiten die richtigen Worte zu finden, um meine Gefühle zu auszudrücken.	Emotionale Intelligenz (+), Alexithymie (-)
Akzeptieren ohne Bewertung	2,62	Ich denke, dass manche meiner Gefühle schlecht oder unangebracht sind, und dass ich sie nicht haben sollte.	Psych. Beschwerden (-), Neurotizismus (-), Gedankenunterdrückung (-), Emotionsregulationsschwierigkeiten (-), Erfahrungsvermeidung (-)

(+) bedeutsamer positiver Zusammenhang, (-) bedeutsamer negativer Zusammenhang

Tab. 2.1. Facetten der Achtsamkeit in der Studie von Baer et al. (2006) (eigene Tab.)

Baer fand, dass die Subskala *Beobachten* keine bedeutsame Ladung auf dem dahinter liegenden Achtsamkeitsfaktor hatte. Ein Modell zweiter Ordnung, welches die restlichen Primärfaktoren Beschreiben, Mit Aufmerksamkeit Handeln, Akzeptieren ohne Bewertung und Nicht-Reaktivität beinhaltete, passte besser zu den Daten. Die Ergebnisse sind jedoch nicht auf Menschen mit Erfahrung in Meditation verallgemeinerbar, da in solch einer Stichprobe alle fünf Faktoren Facetten eines dahinter liegenden Konstrukts waren. Interessanterweise ergeben sich aus der Untersuchung Hinweise, dass die

Faktorenstruktur von Grad der Meditationserfahrung abhängt. So zeigt sich zum Beispiel nur bei Personen mit Meditationserfahrung ein positiver Zusammenhang zwischen den Facetten „Beobachten" und „Akzeptieren ohne Bewertung". Insgesamt korrelierten die Komponenten in der erwarteten Richtung mit unterschiedlichen anderen Konstrukten und besaßen inkrementelle Validität in der Vorhersage von psychischen Symptomen.

Was kann man daraus ableiten, um das Achtsamkeitskonstrukt genauer zu determinieren? In den statistischen Analysen von Baer und Kollegen zeigt sich Achtsamkeit nicht als eindimensionales Konstrukt, sondern als Konstrukt mit verschiedenen Facetten. In ihrem Fünf-Faktoren-Modell sind dies die Teilaspekte Nicht-Reagieren, Beobachten, Beschreiben, Mit-Achtsamkeit-Handeln und Akzeptieren-ohne-Bewertung. Insgesamt deuten die Ergebnisse auf die Nützlichkeit einer mehrdimensionalen Betrachtungsweise von Achtsamkeit hin.

2.2.4 Vergleich der deutschsprachigen Achtsamkeitsskalen

Zu vergleichbaren Ergebnissen kam Ströhle im Rahmen seiner Diplomarbeit (2006, unveröff.). Er verglich die drei deutschsprachigen Achtsamkeitsfragebögen Freiburger Fragebogen zur Achtsamkeit (FFA), Mindful Attention Awareness Scale (MAAS) und Kentucky Inventory of Mindfulness (KIMS) anhand einer Stichprobe von 498 Studierenden. Im Bezug auf den FFA konnte er die von Walach und Kollegen postulierte Eindimensionalität des Konstrukts zwar replizieren, allerdings erwies sich ein alternatives Modell als (noch) passgenauer. Dieses Zwei-Faktoren-Modell, entwickelt auf der Grundlage theoretischer Überlegungen (Ströhle, unveröff.), bildet die Datenlage noch besser ab und ist zudem sparsamer. Zwei zentrale Komponenten der Achtsamkeit werden gegenübergestellt: Die Aufmerksamkeit gegenüber momentanen körperlichen und geistigen Prozessen und die Akzeptanz und Offenheit gegenüber sich selbst und anderen. Sie korrelieren zu $r = 56$ miteinander.

Die Akzeptanzfacette wird von den Skalen in unterschiedlicher Weise erfasst. Während sie beim FFA über positiv formulierte Items erhoben wird, die durch Offenheit, wohlwollende Annahme und Wertschätzung gekennzeichnet sind, findet die Operationalisierung beim KIMS über die Nicht-Bewertung der Erfahrungen statt. Das heißt, eine Erfahrung – z.B. einen körperlichen Schmerz – zu akzeptieren, bedeutet, von inneren Bewertungen dieser Erfahrung Abstand zu nehmen. Baer und Kollegen (2006) vermuten, dass Items mit dem Wort „akzeptieren" nur wenig auf Akzeptanz-Faktor laden, weil sie möglicherweise als gleichgültiges, resigniertes Billigen von Erfahrungen verstanden werden. Hohe Ladungen ergaben sich hingegen bei Items, die die Nicht-Bewertung zum Inhalt hatten. Zusammenfassend ist Folgendes festzuhalten: Sowohl in den englisch- als auch in den deutschsprachigen Skalen erweist sich das Achtsamkeitskonstrukt als mehrdimensionales Konzept mit verschieden Facetten. Zwei offensichtlich substantielle Aspekte sind die Aufmerksamkeits- und die Akzeptanzfacette, die die Aufmerksamkeit gegenüber momentanen körperlichen und geistigen Prozessen einerseits und die Akzeptanz und Offenheit gegenüber sich selbst und anderen andrerseits beschreiben. Außerdem zeigt sich konstant, dass die psychometrische Erfassung der Achtsamkeit auch in Stichproben aus Personen ohne Meditationserfahrung sinnvoll ist. Das bestätigt die Annahme, dass Achtsamkeit als eine angeborene Fähigkeit zu verstehen ist, die allen Menschen innewohnt und nicht etwas spezifisch Buddhistisches ist. Dass jeder Mensch seine Aufmerksamkeit in einer gewissen Weise reguliert und eine bestimmte Haltung gegenüber der aktuellen Erfahrung einnimmt, ist durchaus plausibel. Insofern bestätigen die Erkenntnisse der empirischen Forschung zum einen die Vielschichtigkeit des Konstrukts, zum anderen die seiner Universalität.

2.3 Empirische Befunde zur Wirksamkeit von Achtsamkeit

Aktuell existieren drei Überblicksarbeiten, die die Befundlage in der Achtsamkeitsforschung wiedergeben; zum einen Baer (2003) und Bishop (2002) aus dem englischsprachigen Raum, zum anderen eine Metaanalyse von Grossmann, Niemann, Schmidt und Walach (2004). Anhand dieser soll folgenden Fragen nachgegangen werden: Sind achtsamkeitsbasierte Interventionen tatsächlich in der Lage, die Stressbelastung zu mindern und das psychische Wohlbefinden zu steigern? Inwieweit lässt sich die Wirksamkeit des MBSR-Programms empirisch bestätigen? Und finden sich diese Effekte ebenso in nicht-klinischen Stichproben, also bei Personen, die nicht in psychotherapeutischer Behandlung sind? Welche Aussagen darüber zu treffen sind, wird in den folgenden beiden Kapiteln deutlich.

2.3.1 Ergebnisse kontrolliert-randomisierter Untersuchungen

Unter der Vielzahl der Untersuchungen sind bislang nur fünf kontrolliert-randomisierte Studien publiziert worden, deren Ergebnisse an dieser Stelle kurz vorgestellt werden sollen. In einer Studie mit kontrolliertem, randomisierten Design wurden PatientInnen mit verschiedenen Krebserkrankungen untersucht. Nach der Durchführung des MBSR- Programms zeigte sich eine deutliche

Reduktion der psychischen Belastung (Speca, Carlson, Goodey & Angen, 2000). Darüber hinaus zeigte sich ein Zusammenhang zwischen der Zeit, in der die PatientInnen Achtsamkeitsübungen durchführten, und der Belastungsreduktion.

Auch bei der Behandlung chronisch depressiver PatientInnen gibt es Hinweise auf die Wirksamkeit des achtsamkeitsbasierten Ansatzes. So zeigte sich in einer kontrollierten, randomisierten Studie, dass die Mindfulness-Based Cognitive Therapy eine wirksame Methode zur Behandlung von Depressionen ist (Teasdale, Williams, Ridgeway, Soulsby & Lau, 2000; Teasdale, Moore, Hayhurst, Pope, Williams & Segal, 2002). Die Mindfulness-Based Cognitive Therapy ist ein Therapieansatz, der speziell zur Rückfallprophylaxe bei chronischen Depressionen entwickelt wurde. Er ist eng an die MBSR angelehnt, integriert aber zusätzlich Elemente der kognitiven Verhaltenstherapie. Bei der Analyse der Wirksamkeit des achtwöchigen Gruppenprogramms zeigte sich ein interessantes Befundmuster. Das Rückfallrisiko konnte im Vergleich zur Standardbehandlung um mehr als die Hälfte gesenkt werden (66 % bzw. 36 %); allerdings nur bei den PatientInnen, die bereits mehr als zwei depressive Episoden aufwiesen. In einer weiteren kontrollierten, randomisierten Studie wurde dieses Befundmuster repliziert (Ma & Teasdale, 2004). Die Autoren erklären diesen Effekt damit, dass diese PatientInnen – mit mehr als zwei Episoden in der Vorgeschichte – die Episoden nicht aufgrund von kritischen Lebensereignissen erlitten, sondern durch automatisierte kognitive Aufschaukelungsprozesse, die negative Denkmuster reaktivierten und zum Rückfall führten. Die Autoren sehen das Wirkpotential der Achtsamkeit gerade in der Aushebelung dieser negativen Gedankenspiralen.

Im Gegensatz zum klinischen Feld gibt es bisher nur wenige Studien, die sich mit der Wirksamkeit von Achtsamkeitsinterventionen im nicht-klinischen Kontext befassen. In zwei randomisierten, kontrollierten Studien konnte gezeigt werden, dass MBSR in einer Allgemeinbevölkerungsstichprobe zu einer Verminderung von Stress, Angst und Dysphorie führt (Astin, 1997; Shapiro, Schwartz & Bonner, 1998). Die Wirkung von unspezifischen Faktoren wie Gruppenkohäsion, Behandlungserwartungen u.a. kann jedoch nicht ausgeschlossen werden, da die Kontrollbedingung keine aktive Intervention enthielt.

2.3.2 Ergebnisse nicht-kontrollierter Untersuchungen

Neben den beschriebenen kontrollierten Studien liegen eine Reihe von nicht-kontrollierten Studien vor. Dort wurden die Effekte der MBSR-Behandlung in verschiedenen Störungsgruppen wie chronischer Schmerzen, Binge-Eating-Disorder und Schlafstörungen untersucht. Bei den chronischen SchmerzpatientInnen zeigte sich eine signifikante Reduktion der psychischen Belastung (Kabat-Zinn, Lipworth & Burney, 1985; Kabat-Zinn, Lipworth, Burney & Sellers, 1987; zit. nach Heidenreich & Michalak, 2006). Und das sowohl nach der Behandlung als auch in einem 4-Jahres-Follow-Up. In den Studien zur Generalisierten Angststörung und Panikstörung wurde ebenfalls im Verlauf der MBSR-Behandlung eine Reduktion der belastenden Symptome festgestellt (Kabat-Zinn, Massion, Kristeller, Peterson, Fletcher, Pbert, Lenderking & Santorelli, 1992), wobei auch hier die Veränderungen über einen Zeitraum von drei Jahren weitgehend stabil blieben (Miller, Fletcher & Kabat-Zinn, 1995).

Die methodische Qualität der Studien wird von den Autoren der drei Überblicksarbeiten (Baer; Bishop; Grossman et al.) gleichermaßen beurteilt: Die Untersuchungen weisen mehrheitlich erhebliche methodische Mängel auf. So fehlen beispielsweise Vergleiche mit Kontrollgruppen oder die Auswirkungen von paralleler medikamentöser Behandlung wurden nur unzureichend kontrolliert. Angaben zu Drop-Out-Raten und statistischen Kennwerten bleiben in einigen Untersuchungen ganz aus. Dennoch kommen alle drei Autoren insgesamt zu der Schlussfolgerung, dass es konsistente Hinweise für die Wirksamkeit von MBSR gibt. Die in den Arbeiten von Baer und Grossman et al. berichteten Effektstärken liegen im mittleren Bereich (ES = 0.59 bzw. ES = 0.50). Heidenreich und Michalak (2006) weisen darauf hin, dass die Verwendung von heterogenen Stichproben mit teilweise niedrigen Ausgangswerten die Größe der Effektstärken ungünstig beeinflusst haben dürfte.

2.4 Vorschlag einer Klassifikation vermuteter Wirkfaktoren der Achtsamkeit

Wenn dem so ist, dass achtsamkeitsbasierte Interventionen in der Lage sind, den Umgang mit Belastungen zu verbessern und das psychische Wohlbefinden zu steigern, stellt sich die nächste Frage: Wodurch wird die Veränderung möglich und auf welchen Mechanismen beruht diese Wirksamkeit?

2.4.1 Befundlage und Hemmnisse

Durchsucht man die Literatur, muss man feststellen, dass die Befundlage dürftig ist. Viele Studien geben zwar die Vielfalt der Definitionsansätze wieder, äußern sich aber nur am Rande zu vermuteten oder bestätigten Wirkfaktoren. Systematische Überlegungen dazu finden sich zum einen bei Bohus und Huppertz (2006), zum anderen bei Berking und von Känel (2007). Erstere beschreiben vor dem Hintergrund der Dialektisch-Behavioralen Therapie von Borderline-Störungen in differenzierter Weise folgende hypothetische Mechanismen:

- die Verbesserung von metakognitiven Prozessen, was eine Relativierung aktivierter kognitiv-emotionaler Schemata erleichtert;
- die Verbesserung der Akzeptanz unangenehmer innerer und äußerer Phänomene;
- die Verbesserung des emotionalen Aktivierungsniveaus bei expositionsbasierten Verfahren;
- die Verbesserung der Selbstorganisation kognitiv-emotionaler Strukturen bei psychopathologisch nicht relevanten Problemen und die Entfaltung von spirituellen Prozessen (S. 274).

Berking und von Känel (2007) vermuten folgende Mechanismen, über welche achtsamkeitsbasierte Verfahren ihre Wirkung entfalten:

- Exposition
- Kognitive Umstrukturierung
- Selbstmanagement
- Entspannung sowie
- Stärkung von Akzeptanz und Toleranz (S. 174f).

Ein Grund für die vergleichsweise dünne Befundlage ist sicher, dass es sich bei der Untersuchung der Achtsamkeit um ein sehr junges Forschungsgebiet handelt. Zum anderen bedarf es aufwändiger und methodisch anspruchsvoller Studien, um einzelne Wirkfaktoren isoliert zu untersuchen, denn sie sind immer eingebettet in die vielfältigen Wechselwirkungen des therapeutischen Kontextes. Daher gibt es bisher nur vereinzelt empirische Belege dazu, wie Achtsamkeit wirkt.

Ein weiteres Hemmnis liegt vermutlich in den Wurzeln des Achtsamkeitsprinzips. Immer wieder muss hier eine möglichst präzise Übersetzung geleistet werden, nämlich von einem ursprünglich buddhistischen Prinzip in die Termini der wissenschaftlich-psychologischen Forschung. Das Achtsamkeitsprinzip ist jedoch eingebettet in einen weltanschaulichen Kontext, der von dem des westlichen Kulturkreises abweicht. Dieser Unterschied darf nicht unterschätzt werden. In den Reden Buddhas (vgl. Schumann, 2000), zum Beispiel der „Lehrrede über die Erweckung der Achtsamkeit"[6], wird auch die Wirkungsweise des Achtsamkeitprinzips beschrieben. Aufgrund der kulturellen und lebensanschaulichen Unterschiede können Übersetzungen in das Verständnis der westlich geprägten wissenschaftlichen Psychologie immer nur eine Annäherung an das tatsächlich Gemeinte sein.

An dieser Stelle der vorliegenden Diplomarbeit wird der Versuch unternommen, den aktuellen Wissensstand zu den Wirkmechanismen der Achtsamkeit sinnvoll zu strukturieren und sie bezüglich ihrer empirischen Prüfbarkeit und der bisherigen Erforschung einzuordnen. Als Grundlage dafür dienen neben eigenen Überlegungen die Ausführungen folgender Autoren: Bohus & Huppertz (2006), Berking und von Känel (2007), Grossman (2006), Walach et al. (2004), Heidenreich & Michalak (2006), Meibert et al. (2006), Kabat-Zinn (1990; 2006), Bishop (2002), Teasdale et al. (2000), Linehan (1996), Hayes und Shenk (1999) und Goleman (1996).

---

6 (Pali) Satipatthana-Sutta

Merkmale der Achtsamkeit	Vermutete Wirkfaktoren	Kap.
Aufmerksames Wahrnehmen	Entkoppelung der Kognitions-Emotions-Verhaltensverknüpfung Identifizieren verzerrter Kognitionen Sensorische Sensibilisierung	2.4.7 2.4.5 2.4.11
Wertfreies Wahrnehmen Urteilslosigkeit Nicht-Identifikation Neutrale Haltung	Distanz gegenüber innerpsychischen Prozessen Reduktion der Grübelneigung Neubewertung von Gedanken Emotionsregulation	2.4.2 2.4.4 2.4.3 2.5.6
Nicht-Reaktivität Absichtslosigkeit	Erweiterung des Handlungsspielraums durch Akzeptanz Subjektives Kontrollerleben	2.4.8 2.4.9
Nicht-Selbst Wertschätzende Grundhaltung	Selbstwertgefühl und Selbstkonzept	2.4.10
Kontinuierliches Üben	Klassische und Operante Konditionierungseffekte	2.4.12

Tab. 2.2. Vermutete Wirkfaktoren der Achtsamkeit (eigene Tab.)

Ein Dilemma, welches sich unausweichlich offenbart, wenn man diese Überlegungen anstellt, ist Folgendes: Versteht man Achtsamkeit in seiner ursprünglichen, buddhistischen Definition, kann man nur schwer von Wirkfaktoren sprechen. Das vermutlich wichtigste Merkmal der Achtsamkeitsübungen ist ja eben ihre Nicht-Intentionaliät. Das bedeutet, es geht beim Üben von Achtsamkeit eben nicht darum, einen bestimmten Effekt, eine Wirkung herzustellen. Noch weniger wird eine irgendwie geartete psychologische Veränderung angestrebt. Wenn das Nicht-Streben, das Nicht-Erreichen-Wollen die Voraussetzung dafür ist, dass Veränderungsprozesse in Gang gesetzt werden, dann steckt man bei der Erforschung der Wirkfaktoren unweigerlich in einem Dilemma. Dieses Spannungsfeld sollte im Hinblick auf die Ausführungen in den folgenden Kapiteln im Blick behalten werden.

2.4.2 Distanz gegenüber innerpsychischen Prozessen

Es ist zunächst das Naheliegendste, die Wirkung im Bereich der Aufmerksamkeits- und Wahrnehmungsprozessen zu suchen. Mit Hilfe der Achtsamkeit wird ja eine Art der Aufmerksamkeitslenkung und -aufrechterhaltung geschult. Diese Art der Aufmerksamkeit soll es ermöglichen, die eigenen Gedanken und Gefühle wertfrei zu beobachten, besonders den Prozess ihres Auftauchens und Verschwindens. Diese einfache Betrachtung, die aus einer nicht bewertenden Haltung heraus geschieht, ermöglicht es, folgende Erfahrung zu machen: Gedanken sind keine realitätsgetreue Abbildung der Wirklichkeit, es handelt sich lediglich um mentale Ereignisse (Bishop, 2002). Die Fähigkeit, die aus dieser Erkenntnis resultiert, nämlich die Beobachtung der eigenen innerpsychischer Vorgänge, beschreibt Goleman (1996) als Metakognition und Metastimmung. Durch die neutrale Haltung, die den beobachteten Vorgängen gegenüber eingenommen wird, wird auch in Zeiten von Stress die Fähigkeit zur Selbstreflexion aufrechterhalten, so Goleman.

In der Achtsamkeitsbasierten Kognitiven Therapie (Teasdale et al., 2000) wird ebenso auf die Entwicklung dieser Fähigkeit abgezielt. In der Analyse der Rückfallraten der depressiven PatientInnen wurde die sog. metacognitive awareness als wesentlicher Prädiktor für einen Nicht-Rückfall identifiziert. Mit diesem Begriff beschreiben die Autoren die Fähigkeit, eine nicht-identifizierende Haltung einzunehmen. Diese Haltung ermöglicht es, gegenüber automatisierten Gedankenmustern eine Distanz zu entwickeln. So sei es leichter, das Abgleiten in automatisierte Abläufe aus negativen Gedanken und Gefühlen zu verhindern. Linehan, der Begründerin der Dialektisch-Behavioralen Therapie (1996), spricht ebenfalls von einer nicht-wertenden Beobachtungshaltung. Diese auszubilden ist ein Therapieziel und ermöglicht den Borderline-PatientInnen beispielsweise, dass sie Warnsignale besser einschätzen. Ein sich ankündigender Selbstverletzungsimpuls etwa könne in einer nicht-wertenden Haltung eher erkannt und richtig eingeschätzt werden.

Übertragen auf alltäglichere Stresssituationen nicht psychisch erkrankter Menschen würde das bedeuten: Diese kritischen Situationen frühzeitig zu erkennen, d.h. zu bemerken, dass die Situationen gerade die eigenen Ressourcen in besonderer Weise beansprucht bzw. übersteigt, ist die Voraussetzung für einen gesundheitsförderlichen Umgang damit. In einem zweiten Schritt kann dann bewusst und der Situation entsprechend reagiert werden. Die Wirkungsweise des Achtsamkeitsprinzips könnte also durch folgenden Prozess erklärt werden: Die Aufmerksamkeitslenkung auf die eigenen innerpsychischen

Vorgänge macht deutlich, dass es sich lediglich um mentale Ereignisse handelt und nicht um die Abbildung der Realität. Diese Erfahrung begünstigt, dass die Person zu ihren eigenen Gedanken und Gefühlen Abstand wahren kann und weniger schnell in automatisierte Reaktionsabfolgen gerät, die langfristig ungünstige Folgen haben.

2.4.3. Neubewertung von Gedanken

Eng damit verbunden sind Überlegungen dazu, dass Achtsamkeit eine veränderte Bewertung von Gedanken bewirkt. In einer Pilotstudie zu einer achtsamkeitsbasierten Therapie von Schlafstörungen (Heidenreich, Tuin, Pflug, Michal & Michalak, 2006), die sich eng an die bereits beschriebene Achtsamkeitsbasierte Kognitive Verhaltenstherapie anlehnt, wurde dieser Wirkfaktor identifiziert. Die Sorge der PatientInnen, dass bei dem Versuch einzuschlafen, bestimmte Gedanken auftreten würden, verringerte sich und außerdem bewerteten sie die grüblerischen Gedanken anders. Es fand eine Neubewertung dieser Gedanken statt. Im Prae-Post-Vergleich zeigte sich eine bedeutsame Verbesserung der Gesamtschlafzeit sowie der Einschlaflatenz.

Es gibt also Hinweise darauf, dass die Vermittlung von Achtsamkeit dazu verhilft, den Kreislauf der kognitiven Prozesse, die einer Schlafstörung zugrunde liegen und sie aufrechterhalten, zu unterbrechen, indem diese – eventuell aus der vorher beschriebenen distanzierten Haltung heraus – neu bewertet werden und an Bedeutsamkeit verlieren.

2.4.4 Reduktion der Grübelneigung

Dass die Neigung zu Grübeln abnimmt, konnten Jain und Kollegen in einer Studie zeigen, die an Studenten in der Prüfungszeit entweder ein Achtsamkeitstraining oder ein normales Entspannungsverfahren durchführten (Jain, Shapiro, Swanick, Roesch, Mills, Bell & Schwartz, 2007). Beide Trainings waren in der Lage, die Belastung zu reduzieren, aber nur das achtsamkeitsbasierte Verfahren senkte gleichzeitig die Grübelneigung. Außerdem fungierte diese Reduktion des Grübelns als Mediator, der die Funktion zwischen Achtsamkeitstraining und Belastungsreduktion zu großen Teil aufklärte. Die Reduktion von Grübeln scheint also ein Wirkfaktor zu sein, der spezifisch für Achtsamkeitsinterventionen ist. Auch Bishop (2002) schlägt vor, die Wirkung der Achtsamkeitsinterventionen auf vornehmlich kognitive Prozesse genauer zu untersuchen. Er vermutet Veränderungen in der Daueraufmerksamkeit, dem Aufmerksamkeitswechsel und dass die

Unterbindung elaborierter kognitiver Prozesse gefördert wird. Doch auch hierzu wurden bislang keine Studien veröffentlicht.

Das, was er als Unterbindung elaborierter kognitiver Prozesse bezeichnet, liegt inhaltlich in der Nähe der Grübelneigung, die in der Untersuchung von Jain und Kollegen beobachtet wurde. Dieser Befund ist durchaus plausibel, da während der Achtsamkeitsmeditation immer wieder ebendies trainiert wird. Nämlich aufkommende Gedanken und Gefühle eben nicht weiterzuverfolgen, zu analysieren oder diesen in einer anderen Art und Weise nachzugehen.

Die Zurückführung der Aufmerksamkeit zum Atem führt zur Unterbrechung der Gedankenketten. Ausgebildet wird daher die Fähigkeit, hoch automatisierte Gedankenketten (wie es auch beim Grübeln der Fall ist) zu unterbrechen.

Interessant wäre tatsächlich, so wie auch Bishop vorschlägt, auf neurobiologischer Ebene zu untersuchen, ob die Hemmung dieser neuronalen Assoziationsketten bedeutsam modifiziert wird.

2.4.5 Identifizieren verzerrter Kognitionen

Die bis hierhin beschriebenen Mechanismen könnten Modifikationsprozesse anstoßen, die in der Kognitiven Therapie als kognitive Umstrukturierung bezeichnet werden und dort ein Ziel der Behandlung darstellen. Der Patient/die Patientin soll in die Lage versetzt werden, sog. verzerrte Wahrnehmungsinhalte als solche zu erkennen. Dazu gehört die Erfahrung, dass es Wahrnehmungsinhalte gibt, die aufgrund der individuellen Lerngeschichte falsch oder zumindest einseitig wahrgenommen werden.

In die Verhaltenstherapie hat neben Albert Ellis vor allem der Psychiater Aaron T. Beck diesen kognitiven Ansatz eingeführt. Die zentrale Annahme ist, dass Kognitionen, d.h. Gedanken, Vorstellungen, Erwartungen, Wahrnehmungsstile etc., einen Einfluss auf das emotionale Befinden haben. De Jong-Meyer (2003) fasst es folgendermaßen zusammen:

„Störungen der Affektivität wie Angst oder Depression resultieren aus der Aktivierung von Schemata, die eine idiosynkratische Sicht der eigenen Person sowie der Interpretation gegenwärtiger und zukünftiger Erfahrungen mit der Umwelt und der Zukunft beinhalten" (S. 510).

Die verzerrte Sicht auf die Realität ist also der Grundgedanke seines kognitiven Modells, mit dem er ursprünglich die Entstehung und Aufrechterhaltung von Depressionen erklärte (Margraf) und das er später auch auf Angststörungen, Persönlichkeitsstörungen und Abhängigkeitserkrankungen erweiterte (vgl. de Jong-Meyer, 2003).

Bei einer Depression bedeutet das, dass der Erkrankte das Verhalten anderer beispielsweise auf die eigene Person bezieht und negativ interpretiert Zum Beispiel schlussfolgert er, wenn der Chef kurz angebunden war: Er war sicher so unfreundlich, weil er mit meiner Arbeit unzufrieden ist und mich sowieso für einen schlechten Mitarbeiter hält.

Beck nimmt an, dass diesen fehlerhaften Schlussfolgerungen (sog. logische Fehler) auf dysfunktionalen Grundüberzeugungen (sog. kognitiven Schemata) beruhen, die in solchen Situationen aktiviert werden und ebensolche „automatischen" Gedanken anstoßen. Eine dysfunktionale Grundüberzeugung könnte zum Beispiel sein: Ich muss perfekt sein, um liebenswert zu sein. Der Teufelskreis schließt sich, wenn diese Grundannahme durch die verzerrte Wahrnehmung aktueller Situationen wieder und wieder „bestätigt" wird.

Ziel der kognitiven Verfahren ist es nun, die PatientInnen anzuregen, jene automatischen Gedanken auf mögliche Verzerrungen und Fehler hin zu untersuchen und zu relativieren. Dies wird in der Kognitiven Verhaltenstherapie über verschiedene Techniken wie den Sokratischen Dialog oder das Gedankenprotokoll realisiert (de Jong-Meyer, 2003).

Nach Bohus und Huppertz (2006) setzen achtsamkeitsbasierte Verfahren genau an diesem Punkt an:

„Die fortwährende Übung in der Wahrnehmung und Beobachtung von inneren Gedankenströmen schult das Gehirn in ausgezeichneter Weise, automatisierte Gedanken zu erkennen und als solche zu identifizieren. Dies nimmt den Kognitionen sehr viel von ihrer zerstörerischen Kraft, indem sie von nachfolgenden Reaktionsmustern „entkoppelt" werden." (S. 271)

Es handelt sich dabei um ein Anliegen, das in ähnlicher Weise in der buddhistischen Achtsamkeitsliteratur beschrieben wird. Synonym zu dem Begriff der Achtsamkeitsmeditation wird beispielsweise der Begriff der Einsichtsmeditation[7] verwendet (vgl. Buchheld, 2000). Es soll Einsicht in die grundlegende Natur des Körper-Geist-Prozesses ermöglicht werden (Kornfield

---

7 (Pali) Vipassana

& Breiter, 1996), um die drei Daseinsmerkmale Vergänglichkeit, Ungreifbarkeit und Nicht-Selbstheit zu erkennen (s. Kap. 2.1). Diese sollen eine weniger verzerrte, genauere Wahrnehmung der Realität ermöglichen. An dieser Stelle kann leider keine genauere Darstellung der buddhistischen Quellen erfolgen. Es soll lediglich auf die Parallele zwischen Mechanismen der Kognitiven Verhaltenstherapie und dem buddhistischen Verständnis von Achtsamkeit hingewiesen werden.

Im Unterschied zur Kognitiven Verhaltenstherapie sollen die verzerrenden, automatischen Gedankenmuster nicht durch funktionalere ersetzt werden. Die Absichtslosigkeit, ein zentraler Aspekt der buddhistischen Achtsamkeitsverständnisses, enthält einen anderen Umgang mit diesen verzerrten Kognitionen. Es soll lediglich beobachtet und zur Kenntnis genommen werden, dass diese Gedanken unzutreffend und fehlerhaft sind. Es erfolgt keine Bewertung in funktionale oder dysfunktionale Gedanken, in pathogene und gesunde. In der bereits beschriebenen Achtsamkeitsbasierten Kognitiven Therapie weisen Teasdale und seine Kollegen (2000) explizit darauf hin, dass das Ziel der Therapie nicht die Vermeidung von Dysthymie, Trauer oder Niedergeschlagenheit ist, sondern dass es ausschließlich darum geht, die negative Spirale der dadurch ausgelösten automatischen Kognitionen aufzulösen. Die Befunde der Arbeitsgruppe um Walach (2004), die eine erhöhte Selbstaufmerksamkeit im Zusammenhang mit Achtsamkeit belegen, deuten ebenfalls darauf hin, dass Achtsamkeit das Identifizieren verzerrter Wahrnehmungsinhalte erleichtern könnte und dass es sich dabei um eine weitere Wirkkomponente der Achtsamkeit handeln könnte.

Auch Linehan (1996), die Achtsamkeit in ihrem Therapieansatz zur Behandlung von Borderline-Störungen integriert hat, zeigt auf, dass in einer nicht-wertenden Beobachterhaltung die Konsequenzen des eigenen Verhaltens besser abgeschätzt werden können, was die Veränderung dieses Verhaltens immens erleichtern kann. Mit dieser Haltung sei es zum Beispiel einer Patientin mit Borderline-Störung möglich, die eigenen Fähigkeiten realistisch einzuschätzen und sich eher extern Hilfe zu besorgen, wenn sich ein erneuter Selbstverletzungsimpuls ankündigt.

Übertragen auf alltäglichere Situationen, mit denen sich nicht erkrankte, sondern „normal" belastete Menschen konfrontiert sehen, bedeutet das: Stresssituationen als „kritische" Situationen frühzeitig zu erkennen ist eine Grundkompetenz, um Belastungen zu bewältigen. Bemerkt eine Person rechtzeitig, dass die momentane Situation die eigenen Ressourcen in besonderer Weise beansprucht, z.B. eben durch eine achtsame Grundhaltung, kann sie in einem zweiten Schritt einen passgenaueren Umgang mit dieser Situation wählen.

Was das Achtsamkeitsprinzip im Umgang mit Belastungssituationen bewirkt, wird in der Literatur vor allem von denjenigen beschrieben, die Achtsamkeitsinterventionen durchführen. P. Meibert (2006), Psychotherapeutin und MBSR-Trainerin[8], beschreibt die Wirkung der Achtsamkeit folgendermaßen:

„Durch die Schulung der Achtsamkeit und den Austausch in der Gruppe werden Stressmuster bewusst, dysfunktionales, schädigendes Stressbewältigungs- und Gesundheitsverhalten kann den TeilnehmerInnen verdeutlich werden und sie werden angeleitet, durch bewussten, achtsamen Umgang mit sich selbst diese Muster zu durchbrechen" (S. 276).

Achtsamkeit ermöglicht also das Verändern bzw. Labilisieren dysfunktionaler Stressmuster. Als dysfunktional werden Reaktionsabfolgen bezeichnet, die ihre Funktion nur unzureichend oder gar nicht erfüllen. Das Ziel des erfolgreichen Umgangs mit Stresssituationen ist, dass die Empfindung von Stress und Belastung verringert wird. Aber auch langfristig sollte der Umgang mit dem Problem so sein, dass er nicht der eigenen Person oder anderen schadet. Man könnte es zum Beispiel als dysfunktional bezeichnen, wenn ein fortbestehender Konflikt in einer Partnerschaft von beiden Partnern ignoriert oder geleugnet wird. Kommt es irgendwann dann zur Eskalation, bringt das oft gegenseitige Verletzungen mit sich, die ein viel größeres Risiko für die Partnerschaft darstellen als der ursprüngliche Konflikt .Ein anderes Beispiel wäre ein unverbesserlicher Choleriker, der sich immer, wenn er morgens den Bus verpasst, so über alle Maßen ärgert, dass er noch Stunden später schlecht gelaunt ist.

Achtsamkeit leitet seiner Konzeption genommen nach kein „besseres" oder funktionaleres Verhalten an. Das Primat der Absichtslosigkeit und Nicht-Bewertung sind die Kernstücke der Achtsamkeit. Dennoch ist es plausibel und passt zu dem Befund der stressmindernden Wirkung von Achtsamkeitsinterventionen, dass die achtsame Aufmerksamkeitslenkung den Boden bereitet für die Modifikation von Erleben und Verhalten, das sich auf den Umgang mit Stress bezieht.

---

8 MBSR: Mindfulness-Based Stress Reduction (vgl. Kap. 2.1.2)

2.4.6 Emotionsregulation

Immer wieder wird gefordert, bei den Untersuchungen zur Achtsamkeit nicht nur kognitive Parameter zu untersuchen (vgl. Heidenreich & Michalak, 2006). Grossman (2006) weist darauf hin, dass Achtsamkeit in eine Reihe nicht nur kognitiver, sondern auch emotionaler, sozialer und ethischer Dimensionen eingebettet ist. Es müssten als Wirkfaktoren daher neben kognitiven auch emotionale, körperliche, spirituelle Effekte in Betracht gezogen werden.

Studien, die speziell die emotionsbezogenen Prozesse in den Blick nehmen, gibt es bisher nur im Bereich der Meditationsforschung. So fand beispielsweise die Arbeitsgruppe um Aftanas & Golocheykin (2005) in Laboruntersuchungen systematische Unterschiede zwischen meditierenden und nicht-meditierenden ProbandInnen in Bezug auf die Reaktion, die sie auf experimentell induzierte negative Emotionen zeigten. Sie interpretieren diese Befunde vor dem Hintergrund der Ergebnisse anderer Meditationsstudien dahingehend, dass Meditationserfahrene über eine bessere Fertigkeit verfügen, starkes emotionales Arousal zu modulieren.

Einschränkend muss jedoch gesagt werden, dass die Ergebnisse der Meditationsforschung nicht ohne weiteres auf das Achtsamkeitskonstrukt übertragbar sind. Gleichzeitig ist unbestreitbar, dass beide Konzepte – Meditation und Achtsamkeit – unmittelbar miteinander verknüpft sind, und demzufolge auch Achtsamkeit Wirkungen hervorrufen kann, die emotionsregulierende Prozesse anstoßen. Ob die stressmindernde Wirkung von Achtsamkeitsinterventionen unter anderem auf diese zurückzuführen ist, bedarf bis jetzt noch einer empirischen Prüfung.

2.4.7 Entkoppelung der Kognitions-Emotions-Verhaltensverknüpfung

Mit dem Wirkfaktor der Entkoppelung der Kognitions-Emotions-Verhaltensverknüpfung beschäftigt sich eine zunehmende Anzahl von Arbeitsgruppen, die Laboruntersuchungen zum Umgang mit aversiven Situationen untersuchen. Insgesamt deuten die Ergebnisse darauf hin, dass akzeptanzbasierte Copingstrategien im Gegensatz zu unterdrückungsbasierten einen besseren Umgang ermöglichen (Cioffi & Holloway, 1993; Feldner, Zvolensky, Eifert & Spira, 2003; Hayes, Bissett, et al., 1999; Levitt, Brown, Orsillo & Barlow, 2004; zit. nach Heidenreich & Michalak, 2006). Die akzeptanzbasierten Strategien kommen dabei der „Strategie" der Achtsamkeit sehr nahe. Sie bedienen sich der Erkenntnis, dass Kognitionen nicht automatisch das Verhalten steuern. Die

Entkoppelung dieser (oft automatisierten) Verknüpfung ist ein weiterer Effekt, der spezifisch für Achtsamkeitsinterventionen sein könnte.

In der erst vor kurzem abgeschlossenen Untersuchung einer Arbeitsgruppe der National University of Ireland (McMullen, Barnes-Holmes, Barnes-Holmes, Stewart, Luciano, Cochrane, 2008) wurden die ProbandInnen ebenfalls zu einer akzeptanzorientierten Bewältigungsstrategie angehalten. Sie wurden gebeten, den experimentell induzierten Stromschlägen folgendermaßen zu begegnen: Sie sollten die Gedanken und die Gefühle, die dem Stromschlag vorausgehen, lediglich zur Kenntnis nehmen, sich aber klar machen, dass es nur Gedanken und Gefühle sind, die nicht notwendigerweise ihr Verhalten bestimmen müssen. Außerdem führten sie eine Übung durch, die diese Entkoppelung verdeutlichen soll. Sie wiederholten laut den Satz „Ich kann nicht laufen", während sie im Laborraum auf und ab gingen.

Der akzeptanzorientierten Strategie gegenübergestellt wurde in dieser Untersuchung die Strategie der Ablenkung, in anderen Untersuchungen andere unterdrückungsbasierte Strategien. Die Ablenkungsstrategie beinhaltete, einfach an etwas Schönes zu denken und so die unangenehmen Gedanken beiseite zu schieben. Die Ablenkungsstrategie war im Ergebnis weit weniger hilfreich, um die Stromschläge auszuhalten. Die ProbandInnen, die eine akzeptierende Strategie anwendeten, nahmen signifikant mehr Stromschläge in Kauf, um mit der eigentlichen (angenehmen) Aufgabe fortfahren zu können. Außerdem berichteten sie eine geringere subjektiv empfundene Schmerzstärke.

Die Autoren verweisen in ihren Untersuchungen auf die immense Bedeutung der Fähigkeit, auch unangenehme Zustände aushalten zu können. Sie sei bei chronischen SchmerzpatientInnen zum Beispiel von entscheidender Bedeutung, um einer Tätigkeit nachzugehen und eine selbstständige Lebensführung zu ermöglichen. Nach Hayes und Shenk (1999) führt die beschriebene Entkoppelung von Kognition/Emotion und Verhalten zu einer größeren Flexibilität. Es ist die Erfahrung: Ich kann etwas anderes machen, als es mir meine Gedanken vorschreiben. Sie ist ein wesentlicher Bestandteil der von ihnen entwickelten Therapie, der Acceptance and Commitment Therapy (1999).

Die Stresssituation hier, das Inkaufnehmen eines unangenehmen körperlichen Reizes (der Stromschlag), um etwas Angenehmes fortführen zu können, wird also durch ein akzeptierendes Umgehen mit dieser Situation am besten ermöglicht.

Überträgt man diese Ergebnisse auf den Umgang mit Belastungen, würde das bedeuten: Eine „Strategie" der Achtsamkeit steigert die Toleranz für unangenehme Zustände. Im Grunde genommen handelt es sich genau darum bei Stresssituationen. Es sind Situationen, die psychisch einen unangenehmen Zustand hervorrufen. Gelingt es, diesen (meist nicht gleich änderbaren) Zustand zu akzeptieren, dann wird er als weniger belastend erlebt. Ein möglicher Weg, wie dies erreicht werden kann, könnte tatsächlich sein, die (teils automatisierte) Verknüpfung von Kognitionen/Emotionen und Verhalten aufzubrechen. Diese Entkoppelung könnte durchaus ein Effekt sein, der in Achtsamkeitsinterventionen angeregt wird und die belastungsreduzierende Wirkung dieser Interventionen erklärt.

2.4.8 Erweiterung des Handlungsspielraums durch Akzeptanz

Nach Bishop (2002) führt Achtsamkeit zu einer langfristigen Einstellungsänderung. Verändert wird die Einstellung gegenüber dem eigenen Erleben und Verhalten. Ein kontinuierliches Üben in Achtsamkeit (v.a. im Alltag) beinhaltet, dass die eigenen Gedanken- und Gefühlprozesse aus einer neutralen, wertungsfreien Haltung heraus beobachtet werden. Dies fördert eine Haltung des Nicht-Reagieren-Müssens bzw. des Nicht-Verändern-Müssens. Die verstärkte Aufmerksamkeit verhindert, dass automatisierte Gedanken- und Gefühlsketten angestoßen werden, also automatische, wenig bewusste Reaktionen. Das wäre ein Erleben und Verhalten, das Kabat-Zinn (1990) den „Autopilot-Modus" nennt und der Achtsamkeit gegenüberstellt. Diese sich durch die Übung in Achtsamkeit entwickelnde Nicht-Reaktivität soll keinesfalls davon abhalten, konkrete Handlungsschritte zu unternehmen. Solche Schritte sind oft Folge dieser Haltung, die sich darauf beschränkt, zunächst genau wahrzunehmen, was passiert.

Gerade dies sei das Potential der Achtsamkeit, so Berking und von Känel (2007). Achtsamkeit biete eine konkrete Handlung an, wenn es im Behandlungsprozess notwendig ist, Akzeptanz zu entwickeln. Von PatientInnen werde Akzeptanz oft abgelehnt, weil sie Akzeptanz als Passivität oder Resignation verstehen und dies zu einem Gefühl von Hilflosigkeit und Ohnmacht führt. Ist ein chronischer Schmerzpatient beispielsweise mit anhaltenden Schmerzen konfrontiert, gehe es zunächst darum, den Ist-Zustand anzunehmen. Bohus und Huppertz (2006) beschreiben es so:

„Akzeptanz meint die bedingungslose Annahme des Augenblicks ohne Erwartung oder Bewertung in seinem ‚So-Sein' mit all seinen Facetten. Schmerz ist Schmerz und sonst nichts. Leid entsteht erst im Bewertungsprozess, im

‚Nicht-Annehmen des Augenblickes', in der Konstruktion des Gegenentwurfs: ‚Das sollte jetzt nicht so sein, wie es ist.'" (S. 267). Sie machen darauf aufmerksam, dass damit nicht ein „Gutheißen" der jeweiligen Bedingungen gemeint sei. „Akzeptanz bedeute zunächst das [...] nichtbewertende Wahrnehmen, dass die Umstände, oder meine Reaktion auf die Umstände, so sind, wie sie sind." (S. 271).

Mit Sicherheit stellt es eine große Herausforderung dar, bei anhaltenden Schmerzen eine solche Sichtweise zu entwickeln. Berking und Känel verdeutlichen, dass die Achtsamkeitspraxis den PatientInnen in dieser Situation eine Handlung an die Hand gibt, die ausführbar scheint. Sie erhalten die Möglichkeit, Akzeptanz in gewisser Hinsicht zu „tun". Sie üben sich im bewertungsfreien Wahrnehmen.

Dass Achtsamkeit immer auch mit einer wohlwollenden, akzeptierenden Grundhaltung einhergeht, wurde in den vorangehenden Kapiteln deutlich. Dieser Aspekt ist zentral, denn er verhindert, dass Achtsamkeit zu einer Technik reduziert wird, die kühl und emotionslos ausgeführt wird, um einen bestimmten Effekt zu erhalten. Ausgebildet wird diese Haltung sich selbst und anderen gegenüber beim Üben der Achtsamkeit. Gerade die Nicht-Wertung der Gedanken und Gefühle, die beständig geübt wird, trägt dazu bei. Schnelle Urteile wie angenehm vs. unangenehm und zielführend vs. nicht-zielführend werden erkannt. Die sich daraus entwickelnde gelassenere Haltung ermöglicht, dass mehr Handlungsoptionen, um mit dieser Stresssituation umzugehen, wahrgenommen werden. Eine Hypothese wäre, dass die Entwicklung von Akzeptanz, die mit dem Üben von Achtsamkeit einhergeht, dazu führt, dass in Belastungssituationen die jeweils passgenauste Strategie gewählt wird.

2.4.9 Subjektives Kontrollerleben

Ein weiterer Wirkfaktor könnte darin begründet sein, dass die zuvor beschriebenen Prozesse das subjektive Kontrollerleben deutlich steigern (Meibert et al., 2006). Wenn eine Person erlebt, dass sie eigene automatisierte Reaktionsmuster auflösen kann, macht sie die Erfahrung, dass sie Einfluss nehmen kann auf das eigene Erleben und Verhalten. Das gesteigerte Kontrollerleben beruht auf der verbesserten Fähigkeit zur Selbstregulation. Die eigenen Gedanken und Gefühle werden als weniger überwältigend und unsteuerbar erlebt. Mit der inneren Distanz dazu, also aus der Perspektive des nicht-wertenden Beobachters heraus, können sie wahrgenommen werden, ohne automatisch Folgehandlungen auszulösen.

Nach Grossman (2006) resultiert das gesteigerte Kontrollerleben daraus, dass die Person die eigenen Reaktionen auf externe und interne Reize kennen lernt. Diese neutrale Analyse – verbunden mit einer Haltung der Selbstwertschätzung – bildet vermutlich die Grundlage für das Einsetzen eines andauernden Lernprozesses, der letztendlich dazu befähigt, die eigenen Handlungen wirksamer zu gestalten. Das bewertungsfreie Wahrnehmen ermöglicht es, ohne Selbstverurteilung zu überprüfen, ob die verwendete Strategie im Umgang mit der Situation von Nutzen war und die erwünschte Veränderung bewirkt hat.

2.4.10 Selbstwertgefühl und Selbstkonzept

Ein Kernstück der Achtsamkeitsinterventionen ist die Entwicklung einer wohlwollenden Haltung gegenüber sich selbst und anderen. Die Folge daraus müsste eine größere Wertschätzung sein. Sowohl der eigenen Person als auch was die Sicht auf andere Menschen betrifft. Es erscheint plausibel, dass Achtsamkeitsinterventionen in diesem Bereich wirken und langfristig die Einstellung gegenüber sich selbst, das Selbstwertgefühl, bedeutsam verändert. Die Relevanz des Selbstwertgefühls wird in verschiedenen Forschungsgebieten der Psychologie (Sozialpsychologie, Persönlichkeitspsychologie) betont und in der Klinischen Psychologie gilt eine negative Einstellung gegenüber sich selbst (ein geringes Selbstwertgefühl) nachgewiesenermaßen als bedeutsamer Risikofaktor für psychische Störungen (vgl. Pinquart, 2006).

Zusätzlich kann man annehmen, dass Achtsamkeitsinterventionen das Bild von der eigenen Person verändern. Im Verständnis der Persönlichkeitspsychologie übt das Selbstkonzept die Funktion eines kognitiven Schemas aus (Asendorpf, 2007). Das bedeutet, dass das gespeicherte Wissen über die eigene Person die Verarbeitung neuer selbstbezogener Informationen beeinflusst. Verkürzt gesagt gehen die Vertreter des Informationsverarbeitungsparadigma davon aus, dass selbstbezogene Informationen, die dem Schema entsprechen, eher wahrgenommen und verarbeitet werden, und Beobachtungen, die nicht mit dem Selbstkonzept übereinstimmen, eher vernachlässigt werden (z.B. schlechter erinnert werden). Der Zusammenhang zwischen Selbstkonzept und Achtsamkeit könnte sich dann zum Beispiel so darstellen: Eine Person, die sich im Verfassen wissenschaftlicher Texte für überaus kompetent hält – deren Texte tatsächlich jedoch kaum nachvollziehbar sind – könnte die wohlgemeinte Kritik seiner Kollegen vermutlich eher annehmen, wenn er sich selbst gegenüber positiv eingestellt ist und sich selbst wertschätzen kann. Sein Selbstkonzept im Bereich „Wissenschaftliches Arbeiten" würde an Spielraum gewinnen.

Insgesamt könnten diese Prozesse zu zwei Veränderungen führen. Zum einen müsste es so sein, dass die Vorstellungen, die sich eine Person über die eigenen Fähigkeiten, Einstellungen oder andere Verhaltensmerkmale macht, als zu prüfende Hypothese betrachtet werden und eher korrigiert werden, wenn sie durch tatsächlich gemachte Beobachtungen widerlegt werden. Auf der anderen Seite müssten diese Verarbeitungsprozesse zu einer größeren Variabilität des Selbstbildes führen, weil eine größere Bandbreite an Informationen verarbeitet und in das Selbstkonzept integriert werden. Diese Annahmen könnten Gegenstand einer empirischen Prüfung sein, um genauer zu erforschen, wie Achtsamkeit wirkt. Ob sie beispielsweise tatsächlich dazu beiträgt, „einfach sehen [zu] lernen, was wir sind", wie Kornfield es ausdrückt (1987, S. 173).

Darüber hinaus wird Achtsamkeit im Buddhismus gelehrt, um die drei Merkmale Vergänglichkeit, Leidhaftigkeit und Nicht-Selbsthaftigkeit[9] zu erkennen. Welche psychologischen Wirkungen die Erkenntnis des Nicht-Selbst haben könnte, soll an dieser Stelle kurz dargestellt werden.

Paetow (2004) gibt zu Bedenken, dass die Lehre des Nicht-Selbst eine der bedeutendsten und missverständlichsten Lehren des Buddhismus ist. Vereinfacht ausgedrückt handelt es sich um die Negation eines substantiell gefassten Selbst. Meditierende machen die Erfahrung, dass die vermeintlich substantielle Identität des Subjektiven bei eingehender Analyse (in der Meditation durch kontinuierliche Selbstbeobachtung) nur als ein Zusammenspiel von wandelbaren, flüchtigen psycho-physischen Faktoren ist. Die Realität eines solches Subjektums wird negiert, das heißt, die Existenz eines „Ich" oder „Selbst" wird abgelehnt. Da der Glaube an eine Ich-Einheit bzw. an ein transzendentes Selbst im Buddhismus die Ursache des Leides in der Welt darstellt, soll die Erkenntnis des Nicht-Selbst aus dem Leiden herausführen. Govinda (1992; zit. nach Paetow, 2004) bringt diese Erkenntnis folgendermaßen auf den Punkt:

„Das „Ich" oder „Selbst" [ist] nicht eine absolute Größe [...], sondern eine Bezeichnung für die relative Begrenzung, die das Individuum entsprechend seines Erkenntnisstandes sich selbst schafft. Der primitive Mensch empfindet den Körper als sein „Selbst", der mehr entwickelte seine seelischen und geistigen Funktionen. Der Buddha betrachtet jedoch weder Körper noch Geist als sein „Selbst", da er ihre Realität und ihre bedingte Entstehung kennt".

---

9 (Pali) anicca, dukkha und anatta

Die Negation des Selbst führt jedoch nicht zu einer Aufgabe des „Ich" vergleichbar mit dem, was in der Psychologie unter Depersonalisationsphänomene oder andere (psychotischen) Erlebniszuständen verstanden wird. Naheliegender ist, dass ein Prozess in Gang gesetzt wird, der die Bedeutung des Selbstkonzepts verändert. Die Person identifiziert sich weniger mit dem bestehenden Selbstkonzept. Paetow (2004) beschreibt dies als Ende anhaftender Identifikationsprozesse, d.h. es werden die körperlichen und physischen Momente subjektiven Erfahrens losgelassen und nicht mehr als „mein" interpretiert (S. 87).

Der beschriebene Wirkfaktor des Nicht-Selbst ist einer empirischen Prüfung ungleich schwerer zugänglich, spielt für das Konstrukt Achtsamkeit jedoch eine bedeutsame Rolle, wenn das Konzept einschließlich seiner spirituellen Aspekte vermittelt wird.

2.4.11 Sensorische Sensibilisierung

In der Literatur wird oft beschrieben, dass Achtsamkeit zu einer lebendigeren Alltagserfahrung führt. Erklärt wird das durch die größere Anteilnahme an der aktuellen Erfahrung, die gerade stattfindet. Es ist gut vorstellbar, dass eine permanent erhöhte Aufmerksamkeit gegenüber den körperlichen Reaktionen, die durch externe oder interne Reize ausgelöst werden, im Bereich des sensorischen Apparates Sensibilisierungsprozesse in Gang setzen.

Kabat-Zinn (2006) beschreibt diesen Effekt als eigentliches Heilungspotential der Achtsamkeit. Ziel sei nicht das Verschwinden der Beschwerden (Primat der Absichtslosigkeit), sondern das (Wieder)entdecken der eigenen Lebendigkeit. Es wäre zu prüfen, inwieweit solche Sensibilisierungsprozesse stattfinden.

2.4.12 Klassische und Operante Konditionierungseffekte

Berking und von Känel (2007) zeigen auf, dass Achtsamkeit auf gleiche Weise wirkt wie eine Expositionsübung. Während einer Sitzmeditation werden unter anderem auch unangenehme Zustände ausgehalten. Es wird erlebt, wie diese wieder zurückgehen und oft auch wie sich danach wieder Entspannung einstellt. An dieser Stelle wirken vermutlich basale Reizverknüpfungsmechanismen wie Klassische und Operante Konditionierung. Ein unangenehmer Reiz (z.B. der Gedanke: Mein Chef hat sich vorhin bestimmt so verhalten, weil er mich nicht mag.) könnte in einem unachtsamen Moment eine Reihe von weiteren negativen Gedanken auslösen (z.B. Selbstvorwürfe), die wiederum Schuld- und Minderwertigkeitsgefühle verstärken. Während der Meditation – genauso in einem achtsamen Moment im Alltag – wird dieser Gedanke sowie seine Nachfolger lediglich zur Kenntnis genommen, dies jedoch mit der ganzen Aufmerksamkeit. Danach wird die Aufmerksamkeit wieder auf den Atem gerichtet.

Ein Hauptmerkmal der Achtsamkeit, das in den Interventionen besondere Beachtung findet, steckt in der Alltäglichkeit der Übung. Achtsamkeit soll hauptsächlich und vor allem bei den alltäglichen Handlungen geübt werden. Der Trainingseffekt könnte kaum größer sein und das wiederholte Üben in unterschiedlichsten Situationen ist überhaupt die Voraussetzung dafür, dass neue Verhaltensweisen Fuß fassen können.

Bohus und Huppertz (2006) merken an, dass die Achtsamkeit damit eine begründete Forderung der klinischen Neuropsychologie aufgreift. Nämlich dass sich kognitive und emotionale Lernprozesse – gleich motorischen Lernprozessen – vor allem durch kontinuierliche Wiederholungen manifestieren. Das Prinzip des permanenten Übens, dass ein immanenter Bestandteil der Achtsamkeit ist, beinhaltet womöglich den größten Wirkfaktor der Achtsamkeit.

3 Stressbewältigung

3.1 Annahmen psychologischer Stressmodelle

In der Stressbewältigungsforschung wird untersucht, auf welche Art und Weise unterschiedliche Personen mit stressreichen Situationen umgehen. Außerdem widmet sie sich der Frage, ob bestimmte Bewältigungsformen für die psychische Gesundheit geeigneter sind als andere. In den folgenden Kapiteln werden zunächst die zentralen Annahmen psychologischer Stresstheorien wiedergegeben, um zu klären, was genau als Stress bezeichnet wird und welche Erklärungsansätze es darüber gibt, wie Stress entsteht.

3.1.1 Erklärungsansätze zur Entstehung von Stress

Auf die Frage, wie Stress entsteht, geben die unzähligen Stresstheorien unterschiedliche Antworten. Im Großen und Ganzen können sie in drei Kategorien eingeteilt werden (Schulz, 2005): die reaktionsorientierten Ansätze, die stimulusorientierten Ansätze und die Interaktionsansätze (Abb. 3.1).

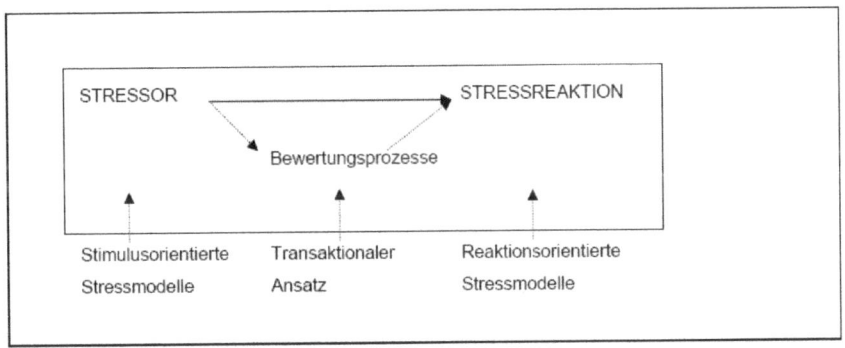

Abb. 3.1: Klassifikation der Stresstheorien nach Schulz (2005) (eigene Grafik)

Die reaktionsorientierten Ansätze definieren Stress als ein unspezifisches Reaktionsmuster des Organismus. Selye (1956), der den Stressbegriff einführte, beschrieb als erster detailliert, nach welchem Muster die biologische Stressreaktion abläuft. Die drei Phasen Alarmreaktion, Widerstandsstadium und Erschöpfungsphase sind inzwischen in das Alltagsverständnis von Stress eingegangen.

Dem gegenüber stehen die stimulusorientierten Ansätze. Sie nehmen als Stress die Einwirkungen aus der Umwelt in den Fokus. Dazu gehören im Bereich der klinischen Psychologie zum Beispiel die Bemühungen der Life-Event-Forschung. Diese versucht sog. kritische Lebensereignisse zu identifizieren, die für jede Person eine annähernd gleichstarke Belastung darstellen.

Beide Ansätze haben ihre Berechtigung, können hingegen nicht ausreichend erklären, warum Personen auf ein und denselben Stressor unterschiedlich reagieren. Dass diese Frage wesentlich sei, resümieren auch Biondi und Picardi (1999), die in einer vergleichenden Übersicht der unzähligen Labor- und Feldstudien aus diesem Bereich feststellen, dass es eine erhebliche Varianz der beobachteten Stressreaktionen gibt. Die Interaktionsansätze gehen von einer gegenseitigen Beeinflussung von Person und Umwelt aus. Lazarus und Folkman (1984) vertreten mit ihrer transaktionalen Stresstheorie die Auffassung, dass die Wirkung eines Umweltreizes hauptsächlich von Bewertungsprozessen abhängt. Diese Bewertungsprozesse laufen kontinuierlich ab sind nicht notwendigerweise bewusst. In einer ersten Bewertung (primary appraisal) wird darüber entschieden, ob der Umweltreiz für das Wohlbefinden relevant ist. Wird er als stressrelevant eingeschätzt, folgt diese zweite Bewertung (secondary appraisal).

Es werden verfügbare Bewältigungsstrategien gesucht und ihr erwarteter Effekt beurteilt. Danach wird die Situation unter Berücksichtigungen dieser neuen Informationen nochmals bewertet (cognitive reappraisal). Nach dem transaktionalen Stressmodell der Arbeitsgruppe um Lazarus wird unter Stress demnach ein reizabhängiges emotionales Reaktionssyndrom verstanden, wobei die vermittelnde Rolle zwischen Stimulus und Reaktion den ablaufenden kognitiven Bewertungsprozessen zukommt.

Im Allgemeinen werden Stress und Belastung inzwischen vor allem durch subjektiv erlebte Überforderung operationalisiert, so Asendorpf (2007). Da diese Überforderung immer von negativen Emotionen begleitet sei, entwickelte sich zunehmend ein emotionsspezifischer Bewältigungsbegriff. Demnach geht es bei Bewältigung vereinfacht gesagt darum, Situationen zu meistern, die eine negative emotionale Qualität besitzen.

3.1.2 Bewältigung nach Lazarus und Folkman

Was genau ist mit „Bewältigung" einer Stresssituation gemeint? Lazarus und Folkman (1984) definieren Bewältigung als „die sich verändernden kognitiven und verhaltensbezogenen Bemühungen einer Person im Umgang mit spezifischen externalen und/oder internalen Bedingungen, welche die Person als die eigenen Ressourcen übersteigend bewertet. Bewältigung oder Coping bezeichnet also die Reaktion eines Individuums wenn folgender Fall eingetroffen ist: Eine Situation wurde in einer ersten Bewertung als relevant eingestuft.

In einem zweiten Bewertungsprozess wurden die zur Verfügung stehenden Möglichkeiten, mit der Situation umzugehen als nicht ausreichend eingeschätzt, und in der anschließenden Neubewertung der Situation wurde festgestellt, es handelt sich um eine bedrohungsrelevante Situation. Die Bewältigungsreaktion, die darauf folgt, kann sowohl verhaltensbezogene als auch intrapsychische Reaktionen beinhalten. Welche Bewältigungsstrategien in Abhängigkeit von Person und Situation gewählt werden, ist Gegenstand der Copingforschung. Sie nimmt an, dass die Belastungsfolgen davon abhängig sind, welche Strategie gewählt wird.

3.2 Klassifikationen von Bewältigungsstrategien

In der Bewältigungsforschung wurden vielerlei Reaktionen auf Stress und Belastung, sog. Bewältigungsstrategien, beobachtet. Immer wieder ist auch der Versuch unternommen worden, diese auf systematische Weise zu ordnen. Ein allgemeingültiges Klassifikationsschema für Bewältigungsstrategien konnte bisher weder theoretisch noch empirisch begründet werden (Rief & Nanke, 2003). Im Folgenden werden drei Ansätze vorgestellt, die für die Fragestellung der Arbeit von besonderer Relevanz sind.

3.2.1 Problemorientiertes und Emotionsorientiertes Coping

Nach dem Transaktionalen Modell von Lazarus & Folkman (1984) werden die Strategien danach systematisiert, welche Funktion sie bei der Bewältigung erfüllen. Unter problemorientierter Bewältigung werden alle Bemühungen zusammengefasst, die darauf abzielen, die Situation selbst zu verändern, oder auch eigene Merkmale wie persönliche Ziele, Werte und Einstellungen. Dem gegenüber steht das emotionsorientierte Bewältigen. Hierunter zählen Verhaltensweisen mit dem Ziel, die unangenehmen Emotionen, die durch die Stresssituation entstehen, zu reduzieren. Gefühle von Ärger oder Angst werden z.B. ausgedrückt oder kontrolliert (Rief & Nanke, 2003). Dabei sind problemfokussiertes und emotionsfokussiertes Coping nicht als distinkte Kategorien zu verstehen. Eine konkrete Bewältigungsreaktion kann gleichzeitig beide Funktionen erfüllen. Nach Lazarus und Folkman wird das problemorientierte Coping v.a. in Situationen gewählt, die Personen als veränderbar einschätzen und in denen sie das Gefühl haben, etwas Konstruktives tun zu können. Das Stresserleben und die damit verbundenen Gefühle werden zwar auf diese Weise auch verringert, die problemorientierten Strategien zielen jedoch nicht darauf ab. Das ist das Ziel des emotionsorientierten Copings. Dieses wird meist gewählt, wenn der Stressor als etwas angesehen wird, das nicht veränderbar ist und ausgehalten werden muss. Lazarus und Kollegen nehmen an, dass die Fokussierung auf die Emotionen das problemorientierte Coping behindern kann und notwendige konkrete Handlungsschritte nicht vorgenommen werden.

Es gibt zahlreiche andere Vorschläge zur Klassifikation der Bewältigungsstrategien; zum Beispiel die Unterteilung in aktiv-verhaltensbezogenes und kognitiv-vermeidendes Coping (Billings und Moos, 1981). Oder von Pearlin (1989), der die Strategien in Reiz-, Bewertungs- und Reaktions-Coping unterteilt. Nach Schulz (2005) ist das Gemeinsame der zahlreichen

Klassifikationen, dass sie zwischen aktiv-offensivem und passiv-vermeidendem Bewältigungsverhalten unterscheiden. In diesem Zusammenhang steht die Beobachtung, dass passiv-vermeidendes Verhalten oft weniger geeignet ist, um Belastungen erfolgreich zu bewältigen (vgl. auch Kap. 3.3). Das im Folgenden dargestellte Konzept benennt explizit Strategien, die als potentiell dysfunktional, also weniger geeignet, angesehen werden.

3.2.2 Funktionales und Dysfunktionales Coping

Carver, Scheier und Weintraub (1989) fanden die von Lazarus und Kollegen getroffene Unterscheidung in problem- und emotionsfokussiertes Coping zu grob. Zudem wurden in den zahlreichen Untersuchungen oft mehr als zwei Faktoren gefunden (vgl. Scheier et al., 1989). Folgerichtig entwickelten sie 1989 ein Instrument, mit dem eine differenziertere Erfassung des individuellen Bewältigungsverhaltens möglich ist, das COPE-Inventar. Es ist gleichzeitig ein Verfahren, das im Gegensatz zu anderen Coping-Instrumenten eingebettet ist in umfassende theoretische Überlegungen. Diese beruhen auf Carver und Scheiers Modell des selbstregulativen Verhaltens (2001), das die selbstregulatorischen Funktionen des Copings in den Blick nimmt. Coping ist danach nicht wesentlich von anderen motivationsbezogenen Handlungen zu unterscheiden, außer dass es oft mit einer größeren Dringlichkeit vonstatten gehe.

Die von ihnen vorgelegte Skala erfasst den Umgang mit stressreichen Situationen in 13 konzeptuell distinkten Unterskalen, die zum einen Aspekte des problemorientierten, zum anderen des emotionsbezogenen Coping messen. Außerdem enthält sie drei Unterskalen, die sie als potentiell dysfunktional bezeichnen, was in späteren Studien bestätigt werden konnte (vgl. Carver, Pozo, Harris, Noriega, Scheier, Robinson, Ketcham, Moffat & Clark, 1993; Vollrath, Alnaes & Torgersen, 1996, zit. nach Vollrath & Torgersen, 2000).

An dieser Stelle erfolgt eine kurze Skizzierung der Copingstile, die Carver und Kollegen in ihrer Skala operationalisiert haben. Zunächst zu den fünf problemorientierten Copingstilen:

Aktives Handeln bezeichnet eine Bewältigungsreaktion, in der die Person konkrete Handlungsschritte unternimmt, um den Stressor auszuschalten oder zu verändern. Es ist das Herzstück dessen, was Lazarus und Folkman als problemorientiertes Coping (s. Kap. 3.2.1) eingeführt haben. *Planen* bedeutet zu überlegen, welche Handlungsmöglichkeiten zur Lösung des Problems zur Verfügung stehen und welche Schritte notwendig sind. Die Skala *Nebensächliches zurückstellen* erfasst das Bemühen, andere Dinge beiseite zu legen und sich nicht von anderen Dingen ablenken zu lassen, um mit voller Kraft und Aufmerksamkeit die Lösung des Problems anzugehen. Die Skala *Zurückhaltung* beschreibt die oft übersehene, aber manchmal sehr funktionale Strategie, den richtigen Moment des Handelns abzuwarten und nicht übereilt zu handeln. Es ist kein Aussitzen gemeint, sondern das Bemühen um eine möglichst effektive Problemlösung. Sucht eine Person in einer Stresssituation Unterstützung, dann kann es sich sowohl um problemorientiertes als auch emotionsorientiertes Coping handeln. Das *Nutzen von Instrumenteller sozialer Unterstützung* gehört zu ersterem und bezeichnet das Erfragen von Ratschlägen, Hilfestellungen und Informationen. Das *Nutzen Emotionaler sozialer Unterstützung* zielt direkt auf emotional stützendes Verhalten der Mitmenschen ab, indem sich die Person z.b. jemanden mitteilt und Verständnis und Mitgefühl erhält. Wie auch andere Autoren gehen Carver und Kollegen davon aus, dass sich in realen Bewältigungssituationen oft gemischte Formen der sozialen Unterstützung vorkommen.

Die emotionsorientierten Copingstrategien bezeichnen sie als ein doppelschneidiges Schwert. Sie können durchaus funktional sein. Etwa wenn die Person nach einer Verunsicherung durch die soziale Anteilnahme aufgefangen wird und so gestärkt zu einer problemorientierten Bewältigungsstrategie zurückkehrt. Auf der anderen Seite, so geben Carver und Kollegen zu bedenken, würden emotionsfokussierte Strategien manchmal lediglich als Ventil genutzt, um die eigene Gefühle herauszulassen. An der problematischen Situation an sich werde aber nichts geändert. Dass diese Strategien nicht immer nützlich sind, würde eine Reihe von Studien belegen (vgl. Berman & Turk, 1981; Billings & Moos, 1984; Costanza, Derlega & Winstead, 1988; Tolor & Fehon, 1987; zit. nach Carver et al., 1989).

Zu den weniger funktionalen Reaktionen auf Stresssituationen zählen sie die Skala *Gefühlen freien Lauf lassen*. Dieses kann notwendig sein, etwa nach einem Verlust. Es birgt jedoch die Gefahr, die eigenen Sorgen und Ängste zu verstärken und davon abzuhalten, aktiv zu werden. Zwei weitere Copingstrategien werden als dysfunktional bezeichnet, wofür auch Laboruntersuchungen sprechen (vgl. Cronkite & Moos, 1984; Holohan & Moos, 1985; Mc Crae, 1982, 1984; zit. nach Carver et al., 1989). Beide Strategien sind Formen der Vermeidung; die eine auf der Ebene des Verhaltens, die andere auf kognitiver Ebene. Das *Aufgeben von Zielen* bedeutet, aufzuhören, das Problem zu lösen oder auch Ziele, die durch das Problem schwerer erreichbar sind, fahrenzulassen. Zur Strategie der *Selbstablenkung* werden Verhaltensweisen wie Tagträumen, Flucht in den Schlaf, Ablenkung durch Fernsehen u.ä. gezählt.

Die bisher beschriebenen Skalen sind theoriebasiert entwickelt worden. Zusätzlich führen Carver und Kollegen die folgenden Copingstrategien an: Die *Positive Neubewertung* ist nach Lazarus und Folkman (1984) eine emotionsorientierte Strategie und beschreibt die Tendenz, den Blick auf die positiven Aspekte der Situation zu lenken oder sie als Möglichkeit zur Entwicklung zu sehen. *Verleugnung* wurde oft kontrovers diskutiert. Die Bedrohung nicht wahrzunehmen vermindere den Stress und erleichtere damit das Bewältigen, finden einige Autoren (vgl. Breznitz, 1983; Cohen & Lazarus, 1973; Wilson, 1981; zit. nach Carver et al., 1989). Auf der anderen Seite kann der Stressor größer werden und schlussendlich eine noch größere Belastungen darstellen, wenn er nicht erfolgreich ausgeblendet werden kann (vgl. Matthews, Siegel, Kuller, Thompson & Varat, 1983, zit. nach Carver et al., 1989). Carver und Kollegen operationalisierten die Skala im COPE-Inventar mit Hilfe von Items, die beschreiben, wie ein Stressor ignoriert wird bzw. so gehandelt wird, als gäbe es ihn nicht. Das Gegenteil von *Verleugnung* beschreibt die Skala *Akzeptanz*. Diese Strategie erweise sich dann als sinnvoll, wenn die Vergegenwärtigung, dass eine Situation stressreich sei, wiederum einen aktiven Umgang damit ankurbelt. Die Skala *Zuwendung zum Glauben* erfasst Bewältigungsstrategien, in der die Person in ihrem Glauben Trost und Unterstützung findet.

Mit diesen insgesamt 13 Unterskalen stellt das COPE-Inventar ein Verfahren dar, das eine differenzierte – wenn auch keinesfalls erschöpfende – Erfassung des individuellen Bewältigungsverhaltens in stressreichen Situationen ermöglicht.

3.2.3 Bewältigung durch Aufmerksamkeitssteuerung: *Vigilanz* und *Kognitive Vermeidung*

Das Modell von Krohne und Egloff (1992; 1999) unterscheidet sich bereits im Ansatz von den bisher dargestellten Stressbewältigungstheorien. Es beschreibt Bewältigung als einen Mechanismus der Aufmerksamkeitslenkung, wobei zwischen vigilanter und kognitiv vermeidender Aufmerksamkeitssteuerung differenziert wird. Dieser Prozess ist individuell verschieden, das heißt die Aufmerksamkeit wird in Hinblick auf Hinweisreize, die mögliche Bedrohungen oder Belastungen anzeigen, entweder zu- oder abgewendet. Dabei beschreibt *Vigilanz* die Tendenz, solche Reize verstärkt aufzunehmen und zu verarbeiten, während *Kognitive Vermeidung* die Abwendung von diesen Reizen meint.

Krohne und Egloff erklären in ihrem Modell außerdem, warum die eine oder die andere Strategie gewählt wird. Angstauslösende Situationen lösen demnach zwei Reaktionen aus, die es zu bewältigen gilt: Das Erleben von Unsicherheit, ausgelöst durch die Mehrdeutigkeit der Situation, und die Wahrnehmung körperlicher Erregung, ist bedingt durch die Gefahrenreize selbst. Wie tolerant Personen gegenüber diesen beiden Zuständen sind, ist individuell verschieden (vgl. Roth & Cohen, 1986; Rothbart & Mellinger, 1972; zit. nach Krohne & Egloff, 1999). Personen, die den Zustand der Unsicherheit einer Situation schwer ertragen können, neigen zu einer vigilanten Bewältigung, einer Aufmerksamkeitszuwendung. Dagegen setzen Personen, die vielmehr die körperliche Erregung als unangenehm empfinden, eher kognitive vermeidende Strategien ein, die eine Aufmerksamkeitsabwendung beinhalten. Unter dem Konstrukt *Vigilanz* werden also diejenigen Strategien zusammengefasst, die zu einer verstärkten Informationsaufnahme führen, mit dem Ziel, die Unsicherheit in einer Situation zu verringern. *Kognitive Vermeidung* beschreibt demgegenüber Strategien, die den Organismus in derartigen Situationen gegen erregungsinduzierende Reize abschirmen, um einen weiteren Anstieg der körperlichen Erregung zu verhindern.

Beide Strategien – sowohl *Vigilanz* als auch *Kognitive Vermeidung* – sind durchaus funktionell. Sie verringern den unangenehmen Zustand, der in Stresssituationen ausgelöst wird. Andererseits können sich beide Strategien auch nachteilig auswirken. Im Fall hoher *Vigilanz* kann sich ein konsistent überwachendes Verhalten manifestieren. Dieses permanente „Abscannen" der Umgebung führt dazu, dass sich die Person mit einer großen Anzahl von Hinweisreizen auseinandersetzen muss, auch mit möglicherweise völlig irrelevanten. Die Reduzierung von Unsicherheit durch das Sammeln und Verarbeiten von Informationen bringt dann ein vermehrtes Erleben von Angst mit sich. Das andere Extrem ist die konsequente Vermeidung derartiger Hinweisreize. Diese Strategie hat den Vorteil, dass die Person nur selten mit bedrohlichen Reizen konfrontiert wird und so über relativ lange Zeit angstfrei leben kann. Dies kann allerdings darin münden, dass auf real existierende Gefahren, z.B. eine ernsthafte Erkrankung, nicht frühzeitig reagiert wird und sich die Person dann plötzlich in einer Situationen befindet, die kaum noch bewältigbar ist (Krohne & Egloff, 1999).

Diese zwei Typen sowie zwei weitere werden von den Autoren beschrieben und als Bewältigungsmodi gegenübergestellt (Abb. 3.2).

	Kognitve Vermeidung	
	niedrig	hoch
Vigilanz hoch	Sensitizer	Ängstliche
niedrig	Nichtdefensive	Represser

Abb. 3.2: Modell der Bewältigungsmodi (angelehnt an Krohne & Egloff, 1999)

Die bereits beschriebenen Ausprägungen von extremer *Vigilanz* bzw. extremer *Kognitiver Vermeidung* entsprechen den Bewältigungsmodi des Sensitizers und des Repressers, zwei traditionellen Konzepten in der Angstbewältigungsforschung. Von einem für Ängstliche typischen Muster sprechen die Autoren, wenn es auf beiden Dimensionen zu einer hohen Ausprägung kommt. Diese Personen zeigen eine hohe Fluktuation in ihren Bewältigungsreaktionen. Die konkret ausgeübte Strategie dauert oft zu kurz an, da die Personen sowohl die Unsicherheit (durch *Kognitive Vermeidung*) als auch die körperliche Erregung (durch *Vigilanz*) nur schwer aushalten. Deshalb sind sie auch häufig nicht in der Lage, bei einer bestimmten Strategie abzuwarten und zu prüfen, ob ihr Einsatz effektiv war. Dadurch könne sich kein wirksames Repertoire von Bewältigungsstrategien ausbilden. Das Muster der fluktuierenden, unsystematischen Strategiewahl soll typisch sein für ängstliche Personen, die auch als erfolglose Bewältiger bezeichnet werden. In ihrem Bewältigen erfolgreich sei dagegen die Gruppe der Nichtdefensiven. Sie zeichnen sich durch niedrige Werte auf beiden Dimensionen aus. Wegen ihrer größeren Toleranz für Unsicherheit und Erregung sind sie nicht notwendigerweise darauf ausgerichtet, entweder alle belastungsrelevanten Hinweise einer Situation zu analysieren (*Vigilanz*) oder derartige Reize völlig auszublenden (*Kognitive Vermeidung*). Stattdessen können sie in diesen Situationen jeweils spezifische Bewältigungsstrategien auswählen und lange genug verfolgen, um deren Wirksamkeit zu überprüfen.

Das Modell der Bewältigungsmodi ist ein sparsames und in sich schlüssiges Konzept, das über Situationen der Angstbewältigung hinaus einen plausiblen Erklärungsansatz bietet und individuelle Unterschiede auch im Umgang mit Stresssituationen im Allgemeinen erklären kann. Durch den Bezug auf sehr basale Prozesse der Informationsverarbeitungsprozesse – der Aufmerksamkeitslenkung und -aufrechterhaltung – ist es im Hinblick auf das Konzept der Achtsamkeit von besonderem Interesse.

Leider ist das Instrument des Angstbewältigungs-Inventars (ABI-R) nur begrenzt im Stande, diese Prozesse tatsächlich zu messen. Zum einen weil es ein Fragebogenverfahren ist, zum anderen weil gerade die Skala *Kognitive Vermeidung* Gefahr läuft, eher eine Mischung aus Strategien der *Selbstablenkung*, der *Selbstunterstützung* und einer optimistischen Grundhaltung zu erfassen als den tatsächlichen Prozess der Aufmerksamkeitssteuerung. Wie sich die beiden Konstrukte *Vigilanz* und *Kognitive Vermeidung* zum Achtsamkeitskonstrukt positionieren, könnte dennoch aufschlussreich sein.

3.3 Wirksamkeit spezieller Bewältigungsstrategien

Die Gesamtzahl der Coping-Studien ist durch eine erhebliche Variabilität gekennzeichnet. Sie untersuchen Bewältigung unterschiedlichster Formen sowie situativer und zeitlicher Dimensionen. Das macht es schwer, zusammenfassende Aussagen darüber zu treffen, welche Bewältigungsformen besonders effektiv sind. Dennoch gibt es im Bereich der Bewältigung von Alltagsbelastungen Hinweise auf die differentielle Wirkung einzelner Bewältigungsstrategien (Rief & Nanke, 2003). Dabei erwiesen sich aktive problemorientierte Strategien als sehr effektiv; besonders in Situationen, die als veränderbar eingeschätzt werden. Auch die Strategie der positiven Umdeutung hat sich beim Umgang mit unterschiedlichsten Belastungen als hilfreich erwiesen. Als einheitlich negativ wird die Wirkung von selbstquälerischem oder selbstabwertendem Auseinandersetzen eingeschätzt. Die Strategien Ausweichen und Vermeiden zeigten sich ebenfalls als wenig effektive Formen der Bewältigung von Alltagsbelastungen. Diese Formen können jedoch bei schweren Lebensereignissen oder schweren körperlichen Erkrankungen durchaus kurzfristig hilfreich sein, so Rief und Nanke. Reimann und Pohl (2006) stellen die Ergebnisse eines Übersichtsartikels von Kaluza (2006) dar und finden vergleichbare Befunde. Zusätzlich führt er die Suche nach sozialer Unterstützung an, die sich als wirksam erwiesen habe.

Alle Autoren betonen gleichermaßen, dass es keine allgemeine Standardstrategie zur Bewältigung von Belastungen gäbe. Deshalb sei es auch nicht sinnvoll, eine bestimmte Strategie zu fördern, sondern eher die Fähigkeit, in einer bestimmten Situation die adäquateste Strategie zu wählen (vgl. Schulz, 2005). Demnach zeichnen sich bewältigungskompetente Menschen nicht durch eine spezifische Bewältigungsstrategie aus, sondern dadurch, dass sie in Stresssituationen eine große Anzahl von Bewältigungsstrategien zur Verfügung haben und in der Lage sind, darunter diejenige auszuwählen, die im Hinblick auf ihre Bedürfnisse, Ressourcen sowie die Art der Stressquelle die optimale ist.

4. Fragestellungen der Untersuchung

In den vorangegangenen Kapiteln wurde beschrieben, wie das Achtsamkeitskonzept in den unterschiedlichen Kontexten aufgefasst wird. Zum einen innerhalb der Achtsamkeitspraxis des Buddhismus und in der Psychotherapie, zum anderen als Gegenstand psychologischer Forschung. In der buddhistischen Lehre gilt es als Weg zu einem vom Leid befreiten Leben. Auch in der klinischen Praxis und als Forschungsgegenstand liegt das Augenmerk auf dem ihm zugesprochenen Potential, psychisches Wohlbefinden zu ermöglichen. Speziell in der Copingforschung wird versucht, diejenigen Strategien zu identifizieren, die im Umgang mit Belastungen besonders hilfreich sind.

1. An dieser Stelle offenbart sich ein Widerspruch, dem in der vorliegenden Untersuchung nachgegangen wird. Während Achtsamkeit das Nichts-Tun als Handlungsstrategie der Wahl proklamiert, werden in der Copingforschung vor allem jene Strategien herausgestellt, die einen aktiven und problemorientierten Umgang mit Belastungen beinhalten. Passiv vermeidendes Bewältigungsverhalten ist aus empirischer Sicht ineffektiv und wenig hilfreich. Das Achtsamkeitskonzept impliziert seiner Konzeption nach das Gegenteil. Nicht das aktive Angehen des Problems wird gefordert, sondern ein Nichts-Tun. Die Handlungen sollen absichtslos und um ihrer selbst willen vollzogen werden. Ein achtsamer Umgang mit Stress beinhaltet zunächst eine rein beobachtende Haltung dem Erleben gegenüber. Der Fokus liegt auf der präzisen und dabei umfassenden Wahrnehmung der augenblicklichen (Stress-) Situation; unabhängig davon wie angenehm oder unangenehm diese ist. Dem gegenüber steht die Maxime der Copingforschung, die auf Grundlage einer Vielzahl empirischer Untersuchungen ein aktives, problemfokussiertes Angehen dieser Situation fordert. Gegenstand der vorliegenden Untersuchung soll daher die Frage sein, ob das Achtsamkeitskonzept mit Passivität und Resignation einhergeht oder ob es dennoch mit denjenigen Strategien zusammenhängt, die als besonders wirksam identifiziert wurden, den aktiv-problemlösenden Strategien. Des Weiteren müsste es seinem Inhalt nach mit den passiv-vermeidenden Strategien einen negativen Zusammenhang aufweisen. Denn es beinhaltet, dass auch aversive Wahrnehmungsinhalte, beispielsweise bedrängende Gefühle wie Angst, Ärger oder Ohnmacht, uneingeschränkt

wahrgenommen werden. Dieser Ansatz müsste Vermeidungstendenzen entgegenwirken.
Die Zusammenhänge zu den Einzelskalen des COPE (Carver, Scheier & Weintraub, 1989) sollten sich folgendermaßen darstellen (Tab. 4.1):

Einzelstrategien des COPE	Erwarteter Zusammenhang mit Achtsamkeit	Begründung
Aktiv-problemlösende Strategien		
Aktives Handeln	+	Achtsamkeit hemmt vermeidende und leugnende Verhaltensweisen, die ein aktives Vorgehen verhindern können. Außerdem fördert das bewertungsfreie Wahrnehmen eine präzise Einschätzung der persönlichen und situationsspezifischen Ressourcen, die zur Problemlösung zur Verfügung stehen.
Planen	+	Die achtsame Haltung wirkt auf impulsive Verhaltenstendenzen (Vermeidung u.a.) hemmend und ermöglicht eine angemessene Handlungsplanung.
Nebensächliches zurückstellen	+	Achtsamkeit beinhaltet die Aufmerksamkeitslenkung auf den aktuellen Moment, d.h. auf die momentane Stresssituation, andere Dinge werden zurückgestellt.
Zurückhaltung	+	Achtsamkeit fördert das Warten auf den passenden Moment des Handelns, weil es die Bewusstheit der Reaktion erhöht.
Instrumentelle soz. Unterstützung und Emotionale soz. Unterstützung	+	Achtsamkeit enthält eine wohlwollende Haltung gegenüber sich selbst und anderen und fördert damit prosoziales Verhalten.
Akzeptanz	+	Achtsamkeit beinhaltet das Annehmen einer Situation, so, wie sie im Augenblick darstellt, ohne sie zu beschönigen oder zu dramatisieren; es fehlt der Aspekt der Resignation, der sich in der COPE-Akzeptanzskala ausdrückt.
Positive Neubewertung	+	Das bewertungsfreie Wahrnehmen der Achtsamkeit fördert es, eine andere Perspektive einzunehmen.
Humor	+	Humor beinhaltet ebenfalls eine Umdeutung, der durch einen Perspektivwechsel möglich wird (s. Positive Neubewertung).

(Fortsetzung nächste Seite)

Einzelstrategien des COPE	Erwarteter Zusammenhang mit Achtsamkeit	Begründung
(Fortsetzung Tabelle 4.1)		
Passiv-vermeidende Strategien		
Selbstablenkung	-	Achtsamkeit impliziert das bewertungsfreie Wahrnehmen auch *aversiver* Kognitionen und Emotionen, z.B. bedrängende Gefühle wie Angst, Ärger oder Ohnmacht; dies geht mit einer steigenden Toleranz dieser aversiven Reize einher.
Aufgeben von Zielen	-	Dieser Prozess wird ebenso für behaviorale Vermeidungstendenzen, wie das Aufgeben von Zielen, angenommen (s. Selbstablenkung).
Verleugnen	-	Das Achtsamkeitsprinzip enthält nicht das Wegschauen, sondern das aufmerksame Hinschauen.
Substanzgebrauch	-	Achtsamkeit sucht die vollständige Intensität innerer Erlebniszustände, wenn auch aus einer nicht-identifizierenden Haltung heraus; das Einnehmen von Substanzen mit dämpfender Wirkung ist eher unwahrscheinlich.
Gefühlen freien Lauf lassen	-	Achtsamkeit beinhaltet eine neutrale, nicht-identifizierende Haltung gegenüber Emotionen, die impulsive emotionsgeleitete Verhaltensweisen hemmt.

(+) positiver bzw. (-) negativer empirischer Zusammenhang

Tab. 4.1. Erwartete Zusammenhänge zwischen Achtsamkeit und den spezifischen Bewältigungsstrategien (eig. Tab.)

2. Weiterhin soll untersucht werden, ob die Befunde zur gesundheitsförderlichen Wirkung von Achtsamkeit repliziert werden können und achtsame Personen tatsächlich psychisch gesünder sind. Falls ja, wäre zu prüfen, ob dieser Effekt tatsächlich auf die Achtsamkeit oder auf die Wirkung der Bewältigungsstrategien zurückzuführen ist.

3. In der Definition von Achtsamkeit ist deutlich geworden, dass es sich nicht um eine Methode handelt, die eine bestimmte Art der Bewältigung vorhersagt. Wahrscheinlicher ist – auch in Übereinstimmung mit dem Ganzheitlichkeitsanspruch vieler Achtsamkeitsdefinitionen –, dass es sich um ein übergeordnetes Konstrukt handelt. Zum Beispiel in Form einer allgemeinen Einstellung gegenüber Ereignissen, die ganz unterschiedliche Bewältigungsstrategien

hervorruft. Denkbar wäre, dass Achtsamkeit die Fähigkeit unterstützt, die von vielen Autoren der Copingforschung als Bewältigungskompetenz definiert wird: Die Fähigkeit, je nach Situation und eigenen Ressourcen die adaptivste Strategie auszuwählen und effektiv einzusetzen.

Dies ist ebenfalls die Annahme von Krohne und Egloff (1999), die einen Typ beschreiben, der weder ein besonders vigilantes noch ein besonders kognitiv vermeidendes Bewältigungsverhalten zeigt. Dieser Typ mit dem Bewältigungsmodus nicht-defensiv verfüge über ein vergleichsweise umfangreiches Bewältigungsrepertoire sowie die Fähigkeit, das in der jeweiligen Situation passende Verhalten auszuwählen. Das Achtsamkeitskonzept legt nahe, gerade im Bereich der Aufmerksamkeitssteuerung seine Wirkung zu entfalten. Hochachtsame Personen müssten dann in der Gruppe der Nicht-Defensiven zu finden sein. Denn Achtsamkeit beinhaltet, die Aufmerksamkeit so zu schulen, dass die Geschehnisse der momentanen Situation voll und ganz wahrgenommen werden, ohne diese zu bewerten, z.B. als bedrohlich oder nicht bedrohlich. Dies führt in der Konsequenz weder zu einer vermeidenden noch zu einer vigilanten Wahrnehmung der bedrohlichen Reize. Sie werden nicht konsequent ausgeblendet, aber auch nicht verstärkt wahrgenommen, sondern lediglich registriert, ohne dabei einen aversiven Zustand auszulösen. Zu prüfen ist daher, ob sich Personen, die sich als hoch achtsam beschreiben, überzufällig häufig in der Gruppe der Nicht-Defensiven wiederfinden.

Eine Übersicht der einzelnen Hypothesen sowie die Beantwortung der Frage, welches methodische Vorgehen notwendig ist, um die beschriebenen Hypothesen auf empirischer Ebene zu prüfen, wird im folgenden Kapitel gegeben.

5 Methodik und Hypothesen der Untersuchung

5.1 Untersuchungsdesign

Um die vermuteten Zusammenhänge auf einer empirischen Ebene prüfbar zu machen, wurde Studierenden unterschiedlicher Fachrichtungen ein Fragebogen vorgelegt, der die relevanten Merkmale zu Achtsamkeit und Stressbewältigung erfasst.

Damit Merkmale, die bei Psychologiestudierenden gehäuft auftreten könnten, kontrolliert werden können, wurden zusätzlich Studierende der Medizin und der Religionswissenschaften befragt. Spezifisch für Psychologiestudierende könnte etwa eine durch Inhalte des Studiums erhöhte Selbstexploration sein, die den Zusammenhang zwischen Achtsamkeit und Coping verändert, i.S. eines moderierenden oder mediierenden Einflusses. Zusätzlich wurde eine Stichprobe von Meditierenden erhoben. Die Studierenden wurden im Rahmen von Vorlesungen und Seminaren um die Teilnahme gebeten. Die Teilnahme war freiwillig und ungeltlich. Das Bearbeiten der Fragebögen dauerte in der Regel zwischen 20 und 25 Minuten.

5.2 Stichprobe

Von den 146 zurückgegebenen Fragebögen waren alle bis auf einzelne Items vollständig ausgefüllt. Bei drei Fragebögen fehlten bei einzelnen Skalen zu viele Werte (≥ 3), diese wurden bei den inferenzstatistischen Prozeduren ausgeschlossen. Die restlichen fehlenden Werte, die vereinzelt auftraten, wurden durch die Gruppelmittelwerte ersetzt.

Die Gesamtstichprobe von N= 143 setzte sich aus 102 Frauen (60,9%) und 42 Männern (30,1%) zusammen, die ein Durchschnittsalter von 23,45 Jahren (Range=19-38) aufwiesen. Es handelte sich um Studierende der Universität Leipzig, hauptsächlich aus den drei Fachrichtungen Psychologie (39,0%), Medizin (28,1%) und Religionswissenschaften (23,3%) (Abb. 5.1). 7,5% der ProbandInnen waren für andere Studienfächer eingeschrieben, darunter Politologie, Geschichte, Soziologie, Philosophie, Geologie, Geografie, Sport und Musik, und 2,1% hatten das Studium bereits abgeschlossen. Die ProbandInnen der drei Fachrichtungen Medizin, Psychologie und Religionswissenschaften können zu einer Gesamtstichprobe zusammengefasst werden, da sie sich sowohl in ihren Achtsamkeits- als auch in ihren Belastungswerten nicht bedeutsam unterscheiden.

Zu den Vorkenntnissen in Bezug auf Achtsamkeit und Meditation ergibt sich folgendes Bild:

19 ProbandInnen (13,0%) gaben an, regelmäßig (mind. 1x wöchentlich) Meditation auszuüben. 22 (15,1%) ProbandInnen führten regelmäßig körperliche Entspannung durch. In psycho-therapeutischer Behandlung befanden sich zum Zeitpunkt der Erhebung 11 Personen (7,5%).

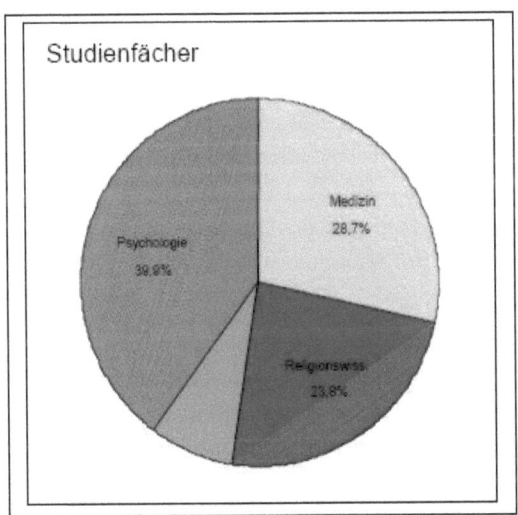

Abb. 5.1: Häufigkeitsverteilung der Studienfächer

Im Vergleich zu anderen Studien bedeutet das: Der Anteil von Studierenden, die meditieren oder andere gesundheitsbezogene Praktiken ausüben, entspricht dem Verhältnis, dass auch in anderen studentischen Stichproben zu finden ist (Ströhle, 2006: 15,2% meditierende ProbandInnen, 10% mit Psychotherapie bzw. einem gesundsheitsförderlichen Kurs).

5.3 Messinstrumente

5.3.1 Soziodemografischer Teil

Der Fragebogen setzt sich zusammen aus einer Auswahl an Skalen sowie einem soziodemografischen Teil. In diesem werden Alter, Geschlecht, Lebenssituation, Schulabschluss, Studiengang und Semesterzahl erfragt. Außerdem sollten die ProbandInnen angeben, ob sie zurzeit Psychotherapie machen oder an einem Kurs (Autogenes Training, Tai Chi etc.) teilnehmen, sowie ob sie regelmäßig Meditation oder ein körperliches Entspannungsverfahren ausüben.

5.3.2 Der Freiburger Fragebogen zur Achtsamkeit

Der Freiburger Achtsamkeitsfragebogen (FFA; Walach et al., 2004) ist derjenige unter den deutschen Achtsamkeitsskalen, der am explizitesten Bezug nimmt auf die buddhistischen Wurzeln des Achtsamkeitskonstrukts. Anhand der Vipassanâ-Literatur formulierte die Arbeitsgruppe zunächst 73 Items, die das buddhistische Achtsamkeitsverständnis abbilden. Danach befragten sie eine Reihe von Experten mit langjähriger Meditationserfahrung. Daraus resultierte eine Vorform des Fragebogens mit 38 Items. Die Überprüfung dieser, die über Trennschärfekoeffizienten und Schwierigkeitsindices erfolgte, ergab die Endversion des FFA mit 30 Items. In der vorliegenden Untersuchung kommt die Kurzform des FFA zum Einsatz. Sie umfasst 14 Items, die sich auch in Stichproben mit Personen ohne Meditationserfahrung oder Wissen um das Konzept der Achtsamkeit als gute Indikatoren erwiesen haben. Die interne Konsistenz Cronbachs a beträgt .86.

In den Dimensionalitätsanalysen zeigte sich keine robuste Faktorenstruktur. Walach spricht in diesem Zusammenhang von der Achtsamkeit als ein ganzheitliches und unteilbares Konstrukt, das sich zwar in verschiedene Komponenten zerlegen lässt, jedoch im konkreten Erleben nicht in voneinander unabhängige Elemente zerfällt (Walach et al., 2004). Ströhle (2006, unveröff.) hingegen kam in seinen statistischen Analysen zu dem Schluss, dass ein Zwei-Faktoren-Modell die statistischen Zusammenhänge zwischen den Items noch besser erklärt. Sein erster Faktor fasst Items zusammen, die die Aufmerksamkeit auf und Beobachtung von momentan ablaufenden körperlichen und geistigen Prozessen abbilden (Items 2, 3, 7, 10). Der zweite Faktor beinhaltet die Offenheit und Akzeptanz gegenüber sich selbst und anderen (Items 1, 4, 5, 6, 8, 9, 11, 12, 13, 14). Eine ausführlichere Darstellung des Hintergrunds des Verfahrens findet sich im Kapitel 2.2.1.

5.3.3 Das Angstbewältigungs-Inventar

Das ABI-R (Krone & Egloff, 1999) ist ein Selbstbeurteilungsfragebogen, der über einen Gesamtsatz von 80 Items die individuelle Ausprägung der Stressbewältigungsdispositionen *Vigilanz* und *Kognitive Vermeidung* misst. Basierend auf dem Modell der Bewältigungsmodi unterscheidet er zwischen vigilanter und kognitiv vermeidender Aufmerksamkeitssteuerung. Die Aufmerksamkeit wird in Hinblick auf Hinweisreize, die mögliche Bedrohungen oder Belastungen anzeigen, entweder zu- oder abgewendet. Dabei beschreibt das Konzept der *Vigilanz* die Tendenz, solche Reize verstärkt aufzunehmen und zu verarbeiten, während *Kognitive Vermeidung* die Abwendung von diesen Reizen meint (Egloff & Krohne, 1998). In dem Verfahren werden 8 angstauslösende Szenarien beschrieben, denen je 5 vigilante und 5 kognitiv vermeidende Bewältigungsstrategien zugeordnet sind. Die ProbandInnen geben an, ob sie die jeweilige Situation oft bzw. häufig (trifft zu) oder nie bzw. selten (trifft nicht zu) in dieser Form bewältigen würden.

In der vorliegenden Untersuchung wurde das ABI-E-R verwendet. Es handelt sich um einen Untertest der vier der acht Situationen beinhaltet, die den Umgang mit ego-bedrohlichen Situationen (im Gegensatz zu physisch bedrohlichen Situationen) erfassen. Da die beiden Untertests ABI-E-R und ABI-P-R korrelieren (r = .46 bzw. .53), ist ein seperater Einsatz des ABI-E-R möglich. Die interne Konsistenz für diesen Teil des Verfahrens liegt bei einem Cronbachs a von .76 für die Skala *Kognitive Vermeidung* und bei einem Cronbachs a von .80 für die Skala *Vigilanz*. Die Retest-Reliabilität erweist sich ebenfalls als zufriedenstellend (r = .88 bzw. .99). Die interne Validität wurde über eine Faktorenanalyse bestätigt, die in einer klaren Trennung der beiden Strategien resultierte. Über die Erfassung der Beziehungen zu anderen Indikatoren von Angst, Bewältigung und Emotionalität (vgl. Krohne & Egloff, 1999) lässt sich auf eine gute konkurrente und diskriminante Validität schließen. Eine eingehende Darstellung des theoretischen Hintergrunds des Verfahrens befindet sich im Kapitel 3.2.3.

5.3.4 Das COPE-Inventar

Die von Carver, Scheier und Weintraub entwickelte Selbstbeurteilungsskala ist ein häufig verwendetes Copinginstrument. Das Verfahren umfasst 60 Items und basiert auf Carver und Scheiers Modell des selbstregulativen Verhaltens (2001). Sie erfasst den Umgang mit stressreichen Situationen in 13 konzeptuell distinkten Subskalen, die den Kategorien problemfokussiertes, emotionsfokussiertes sowie potentiell dysfunktionales Coping zugeordnet sind. Sowohl problem- als auch emotionsfokussierte Strategien zeigten sich in Studien wiederholt als adaptive Strategien, während die potentiell dysfunktionalen Strategien mit gesundheitsbezogenen Faktoren negativ assoziiert waren (Carver et al., 1993; Vollrath, Alnaes & Torgersen, 1996, zit. nach Volllrath & Torgersen, 2000).

In der vorliegenden Untersuchung kam die deutsche Übersetzung von M. Vollrath (unveröff.) zum Einsatz. Auch die Zuordnung der Subskalen zu den drei Kategorien erfolgte in Anlehnung diese, wobei die Subkskalen des Problem- und Emotionsfokussierten Copings als aktiv-problemlösende Strategien und die dysfunktionalen Subskalen als passiv-vemeidende Strategien zusammengefasst wurden, um eine päzisere Prüfung der Fragestellung der vorliegenden Untersuchung zu gewährleisten (Tab. 5.1).

Die deutsche Version der Skala von Vollrath (unveröff.) erweist sich als ausreichend valide. Die Subskalen weisen eine interne Konsistenz zwischen .66 (Cronbachs a der Skala *Ablenkung*) und .93 (Cronbachs a der Skala

Substanzgebrauch) auf. Problemfokussierte und emotionsfokussierte Strategien korrelieren positiv mit einer mittleren Korrelation von r = .27. Die Korrelation der dysfunktionalen Strategien untereinander ist ebenfalls positiv mit einer mittleren Korrelation von r = .13. Auch der Zusammenhang zwischen problem- und emotionsfokussierten Strategien auf der einen Seite und den potentiell dysfunktionalen Strategien zeigen sich wie erwartet negativ. Eine Ausnahme bildet die Subskala *Gefühlen freien Lauf lassen*, die mittelmäßig mit den beiden Subskalen für soziale Unterstützung korreliert. Bei Vollrath finden sich keine Angaben zu Reliabilitätsmaßen. Weiterführende Informationen zum Hintergrund des Verfahrens finden sich im Kapitel 3.2.2.

Carver, Scheier und Weintraub (1989)	Klassifikation nach Carver et al. und Vollrath	Vollrath (2000)	Klassifikation in der vorliegenden Untersuchung
Aktives Handeln	Problemorientierte Copingstrategien	Aktives Handeln	Aktiv-problemlösende Strategien (COPE-ap)
Planen		Planen	
Nebensächliches zurückstellen		Nebensächliches zurückstellen	
Zurückhaltung		Zurückhaltung	
Instrumentelle Soz. Unterstützung		Instrumentelle Soz. Unterstützung	
Emotionale Soz. Unterstützung	Emotionsorientierte Copingstrategien	Emotionale Soz. Unterstützung	
Positive Neubewertung		Positive Neubewertung	
Akzeptanz		Akzeptanz	
Verleugnen		Humor[2]	
Zuwendung zum Glauben[1]		Zuwendung zum Glauben[1]	
Selbstablenkung	Dysfunktionale Copingstrategien	Selbstablenkung	Passiv-vermeidende Strategien (COPE-pv)
Aufgeben von Zielen		Aufgeben von Zielen	
Gefühlen freien Lauf lassen		Gefühlen freien Lauf lassen	
		Verleugnen	
		Substanzgebrauch[3]	

[*] Bezeichnung der Skalen (Übers. der Verf.)
[1] Die Skala Zuwendung zum Glauben wird in der vorliegenden Untersuchung von der Berechnung des Gesamtwertes COPE-ap (aktiv-problemlösende Strategien) ausgeschlossen, da aufgrund der hohen Rate an Nichtkonfessionellen am Ort der Datenerhebung ein Antwortbias zu erwarten ist.
[2] Die Skala Humor wurde von Vollrath (2000) als experimentelle Skala eingeführt. Von der Verfasserin wird sie den aktiv-problemlösenden Strategien zugerechnet.
[3] Die Skala Substanzgebrauch wurde von Vollrath (2000) als experimentelle Skala eingeführt. Von der Verfasserin wird sie den passiv-vermeidenden Strategien zugerechnet.

Tab. 5.1. Klassifikation der Bewältigungsstrategien (eigene Tab.)

5.3.5 Die Symptom-Checkliste

Die Symptom-Checkliste von L.R. Derogatis ist ein weit verbreitetes Verfahren, das in deutscher Fassung in einer neu normierten Auflage von Franke (2002) vorliegt. Das Verfahren erfasst die subjektiv empfundene Beeinträchtigung durch körperliche und psychische Symptome innerhalb eines Zeitraumes von sieben Tagen.

In der vorliegenden Untersuchung fand eine Kurzversion der 90-Item-Skala, die SCL-27, Anwendung. Bei dieser von Hardt, Egle, Kappls, Hessel und Brähler (2004) entwickelten Version handelt es sich um ein Screeningverfahren, dass die psychischen Beschwerden bei Patienten mit körperlichen Leitsymptomen erfassen soll. Im Kontext der vorliegenden Untersuchung dient der globale Belastungsindex GSI-27 als Indikator für den Grad an psychischer Belastung, dem sich eine Person ausgesetzt sieht. Neben dem Belastungsindex werden auf den 6 Subskalen depressive, dysthyme, vegetative, agoraphobische, soziophobische Symptome sowie Symptome von Misstrauen erfasst.

Es liegen Normwerte vor, die anhand einer deutschen Stichprobe von über 2000 Personen gewonnen wurden. Die interne Konsistenz beträgt für alle Subskalen Cronbachs $a \geq .70$; für den GSI-27 $a=.93$. Der Belastungsindex Kurzskala GSI-27 korreliert mit dem GSI-90 der Langversion zu $r = .95$. Die psychometrischen Kennwerte sprechen für eine zufrieden stellende Reliabilität sowie eine gute konvergente Validität der SCL-27.

5.4 Statistische Hypothesen

In der folgenden Tabelle 5.2 sind die Fragestellungen, die sich aus der theoretischen und empirischen Befundlage ergeben, in Kurzform dargestellt. Jeweils darunter befinden sich die statistische Hypothese, die sich daraus ergibt, und eine empirische Prüfung auf Grundlage der erhobenen Daten.

Frage 1	Geht Achtsamkeit mit aktiv-problemlösenden Bewältigungsstrategien einher?
Hypothese 1	Achtsamkeit korreliert bedeutsam positiv mit aktiv-problemlösenden Strategien; sowohl im Allgemeinen (Hypothese 1.1) als auch mit der Mehrheit dieser Strategien im Einzelnen (Hypothese 1.2).
Statistische Prüfung	H 1.1: Der Gesamtwert des FFA korreliert signifikant positiv mit der Skala Gesamtskala COPE-ap. H 1.2: Der Gesamtwert des FFA korreliert signifikant positiv mit der Mehrheit der Skalen: Aktives Handeln, Planen, Nebensächliches zurückstellen, Zurückhaltung, Instrumentelle Soziale Unterstützung,

	Emotionale Soziale Unterstützung, Akzeptanz, Positive Neubewertung und Humor.
Frage 2	Geht Achtsamkeit mit passiv-vermeidenden Bewältigungsstrategien einher?
Hypothese 2	Achtsamkeit korreliert bedeutsam negativ mit passiv-vermeidenden Strategien; sowohl im Allgemeinen (Hypothese 2.1) als mit der Mehrheit dieser Strategien im Einzelnen (Hypothese 2.2).
Statistische Prüfung	H 2.1: Der Gesamtwert des FFA korreliert signifikant negativ mit der Gesamtskala COPE-pv. H 2.2: Der Gesamtwert des FFA korreliert signifikant positiv mit der Mehrheit der Skalen: Selbstablenkung, Ziele aufgeben, Verleugnen, Substanzgebrauch und Gefühlen freien Lauf lassen.
Frage 3	Unterscheiden sich Hoch- und Niedrigachtsame in ihrem Bewältigungsverhalten?
Hypothese 3	Hochachtsame sind im Vergleich zu Niedrigachtsamen durch höhere Ausprägungen bei den aktiv-problemlösende Strategien und niedrigere bei den passiv-vermeidenden Strategien charakterisiert (Hypothese 3.1). Diese Unterschiede finden sich auch in den Einzelstrategien wieder (Hypothese 3.1).
Statistische Prüfung	H 3.1: Die am Median geteilten Gruppen unterscheiden sich signifikant in den Merkmalsausprägungen der Gesamtskalen COPE-ap und COPE-pv, wobei die Gruppe der Hochachtsamen höhere Werte bei der Gesamtskala COPE-ap und niedrigere bei der Gesamtskala COPE-pv aufweist. H 3.2: Es finden sich signifikante Unterschiede in den Einzelskalen des COPE, wobei die Gruppe der Hochachtsamen bei den aktiv-problemlösenden Skalen höhere und bei den passiv-vermeidenden Skalen niedrigere Werte aufweist.
Frage 4	Unterscheiden sich Hoch- und Niedrigachtsame hinsichtlich der Aufmerksamkeitssteuerung in Belastungssituationen?
Hypothese 4	Achtsamkeit geht weder mit der Aufmerksamkeitszuwendung noch mit der Aufmerksamkeitsabwendung gegenüber belastungsrelevanten Informationen einher (Hypothese 4.1). Das bedeutet, die Hochachtsamen entsprechen der Gruppe der Nicht-Defensiven nach Krohne & Egloff (Hypothese 4.2).
Statistische Prüfung	H 4.1: Der Gesamtwert des FFA korreliert nicht signifikant mit einer der beiden ABI-R-Skalen (Vigilanz und Kognitive Vermeidung). H 4.2: Die Gruppe der Nicht-Defensiven, gekennzeichnet durch geringe Vigilanz und geringe Kognitive Vermeidung (Teilung am Median) weist signifikant höhere Achtsamkeitswerte auf als die übrigen drei Gruppen.
Frage 5	Besteht ein Zusammenhang zwischen Achtsamkeit und psychischer Gesundheit?
Hypothese 5	Achtsamkeit geht mit geringer psychischer Symptombelastung einher.
Statistische Prüfung	H 5: Der Gesamtwert des FFA korreliert signifikant negativ mit dem General-Symptom-Index (GSI).
Frage 6	Wird der Zusammenhang zwischen Achtsamkeit und Psychischer Gesundheit über die Bewältigungsstrategien vermittelt?
Hypothese 6	Die Mediatormodelle, in denen spezifische Bewältigungsstrategien die Regression von Achtsamkeit auf die Symptombelastung vermitteln, werden bestätigt.
Statistische Prüfung	H 6: Den Variablen werden in dem Modell folgenden Rollen zugewiesen: Achtsamkeit als Prädiktor, Psychische Symptombelastung als Kriterium

	und diejenigen Bewältigungsstrategien, die sowohl mit dem Prädiktor als auch dem Kriterium signifikant korrelieren, als Mediatoren. Das Modell wird angenommen, wenn das Regressionsgewicht von Achtsamkeit auf Psychische Symptombelastung durch spezifische Bewältigungsstrategien signifikant reduziert wird.
Frage 7	Verändert Achtsamkeit den Einfluss der Bewältigungsstrategien auf die Psychische Gesundheit?
Hypothese 7	Die Moderatormodelle, in denen Achtsamkeit den Zusammenhang zwischen spezifischen Bewältigungsstrategien und Symptombelastung verändert, werden bestätigt. Achtsamkeit sollte den Effekt der passiv-vermeidenden Strategien schwächen, den der aktiv-problemlösenden Strategien verstärken.
Statistische Prüfung	H 7: Den Variablen werden in dem Modell folgenden Rollen zugewiesen: Achtsamkeit als Moderator, Psychische Symptombelastung als Kriterium und diejenigen Bewältigungsstrategien, die sowohl mit dem Moderator als auch dem Kriterium signifikant korrelieren, als Prädiktoren. Das Modell wird angenommen, wenn das Regressionsgewicht des Interaktionsterms (Produkt aus Achtsamkeit und der Bewältigungsstrategie) signifikant wird.
Frage 8	Bildet Achtsamkeit in einem Faktormodell der Copingstile eine separate Dimension?
Hypothese 8	Achtsamkeit wird in einem faktoranalytischen Modell der Copingstile durch eine seperate Dimension abgebildet.
Statistische Prüfung	H 8: Im Faktormodell finden sich die Mehrheit der substantiellen Ladungen der aktiv-problemlösenden Skalen und der Gesamtwert des FFA auf einem gemeinsamen Faktor.

Tab. 5.2. Fragestellungen und statistische Hypothese

5.5.1 Zur Prüfung der Zusammenhangshypothesen

Um den Zusammenhang von zwei Variablen hinsichtlich der Richtung, der Stärke und der Bedeutsamkeit zu beurteilen, können zwei Verfahren angewendet werden: Die Produkt-Moment-Korrelation nach Pearson oder die Rangkorrelation nach Spearman.

Für die Produkt-Moment-Korrelation müssen folgende Anwendungsvoraussetzungen erfüllt sein:

- Annähernde Normalverteilung der Variablen;
- Annähernde Linearität der Zusammenhänge;
- Berücksichtigung normaler und multivariater Ausreisser.

Wenn die erste und/oder die dritte Voraussetzung nicht gegeben sind, sollte eine Rangkorrelation nach Spearman durchgeführt werden. Mit dieser kann der Zusammenhang zwischen zwei ordinalskalierten Merkmalen bzw. zwischen nicht-normalverteilten intervallskalierten Merkmalen bestimmt werden. Der Koeffizient r beschreibt dabei die Enge des linearen Zusammenhangs zwischen den beiden intervallskalierten Variablen. Er liegt zwischen -1 und +1, wobei -1 bzw. +1 auf einen absoluten negativen bzw. positiven Zusammenhang hinweisen, während 0 keinerlei Zusammenhang ausdrückt, d.h. sie sind voneinander linear unabhängig. Gemäß Cohen (1988) kann der Koeffizient r folgendermaßen interpretiert werden:

- schwacher Zusammenhang falls $|.10| \leq r \geq |0.29|$
- mittlerer Zusammengang falls $|0.30| \leq r \geq |0.49|$
- starker Zusammenhang falls $r \geq |0.50|$.

Für die Bestimmungen der Bedeutsamkeit (Signifikanz) wird in der vorliegenden Untersuchung das übliche Signifikanzniveau von $\leq .05$ verwendet. Dies entspricht einer Wahrscheinlichkeit von 5%, dass die Hypothese irrtümlich bestätigt wurde. Koeffizienten, die eine Signifikanz unterhalb von $\leq .01$ aufweisen, sind hoch signifikant.

Die Zusammenhangshypothesen der vorliegenden Untersuchung (Hypothesen 1,2 und 5) werden je nach Eigenschaften der erhobenen Daten entweder mittels der Produkt-Moment-Korrelation nach Pearson oder der Rangkorrelation nach Spearman geprüft.

5.5.2 Zur Prüfung der Unterschiedshypothesen

Erfüllen zwei unabhängige Stichproben die Voraussetzung der Normalverteilung, wird in der Regel ein t-Test durchgeführt. Es handelt sich dabei um einen Hypothesentest mit t-verteilter Testprüfgröße, der die Unterschiedshypothesen über die Erwartungswerte (IJx bzw. IJy) der beiden Stichproben prüft. Dazu wird mit den Stichprobenmittelwerten, den Stichprobenvarianzen und der sogenannten gewichteten Varianz die Prüfgröße t berechnet. Die Prüfgröße ist t-verteilt, demnach wird die Nullhypothese H0 zum Signifikanzniveau a $\leq.05$ abgelehnt, d.h. mit einer Irrtumswahrscheinlichkeit von 95 % bestehen Unterschiede zwischen den beiden Stichproben. Die t-Test-Prozedur des SPSS-Programms prüft im Vorfeld mit dem Levené-Test, ob die

Bedingung der Varianzgleichheit gegeben ist. Falls nicht, wird eine Korrekturprodezur angewendet.

Handelt es sich bei den beiden Stichproben um nicht-normalverteilte Variablen oder weisen die Werte kein metrisches, sondern ein ordinales Messniveau auf, muss ein nichtparametrischer Test eingesetzt werden. Der U-Test nach Mann-Whitney testet den Unterschied der zentralen Tendenz zweier unabhängiger Gruppen. Die Nullhypothese H0 besagt, dass es keinen Unterschied zwischen den Verteilungen gibt. Wird diese abgelehnt, bestehen bedeutsame Unterschiede zwischen den beiden Stichproben.

Sollen die Unterschiede in mehr als zwei unabhängigen Stichproben untersucht werden, eignet sich das Verfahren der Univariaten Varianzanalyse (ANOVA). Dieses untersucht, ob – und gegebenenfalls wie – sich die Erwartungswerte der Variablen in verschiedenen Gruppen unterscheiden. Mit den Prüfgrößen wird getestet, ob die Varianz zwischen den Gruppen größer ist als die Varianz innerhalb der Gruppen. Dadurch kann ermittelt werden, ob sich die Gruppen signifikant unterscheiden oder nicht. Bei der einfaktoriellen ANOVA wird auf diese Weise untersucht, inwieweit die Varianz einer Zielvariablen (AV) durch den Einfluss einer Einflussvariablen (UV) mit verschiedenen Ausprägungen erklärt wird. Voraussetzung für die Anwendung sind wiederum Varianzhomogenität und Normalverteilung der Variablen. In der vorliegenden Untersuchung soll im Falle von signifikanten Unterschieden über Post-hoc-Vergleiche (gemäß der Prodezur nach Scheffé) geprüft werden, zwischen welchen Gruppen diese Unterschiede bestehen.

Zur Prüfung der Hypothesen 3 und 4 der vorliegenden Untersuchung kommen aufgrund der Eigenschaften der erhobenen Daten alle drei Verfahren zum Einsatz, d.h. sowohl ein t-Test-Verfahren als auch der U-Test nach Mann und Whitney sowie eine Einfaktorielle Varianzanalyse.

5.5.3 Zur Prüfung der Dimensionalität

Um zu untersuchen, welche Dimensionen den Copingstilen – einschließlich dem Konstrukt der Achtsamkeit – zugrundeliegen, bietet sich das Verfahren der Faktorenanalyse an. Dieses ermöglicht, eine relativ geringe Anzahl von (latenten) Faktoren zu identifizieren, die hinter einer relativ großen Zahl voneinander abhängiger Variablen stehen. Die Hauptachsenanalyse ermittelt voneinander unabhängige Faktoren, die in ihrer Gesamtheit die Varianz der Variablen erklären. Der erste Faktor wird als die Linearkombination von Variablen bestimmt, die ein Maximum an Varianz erklärt. Der zweite Faktor erklärt ein Maximum der Restvarianz und ist zum ersten orthogonal, d.h. unabhängig. Weitere Faktoren berechnen sich in gleicher Weise. Da die Faktorenanalyse zum Ziel hat, möglichst wenige Faktoren zu ermitteln, die möglichst einen großen Anteil der Varianz aufklären können, muss die Zahl der in der Analyse bestimmten Faktoren verringert werden. Als Kriterium dafür dienen die Eigenwerte der Faktoren, die im Scree-Plot dargestellt sind. Ein deutlicher Knick in der Kurve weist darauf hin, ab welcher Faktorenzahl nur noch ein vergleichsweise geringer Anstieg an erklärter Varianz gegeben ist. Das daraus resultierende Faktorenmodell wird nun einer Prüfung anhand des Fürntratt-Kriteriums unterzogen. Jeder Faktor sollte mindestens drei Markiervariablen enthalten, die substantiell (a $\geq$ |.40|) auf dem Faktor laden und gleichzeitig von der Summe der Nebenladungen auf den anderen Faktoren nicht übertroffen werden. Kann ein Faktor diese Voraussetzungen nicht erfüllen, wird dem Faktorenmodell mit der nächstkleineren Anzahl an Faktoren der Vorzug gegeben usw. Eine Rotation des Modells berechnet die optimale Ladungsverteilung der Variablen unter der Bedingung der Orthogonalität der Faktoren (Varimax-Rotation). Die extrahierten, rotierten Faktoren können dann aufgrund ihrer Ladungen auf den Variablen inhaltlich interpretiert werden. Die Anwendungsvoraussetzung für die Faktorenanalyse ist die Korrelation der Variablen untereinander, die mit dem Bartlett-Test überprüft werden kann.

In der vorliegenden Untersuchung wird das Verfahren der Hauptachsenanalyse zur Testung der Hypothese 8 eingesetzt.

5.5.4 Zur Prüfung von Mediatormodellen

Zur Prüfung der Mediationshypothesen der vorliegenden Untersuchung wird eine Mediationsanalyse durchgeführt. Diese wird mit dem Verfahren der Multiplen linearen Regression berechnet. Die Multiple Regressionsanalyse untersucht den simultanen Einfluss von mehreren Regressoren X auf ein Kriterium Y. Um ein spezifisches Mediationsmodell zu prüfen, müssen die Regressionsgewichte mehrerer Pfade analysiert werden (Abb. 5.2): Das Regressionsgewicht des Prädiktors auf den Mediatoren (Pfad a), das des Mediators auf das Kriterium, wenn der Effekt des Prädiktors kontrolliert wird (Pfad b), das des Prädiktors auf das Kriterium (c) sowie das Regressionsgewicht des Prädiktors auf das Kriterium, wenn der Effekt des Mediators kontrolliert wird (c`).

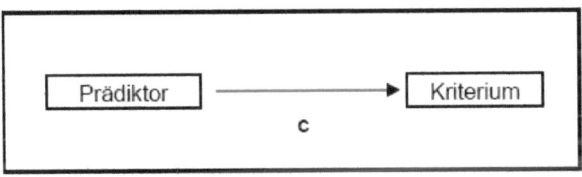

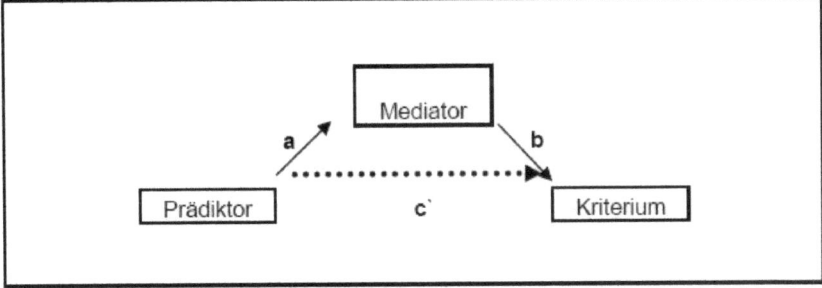

Abb. 5.2: Mediatormodell (angelehnt an Frazier, Tix & Baron, 2004)

Das Produkt aus Pfad a und Pfad b gibt den mediierten Effekt des Prädiktors auf das Kriterium an. Die Mediatorhypothese ist bestätigt, wenn die Einführung des Mediators in das Regressionsmodell zu einer signifikanten Reduktion des Zusammenhanges zwischen Prädiktor und Kriterium führt. Dies ist der Fall, wenn der indirekte Effekt (Produkt aus a und b) signifikant ist. Die Mediation kann partiell oder vollständig sein. Wenn der Koeffizient für den Pfad c' nicht signifikant ist, kann man von vollständiger, wenn nicht von partieller Mediation reden. Folgende Voraussetzungen sind zu berücksichtigen (Frazier, Tix & Barron, 2004):

- Die statistische Assoziation zwischen Prädiktor und Kriterium sollte aufgrund früherer Forschungsergebnisse schon feststehen.
- Der Zusammenhang zwischen Prädiktor und Mediator sollte theoretisch adäquat sein.
- Veränderbarkeit des Mediators.
- Hinreichende Reliabilität des Mediators.
- Die Mediatorvariable sollte eine ähnlich starke Beziehung zur Kriterium- und zur Prädiktorvariable aufweisen oder einen etwas stärkeren Zusammenhang zum Prädiktor.

- Kausalität: Die Mediatoranalyse geht von der Annahme aus, dass der Prädiktor den Mediator signifikant beeinflusst und dieser wiederum auf das Kriterium einen substantiellen Effekt ausübt. Diese Annahme sollte aufgrund früherer Forschungsergebnisse bestätigt werden; wenn dies nicht gegeben ist, können umgekehrte Kausaleffekte angenommen werden. Wenn der Effekt in der umgekehrten Richtung keinen Sinn macht, kann er theoretisch ausgeschlossen werden.

Kenny (2006) weist zudem darauf hin, dass das Design durch eine Messung des Mediators, die zeitlich der des Mediators vorausgeht, verbessert wird.

In der vorliegenden Untersuchung wird eine Mediationsanalyse durchgeführt, um zu prüfen, ob es sich bei dem Achtsamkeitskonstrukt um einen weiteren Copingstil oder ein übergeordnetes Konzept handelt (Hypothese 6).

5.5.5 Zur Prüfung von Moderatormodellen

Bei Moderatormodellen wird die Interaktion zwischen Prädiktor- und Moderatorvariable bei der Vorhersage der Kriteriumsvariablen untersucht. Durch Multiplikation der beiden unabhängigen Variablen wird ein Interaktionsterm berechnet. Die Moderator-Hypothese ist bestätigt, wenn die Interaktion zwischen Prädiktor und Moderator signifikant ist und die Ergebnisse die erwartete Richtung der Beeinflussung zeigen (Abb. 5.3).

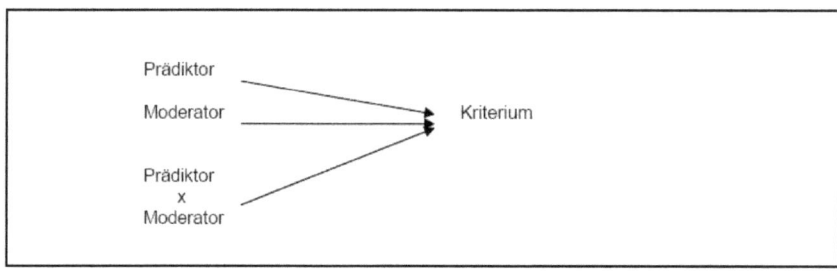

Abb. 5.3: Moderatormodell (angelehnt an Frazier, Tix & Baron, 2004)

Die Signifikanz der Interaktion lässt sich durch die Signifikanz des Regressionskoeffizienten dieses Interaktionsterms beurteilen. Deren Effektstärke lässt sich durch den Anstieg von erklärter Varianz nach Einfügung des Interaktionstermes in die Regressionsanalyse einschätzen (Frazier, Tix und

Barron, 2004, Baron und Kenny, 1986). Um die Moderatoranalyse durchzuführen, werden in der Regel die ursprünglichen unabhängigen Variablen standardisiert, d.h. in Z-Werte transformiert. Die Standardisierung reduziert die mit Multikollinearität assoziierten Probleme und führt zu einfachen interpretierbaren Koeffizienten (Frazier, Tix und Barron, 2004). Dazu soll durch Multiplikation der beiden unabhängigen Variablen ein Interaktionsterm berechnet werden. Mit den standardisierten unabhängigen Variablen und der abhängigen Variable wird eine Regression berechnet. In einem zweiten Schritt wird eine weitere Regression berechnet, die zusätzlich zur ersten auch den Interaktionsterm beinhaltet. Wenn der Interaktionsterm in die Regressionsgleichung einbezogen wird, drücken die Regressionskoeffizienten die Assoziation zwischen Prädiktor und Kriterium, wenn der jeweils andere Prädiktor den Wert 0 annimmt, aus. Im Fall standardisierter Variablen stellt dieser Koeffizient den Effekt des Prädiktors beim Durchschnittsniveau der anderen unabhängigen Variable dar. Diese Effekte werden als konditionale (und nicht als Haupt-) Effekte bezeichnet.

In der vorliegenden Untersuchung wird mit Hilfe des regressionsanalytischen Verfahren ein spezifisches Moderatormodell getestet, um zu prüfen, ob Achtsamkeit den Zusammenhang zwischen einzelnen Bewältigungsstrategien und psychischer Gesundheit verändert, d.h. verstärkt oder schwächt (Hypothese 7).

6. Ergebnisse

Die folgenden Kapitel berichten, wie die statistische Prüfung der einzelnen Hypothesen erfolgte und ob die Vorhersagen innerhalb der erhobenen Daten eingetroffen sind oder nicht. Alle statistischen Prozeduren wurden mit dem Statistikprogramm SPSS durchgeführt.

6.1 Zum Zusammenhang zwischen Achtsamkeit und Bewältigungsstrategien

6.1.1 Geht Achtsamkeit mit aktiv-problemlösenden Strategien einher?

Hypothese 1: Achtsamkeit geht mit aktiv-problemlösenden Bewältigungsstrategien einher. Das bedeutet, sie korreliert mit diesen Strategien sowohl im Allgemeinen (Hypothese 1.1) als auch mit der Mehrheit der Strategien im Einzelnen (Hypothese 1.2).

Hypothese 1.1 trifft zu, wenn sowohl der Gesamtwert der aktivproblemlösenden Strategien COPE-ap bedeutsam positiv mit dem FFA-Sumscore korreliert. Zur statistischen Prüfung des Zusammenhangs wurde eine Produkt-Moment-Korrelation durchgeführt, da es sich um normalverteilte Variablen handelt. Diese ergab signifikante (p $\leq$ .01, 2-seitig) positive Zusammenhänge mit der Skala. Der Korrelationskoeffizient beträgt r = -.47, was einem mittleren Zusammenhang entspricht.

Die Hypothese 1.1 wird von den Daten bestätigt.

Zur statistischen Prüfung von Hypothese 1.2 wurde bei der Mehrheit der Skalen ebenfalls eine Produkt-Moment-Korrelation verwendet. Davon ausgenommen waren die Skalen *Aktives Handeln, Planen, Zurückhaltung, Verleugnen, Substanzgebrauch, Aufgeben von Zielen* und *Nebensächliches zurückstellen*, deren Werte nach dem Kolmogorow-Smirnow-Test nicht normalverteilt waren (vgl. Tab. A-1). Bei diesen wurde das Verfahren der Rangkorrelation nach Spearman durchgeführt. Für die Skalen *Emotionale soziale Unterstützung, Instrumentelle soziale Unterstützung* und *Nebensächliches zurückstellen* ergeben sich keine bedeutsamen Zusammenhänge (p $\geq$ .05, 2-seitig). Signifikante positive Zusammenhänge (p $\leq$ .01, 2-seitig) mit dem FFA-Gesamtwert zeigte sich bei den Skalen:

Positive Neubewertung (r = .56)

Akzeptanz (r = .50)

Aktives Handeln (r = .28)

Humor (r = .28)

Planen (r = .28)

Hypothese 1.2 wird von den Daten ebenfalls nicht widerlegt. 6 der 9 Einzelskalen weisen einen Zusammenhang in die gewünschte Richtung auf, wobei die Stärke der Korrelationen von schwachen bis hin zu starken Zusammenhängen variiert. Die übrigen (nicht signifikanten) Korrelationskoeffizienten sind in Tabelle A-1 und A-3 dargestellt.

6.1.2 Geht Achtsamkeit mit passiv-vermeidenden Bewältigungsstrategien einher?

Hypothese 2: Achtsamkeit geht mit einem geringen Ausmaß passiv-vermeidender Strategien einher. Das bedeutet, sie korreliert bedeutsam negativ mit diesen Strategien sowohl im Allgemeinen (Hypothese 2.1) als auch mit der Mehrheit dieser Strategien im Einzelnen (Hypothese 2.2).

Hypothese 2.1 wäre bestätigt, wenn der Gesamtwert der passiv-vermeidenden Strategien (COPE-pv) bedeutsam negativ mit dem FFA-Sumscore korreliert. Zur statistischen Prüfung des Zusammenhangs wurde eine Produkt-Moment-Korrelation durchgeführt. Diese ergab keinen signifikanten Zusammenhang ($p \leq$ .01, 2-seitig).

Hypothese 2.1 wird von den erhobenen Daten nicht bestätigt.

Zur statistischen Prüfung von Hypothese 2.2 wurde bei den Skalen *Selbstablenkung* und *Gefühlen freien Lauf lassen* eine Produkt-Moment-Korrelation verwendet. Bei den Skalen *Verleugnen, Aufgeben von Zielen* und *Substanzgebrauch,* deren Werte nicht normalverteilt waren, wurde eine Rangkorrelation nach Spearman durchgeführt (vgl. Kap. 6.1.1). Für 4 der 5 Skalen (*Verleugnen, Substanzgebrauch, Selbstablenkung* und *Aufgeben von Zielen*) ergeben sich keine bedeutsamen Zusammenhänge ($p \geq$ .05, 2-seitig). Ein bedeutsamer negativer Zusammenhang ($p \leq$ .01, 2-seitig) zeigt sich zwischen dem FFA-Gesamtwert und der Skala *Gefühlen freien Lauf lassen* ($r = -.30$).

Hypothese 2.2 wird von den Daten nicht bestätigt, da 4 von 5 Strategien keinen bedeutsamen Zusammenhang mit Achtsamkeit aufweisen. Der erwartete Zusammenhang zeigt sich jedoch bei der Skala *Gefühlen freien Lauf lassen,* die mit Achtsamkeit mittelstark korreliert.

In Tabelle 6.1 befindet sich eine zusammenfassende Darstellung, welche Bewältigungsstrategien mit Achtsamkeit assoziiert sind und welche davon einen empirischen Zusammenhang in der vorliegenden Untersuchung aufweisen (Korrelationen der Bewältigungsstrategien mit GSI).

Bewältigungsstrategien	Empirischer Zusammenhang mit Belastung	Empirischer Zusammenhang mit Achtsamkeit
Aktiv-problemlösende Strategien		
Aktives Handeln	negativer Zusammenhang	positiver Zusammenhang
Planen	-	positiver Zusammenhang
Nebensächliches zurückstellen	-	-
Zurückhaltung	-	-
Instrumentelle Soziale Unterstützung	-	-
Emotionale Soziale Unterstützung	positiver Zusammenhang	-
Positive Neubewertung	negativer Zusammenhang	positiver Zusammenhang
Akzeptanz	-	positiver Zusammenhang
Humor	-	positiver Zusammenhang
Gesamtwert (Cope-ap)	-	positiver Zusammenhang
Passiv-vermeidende Strategien		
Aufgeben von Zielen	positiver Zusammenhang	-
Selbstablenkung	-	-
Verleugnen	-	-
Substanzgebrauch	-	
Gefühlen freien Lauf lassen	positiver Zusammenhang	negativer Zusammenhang
Gesamtwert (Cope-pv)	positiver Zusammenhang	-

☐ Strategien, die sowohl mit Achtsamkeit als auch mit Psychischer Symptombelastung korrelieren

Tab. 6.1. Ergebnisse der vorliegenden Untersuchung

6.1.3. Unterscheiden sich Hoch- und Niedrigachtsame in ihrem Bewältigungsverhalten?

Hypothese 3: Hochachtsame sind im Vergleich zu Niedrigachtsamen durch höhere Ausprägungen bei den aktiv-problemlösenden Strategien und niedrigere Ausprägungen bei den passiv-vermeidenden Strategien charakterisiert (Hypothese 3.1). Diese Unterschiede finden sich auch in den Einzelstrategien wieder (Hypothese 3.2).

Hypothese 3.1 wäre bestätigt, wenn die Gruppe der Hochachtsamen signifikant höhere Werte in den Skalen COPE-ap und COPE-pv aufweist als die Personen mit geringen Achtsamkeitswerten. Die Gruppenbildung erfolgte anhand des Medians der Achtsamkeitswerte (Median$_{FFA}$ = 24). Die sich daraus ergebenden Gruppen sind annähernd gleich groß. Die Gruppe der Personen mit geringen Achtsamkeitswerten enthielt n = 76 ProbandInnen und die Gruppe der Hochachtsamen n = 67 ProbandInnen. Zur Prüfung der Unterschiedshypothesen wurde ein t-Test für unabhängige Stichproben durchgeführt, da die relevanten Skalen die Voraussetzung einer Normalverteilung erfüllten. Zuvor wurde mit Hilfe des Levené-Tests geprüft, ob die Varianzen innerhalb der Gruppen eine vergleichbare Verteilung aufwiesen. Dies war bei beiden Skalen der Fall. Es ergab sich ein bedeutsamer Mittelwertunterschied für die Skala COPE-ap ($p \leq .01$, 2-seitig). Auf der Skala COPE-pv unterscheiden sich die Gruppen nicht signifikant. Der Unterschied erreicht lediglich die Größe einer Tendenz ($p = .10$, 2-seitig) (Abb. 6.1).

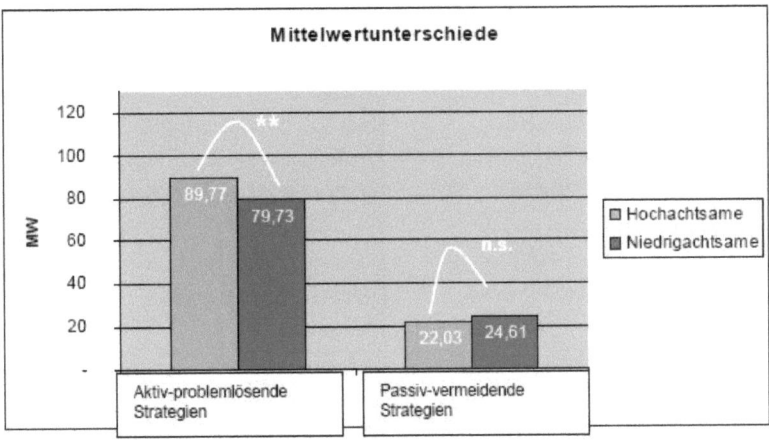

Abb. 6.1: Mittelwertunterschiede zwischen Hoch- und Niedrigachtsamen

Hochachtsame sind zwar durch höhere Ausprägungen in den aktiv-problemlösenden Strategien gekennzeichnet, nicht jedoch durch ein geringeres Ausmaß passiv-vermeidender Strategien. Das bedeutet, Hypothese 3.1 wird durch die Daten nicht vollständig bestätigt.

Zur Überprüfung von Hypothese 3.2 müsste die Gruppe der Hochachtsamen signifikant niedrigere Werte aufweisen als die Gruppe der Personen mit geringen Achtsamkeitswerten. Zur Prüfung der Unterschiedshypothesen wurde ein U-Test von Mann und Whitney durchgeführt, da einige der Skalen (*Aktives Handeln, Planen, Zurückhaltung, Nebensächliches zurückstellen, Verleugnen, Substanzgebrauch, Aufgeben von Zielen*) nicht normalverteilt waren. Der U-Test berechnet Unterschiede zwischen Gruppen anhand der Gruppenmediane des betreffenden Merkmals. Der Vergleich der beiden Gruppen ergab das folgende Bild (Tab. 6.2, statistische Kennwerte in Tab. A-2):

Bei 6 von 14 Strategien unterscheiden sich die Gruppen in der jeweils erwarteten Richtung. Bei den restlichen Strategien zeigen sich keine bedeutsamen, aber auch keine der Erwartung entgegengesetzten Unterschiede. Hypothese 3.2 wird nicht verworfen.

Hochachtsame		Niedrigachtsame
Aktives Handeln	>	Aktives Handeln
Planen	>	Planen
Nebensächliches zurückstellen	=	Nebensächliches zurückstellen
Zurückhaltung	=	Zurückhaltung
Instrumentelle soziale Unterstützung	=	Instrumentelle soziale Unterstützung
Emotionale soziale Unterstützung	=	Emotionale soziale Unterstützung
Akzeptanz	>	Akzeptanz
Positive Neubewertung	>	Positive Neubewertung
Humor	=	Humor
Verleugnen	=	Verleugnen
Aufgeben von Zielen	<	Aufgeben von Zielen
Selbstablenkung	=	Selbstablenkung
Gefühlen freien Lauf lassen	<	Gefühlen freien Lauf lassen
Substanzgebrauch	=	Substanzgebrauch

(=) keine sign. Gruppenunterschiede
(<) Hochachtsame weisen niedrigere Ausprägung als Niedrigachtsame auf
(>) Hochachtsame weisen höhere Ausprägung als Niedrigachtsame auf
▨ bestehende Unterschiede in der Ausprägung der spezifischen Strategie
☐ keine Unterschiede

Tab. 6.2. Unterschiede im Bewältigungsverhalten

6.1.4 Unterscheiden sich Hoch- und Niedrigachtsame hinsichtlich der Aufmerksamkeitssteuerung in Belastungssituationen?

Hypothese 4: Achtsamkeit geht weder mit der Aufmerksamkeitszuwendung noch mit der Aufmerksamkeitsabwendung gegenüber belastungsrelevanten Informationen einher (Hypothese 4.1). Das bedeutet, die Hochachtsamen entsprechen der Gruppe der Nicht-Defensiven nach Krohne & Egloff (Hypothese 4.2).

Hypothese 4.1 trifft zu, wenn der Gesamtwert der FFA mit keiner der beiden ABI-R-Skalen korreliert. Zur statistischen Prüfung des Zusammenhangs wurde eine Rangkorrelation nach Spearman durchgeführt. Diese ergab eine signifikante positive Korrelation zwischen Achtsamkeit und *Kognitiver Vermeidung* (p ≤ .01, 2-seitig) und einen bedeutsamen negativen Zusammenhang mit *Vigilanz* (Produkt-Moment-Korrelation). Die Korrelationskoeffizienten r =.40 für *Kognitive Vermeidung* und r = -.30 für *Vigilanz* weisen auf Zusammenhänge mittlerer Stärke hin. Die Daten sprechen für die Verwerfung von Hypothese 4.1.

Hypothese 4.2 würde eintreffen, wenn die Gruppe der Nicht-Defensiven signifikant höhere Achtsamkeitswerte aufwiese als die anderen drei Gruppen. Zur statistischen Prüfung der Hypothese wurde folgendermaßen verfahren: Der Levené-Test bestätigte die Homogenität der Varianzen, so dass eine Einfaktorielle Varianzanalyse durchgeführt werden konnte. Als unabhängige Variablen UV wurden die vier Gruppen gebildet, die den Bewältigungsmodi nach Krohne (1999) entsprechen. Die Teilung erfolgte an den Medianwerten der Merkmale *Vigilanz* und *Kognitive Vermeidung*. Als abhängige Variable wurde der Gesamtwert des FFA definiert. Die varianzanalytischen Berechnungen ergaben folgende bedeutsame Unterschiede zwischen den Gruppen (Abb. 6.2):

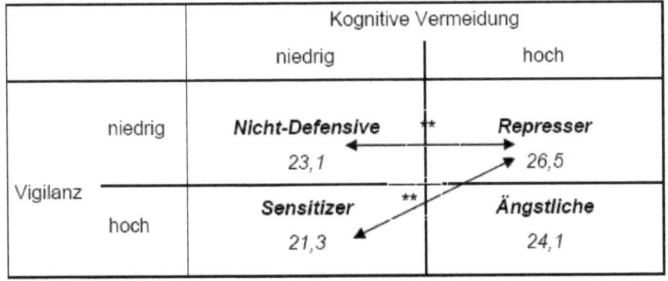

Abb. 6.2: Mittelwertunterschiede zwischen den Bewältigungsmodi

Die Gruppe der Nicht-Defensiven unterscheidet sich nur von einer der anderen drei Gruppen bedeutsam (p $\leq$ .01, 2-seitig) und auch dort entgegen der Erwartung. Die Nicht-Defensiven zeigen geringere Werte als die Represser (23,1 bzw. 26,5). Die Gruppe der Represser übertrifft neben den Nicht-Defensiven auch die Gruppe der Sensitizer in ihren Achtsamkeitswerten (26,5 bzw. 21,3). Die Ergebnisse zeigen nicht den erwarteten Effekt. Hypothese 4.2 wird auf Grundlage der erhobenen Daten ebenfalls verworfen.

6.2 Zum Zusammenhang von Psychischer Gesundheit und Achtsamkeit

6.2.1 Besteht ein Zusammenhang zwischen Achtsamkeit und psychischer Gesundheit?

> Hypothese 5: Achtsamkeit geht mit geringer psychischer Symptombelastung einher.

Hypothese 5 kann als bestätigt angenommen werden, wenn der Gesamtwert des Freiburger Fragebogens für Achtsamkeit (FFA) bedeutsam negativ mit dem General Symptom Index (GSI) der Symptom-Checkliste korreliert. Zur statistischen Prüfung dieses Zusammenhangs wurde eine Rangkorrelation nach Spearman durchgeführt, da die Skala GSI eine schiefe Verteilung aufwies (Kolmogorow-Smirnow-Test: p $\leq$ .05, 2-seitig) und damit die Voraussetzung für eine Produkt-Moment-Korrelation nicht erfüllte. Die Berechnung des Korrelationskoeffizienten r weist auf einen signifikanten negativen Zusammenhang (p $\leq$ .01, 2-seitig) zwischen dem Sumscore des FFA und dem GSI hin. Der Korrelationskoeffizient r beträgt -.26, was einem schwachen Zusammenhang entspricht. Hypothese 5 wird mit einer Irrtumswahrscheinlichkeit von 5% als bestätigt angenommen.

6.2.2 Wird der Zusammenhang zwischen Achtsamkeit und Psychischer Gesundheit über die Bewältigungsstrategien vermittelt?

> Hypothese 6: Das Mediatormodell, in dem die Bewältigungsstrategien die Regression von Achtsamkeit auf die Symptombelastung vermitteln, wird bestätigt.

Zur Prüfung von Hypothese 6 wurde eine lineare Regressionsanalyse durchgeführt. Den Skalen wurden innerhalb des Mediatormodells folgende Rollen zugewiesen:

Die drei COPE-Skalen sind diejenigen, die sowohl mit Achtsamkeit als auch mit Symptombelastung bedeutsam korrelieren (vgl. Tab. 6.1). In der SPSS-Prozedur wurde in einem ersten Schritt das Regressionsgewicht des FFA auf den GSI berechnet. In einem zweiten Schritt wurde jeweils eine der potentiellen Mediatorskalen hinzugenommen. Bei den Analysen wurde die Einschlussmethode gewählt. Anhand der Veränderung des Regressionskoeffizienten ß ist abzuleiten, ob das Mediatormodell die Datenlage gut erklären kann oder nicht.

In den Tabellen A-5 bis A-8 sind die statistischen Kennwerte, eingeschlossen der Regressionskoeffizienten, für die drei Einzelmodelle sowie ein multiples Modell dargestellt. Die Ergebnisse der Regressionsanalyse ergeben partielle Mediationseffekte für die Skalen *Aktives Handeln*, *Positive Neubewertung* und *Gefühlen freien Lauf lassen*. Die Gewichte des Regressionskoeffizienten werden jedoch nicht soweit reduziert, dass ß nicht mehr signifikant ist, was einer vollständigen Mediation entsprechen würde. Da der Effekt der Mediatorvariabeln im Verhältnis zum Regressionsgewicht der Achtsamkeit gering ausfällt, kann auf weitere Analysen mit dem Sobel-Test oder einem vergleichbaren Verfahren verzichtet werden.

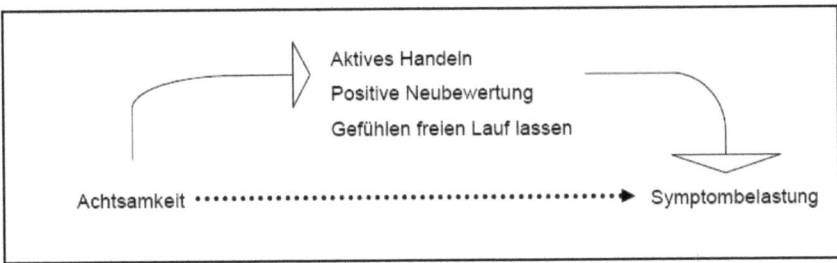

Abb. 6.3: Mediatoreffekte

Die Daten spechen gegen eine Verwerfung von Hypothese 6. Es handelt sich um eine partielle Mediation des Zusammenhangs zwischen Achtsamkeit und Symptombelastung durch die Skalen *Aktives Handeln, Positive Neubewertung* und *Gefühlen freien Lauf lassen*.

6.2.3 Verändert Achtsamkeit den Einfluss der Bewältigungsstategien auf die Psychische Gesundheit?

Hypothese 7: Das Moderatormodell, in dem Achtsamkeit den Zusammenhang zwischen den Bewältigungsstrategien und der Symptombelastung verändert, wird bestätigt. Achtsamkeit sollte den Effekt der passiv-vermeidenden Strategien schwächen, den der aktiv-problemlösenden Strategien verstärken.

Zur Prüfung von Hypothese 7 wurde eine lineare Regressionsanalyse durchgeführt. Den Skalen wurden innerhalb des Moderatormodells folgende Rollen zugewiesen:

Achtsamkeit (FFA-Sumscore)   als Moderator
Symptombelastung (GSI)   als Kriterium

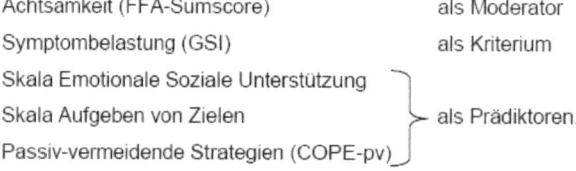

Skala Emotionale Soziale Unterstützung
Skala Aufgeben von Zielen   als Prädiktoren.
Passiv-vermeidende Strategien (COPE-pv)

Die drei COPE-Skalen sind diejenigen, die bedeutsam mit Symptombelastung korrelieren, aber gleichzeitig nicht mit Achtsamkeit assoziiert sind (vgl. Tab. 6.1). Zunächst wurden die Werte aller Skalen über eine z-Transformation in standardisierte Werte umgewandelt. Außerdem wurden als Interaktionsterme drei Produktvariablen gebildet: FFA x *Emotionale Soziale Unterstützung* (FFAxESU), FFA x *Aufgeben von Zielen* (FFAxAUF) und FFA x COPE-pv (FFAxCOPV). In der Regressionsanalyse wurden in einem ersten Schritt die Regressionsgewichte von Moderator und Prädiktor auf das Kriterium berechnet. In einem zweiten Schritt wurde der Interaktionsterm hinzugenommen. Bei den Analysen wurde die Einschlussmethode gewählt. Anhand der Signifikanz des Regressionkoeffizienten ß des Interaktionsterms ist abzuleiten, ob das Moderatormodell die Datenlage gut erklären kann oder nicht.

In den Tabellen A-9 bis A-11 sind die Werte der drei Modelle dargestellt. Die Berechnungen der Regressionsanalyse ergeben keine bedeutsamen Moderatoreffekte. Hypothese 7 wird von der Datenlage verworfen. Achtsamkeit übernimmt beim Zusammenhang zwischen den Bewältigungsstrategien und der Symptombelastung nicht die Rolle eines Moderators.

6.2.4 Bildet Achtsamkeit unter den Copingstilen eine eigenständige Dimension?

Hypothese 8: Achtsamkeit wird in einem Faktoranalytischen Modell der Copingstile durch eine seperate Dimension abgebildet.

Zur Überprüfung von Hypothese 8 wurde eine Hauptachsenanalyse durchgeführt. Die Eigenwertkurve im Scree-Plot wies einen Knick zwischen dem fünften und sechsten Faktor auf (Abb. A-12). Daraufhin wurden die Modelle mit fünf, vier und drei Faktoren jeweils einer Prüfung unterzogen, wobei das Fürntratt-Kriterium (vgl. Kap. 5.5.3) angewendet wurde und sowohl die 5- als auch die 4-Faktorenlösung als unbefriedigend eingeschätzt wurde. Die 3-Faktoren-Lösung wurde mittels einer Varimax-Rotation optimiert. Sie ergibt drei Dimensionen, die eine größtmögliche Unabhängigkeit voneinander aufweisen und einen Varianzanteil von 48,9 % erklären.

Die Skalen, die die höchsten Ladungen bei gleichzeitig geringen Nebenladungen aufweisen, sind in Tabelle 6.3 markiert. Die Faktoren können anhand dieser inhaltlich folgendermaßen interpretiert werden:

Faktor 1   Achtsamkeit & Akzeptanz
Faktor 2   Zielorientierung
Faktor 3   Suche nach sozialer Unterstützung.

Hypothese 8 wird von den Daten nicht bestätigt. Achtsamkeit bildet einen gemeinsamen Faktor mit den Strategien *Akzeptanz* und *Positive Neubewertung*.

	Faktor		
	1	2	3
Achtsamkeit (FFA)	,762	,098	-,131
Akzeptanz	,666	-,100	,084
Positive Neubewertung	,649	,252	,027
Zurückhaltung	,392	,060	-,006
Humor	,344	-,128	,064
Planen	,310	,742	,034
Aufgeben von Zielen	,045	-,682	,119
Aktives Handeln	,414	,585	,113
Nebensächliches zurückstellen	,115	,531	-,038
Selbstablenkung	,229	-,463	,180
Verleugnen	,089	-,326	,112
Substanzgebrauch	-,013	-,179	,175
Emotionale soziale Unterstützung	,080	-,151	,736
Instrumentelle soziale Unterstützung	,138	,019	,696
Gefühlen freien Lauf lassen	-,329	-,119	,474

Erläuterung: Hauptachsen-Faktorenanalyse mit Varimax-Rotation (mit Kaiser-Normalisierung)

Tab. 6.3. Rotiertes 3-Faktorenmodell

6.2.5 Wo positioniert sich Achtsamkeit im Netzwerk der Copingstile?

Hypothese 9: Achtsamkeit positioniert sich in der Nähe der aktiv-problemlösenden Strategien.

Zur Überprüfung von Hypothese 9 wurde wie bei Hypothese 8 vorgegangen. Es wurde ein 2-Faktorenmodell berechnet, das insgesamt 37,8 % der Varianz aufklärt. Die Faktorladungen sind in Tabelle A-14 dargestellt. Die Skalen, die die höchsten Ladungen bei gleichzeitig geringen Nebenladungen aufweisen, sind in Tabelle 6.4 markiert. Die beiden Faktoren können inhaltlich folgendermaßen benannt werden:

Faktor 1   Achtsamkeit und Akzeptanz
Faktor 2   behaviorale und kognitive Vermeidung.

Zur Veranschaulichung wurde ein Faktorladungsdiagramm generiert, das anhand der Ladungen der Skalen auf den Faktoren deren Position innerhalb der Dimensionen berechnet und grafisch darstellt (Abb. 6.4).

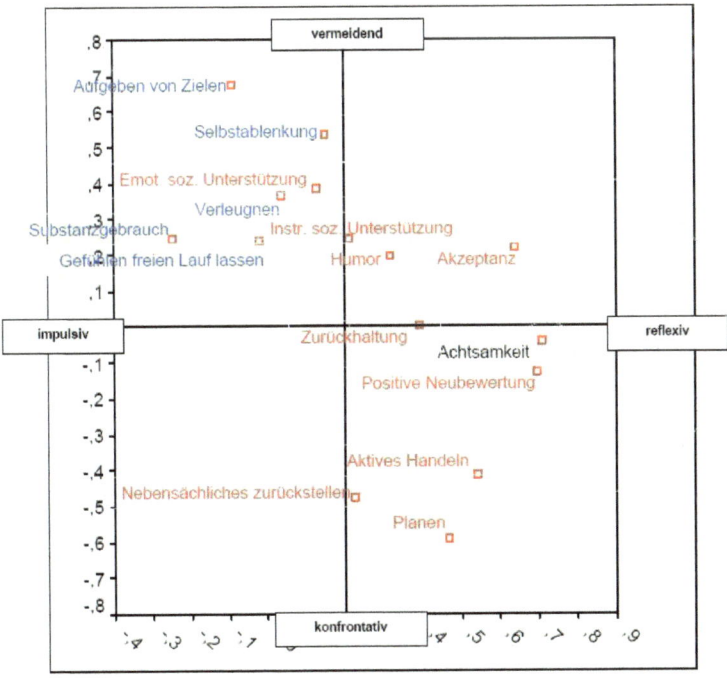

❏ Aktiv-problemlösende Strategien
❏ Passiv-vermeidende Strategien

Abb. 6.4: Ladungsdiagramm der Zwei-Faktorlösung (Bezeichnung der Pole eig. Benennung)

In einem Kreis mit dem Durchmesser einer Standardabweichung befinden sich ausschließlich fünf der aktiv-problemlösenden und keine der passiv-vermeidenden Strategien, welches für das Zutreffen von Hypothese 9 spricht.

7. Diskussion

7.1 Methodische Einschränkungen

Im folgenden Kapitel werden Einschränkungen, die durch die Methodik der Untersuchung bedingt sind, kurz erläutert, da diese bei der Interpretation der Ergebnisse unbedingt im Blick behalten werden müssen.

7.1.1 Interne Validität

Werden zur Messung psychologischer Merkmale Fragebögen zur Selbstbeschreibung eingesetzt, müssen die methodischen Grenzen dieses Verfahren berücksichtigt werden. Zentral für die vorliegende Untersuchung soll die Frage nach der internen Validität der verwendeteten Fragebögen sein. Sie gibt an, inwieweit das interessierende Merkmal tatsächlich erfasst wird. Im Folgenden werden daher potentielle Einschränkungen der internen Validität der eingesetzten Verfahren diskutiert.

Die verwendete Kurzform des FFA beinhaltet laut den Autoren (Walach et al., 2004) nur diejenigen Items, die auch Personen, die keinerlei Kenntnisse über das Konzept der Achtsamkeit haben, gut verstehen. Die ausgewählten Items seien gut in der Lage, diese Personen nach dem Grad ihrer Achtsamkeit zu differenzieren. Diese Annahme wurde in der vorliegenden Untersuchung bestätigt, da alle Items eine etwa gleichgroße Häufigkeitsverteilung der Antwortmöglichkeiten, im Sinne einer brauchbaren Trennschärfe, aufweisen. Dennoch ist fraglich, ob die Skala nicht trotzdem unterschiedlich verstanden wird, von „Achtsamkeitskennern" auf der einen Seite und „-naiven" auf der anderen Seite. Es ist zu vermuten, dass Naive die in ihren Ohren oft fremdartig klingenden Aussagen anders beantworten als Personen, die mit Achtsamkeit und Meditation vertraut sind. Es könnte durchaus sein, dass Achtsamkeitskenner, die noch dazu regelmäßig meditieren, selbstkritischer antworten, weil sie die Aussagen anhand ihrer Selbstbeobachtung prüfen, während „Achtsamkeits-Naive" intuitiver antworten und sich eventuell leichtfertiger als achtsam einstufen. Da es sich jedoch um Stichprobe aus einer großen Mehrheit von Achtsamkeitsnaiven handelt, dürfte dieser Einfluss in der vorliegenden Untersuchung begrenzt sein.

Daran anknüpfend ist es wichtig, sich darüber im Klaren zu sein, dass an der vorliegenden Stichprobe im Gegensatz zu den Stichproben der meisten Achtsamkeitsstudien keine Achtsamkeitsintervention durchgeführt wurde. Achtsamkeit wird in der vorliegenden Untersuchung als Persönlichkeitsmerkmal erfasst, welches bei jedem zu einem bestimmten Grad ausgeprägt ist: als individuelle Art der Aufmerksamkeitsregulation und Haltung, die gegenüber dem momentan Erlebten eingenommen wird. Es muss berücksichtigt werden, dass ein Konstrukt gemessen wird, das letztendlich das misst, was Achtsamkeitsnaive unter den Aussagen im Fragebogen verstehen. Dabei haben sie entweder keinerlei Kenntnisse über die buddhistische Philosophie, in die das Konstrukt eingebettet ist, oder – was noch wahrscheinlicher ist – ein ungefähres Wissen aus der Darstellung des Buddhismus in den Medien, welches vermutlich eher Klischees und Stereotype widerspiegelt.

Ähnlich verhält es sich mit den beiden Verfahren zur Erfassung des Stressbewältigungsverhaltens, das Angstbewältigungs-Inventar (ABI-R) und die deutsche Version des COPE-Inventars. Besonders letztgenanntes erfasst zwar die allgemeine Tendenz, mit einer bestimmten Strategie auf eine Stresssituation zu reagieren; das tatsächliche Bewältigungsverhalten erfolgt jedoch in den wenigsten Fällen derart eindimensional. Meist werden Mischformen der Bewältigung gewählt oder eine Strategie wird von einer weiteren abgelöst. Inwieweit diese gleichzeitig auftreten und wie sie in einer konkreten Situation zeitlich ablaufen, darüber gibt der Fragebogen keine Auskunft. Dieses Informationsdefizit muss bei der Interpretation der Ergebnisse beachtet werden.

Nicht zuletzt soll daran erinnert werden, dass die Psychische Symptombelastung (gemessen über die Symptom-Checkliste) zwar als Indikator für psychische Gesundheit verwendet werden kann, jedoch kaum in der Lage ist, das Phänomen Psychische Gesundheit in seiner Komplexität zu erfassen. Die Definition dessen, was gemeinhin als psychisch gesund bezeichnet wird, ist sicherlich mehr als die Abwesenheit von Symptomen. Die Ergebnisse sollten mit Blick auf diese pragmatische Art und Weise, psychische Gesundheit zu messen, eingeordnet werden.

7.1.2 Ursache-Wirkungs-Zusammenhänge

Die Untersuchung wurde innerhalb eines Querschnittdesigns angelegt. Im Gegensatz zu Längsschnittuntersuchungen sind daher keine Aussagen über die Ursache-Wirkungs-Zusammenhänge möglich.

Dies bedeutet, es ist mit dieser Untersuchung nicht prüfbar, ob Achtsamkeit das Bewältigungsverhalten tatsächlich beeinflusst oder ob es sich um Merkmale handelt, die zum Zeitpunkt der Messung nur zeitgleich aufgetreten sind, jedoch in keinerlei kausaler Beziehung zueinander stehen. Dieser Aspekt ist wichtig und muss beachtet werden. Auch dann, wenn eine kausale Interpretation gerechtfertigt scheint, wie im Fall des wiederholt replizierten Zusammenhangs zwischen Achtsamkeit und psychischer Gesundheit. Welche Methoden und welches Design zur Klärung der Ursache-Wirkungs-Zusammenhänge von der Verfasserin vorgeschlagen werden, ist in Kapitel 7.2.7 dargestellt.

7.1.3 Generalisierbarkeit

Die Untersuchung wurde an einer studentischen Stichprobe durchgeführt. Auch wenn verschiedene Fachrichtungen einbezogen wurden, bleibt es ein Auszug aus der Gruppe der Studierenden. Es handelt sich also um eine eingeschränkt repräsentative Stichprobe und die Ergebnisse sind nur auf die Population der Studierenden generalisierbar.

7.2. Diskussion der Untersuchungsergebnisse

7.2.1 Achtsamkeit geht mit aktiv-problemlösenden Bewältigungsstrategien einher

Die Ergebnisse der vorliegenden Untersuchung zeigen, dass Achtsamkeit mit der Mehrheit der aktiv-problemlösenden Strategien einhergeht. Achtsame Personen berichten überzufällig häufig die Strategien *Positive Neubewertung, Akzeptanz, Humor, Aktives Handeln* und *Planen* im Umgang mit Belastungen. Betrachtet man die Operationalisierungen der ersten beiden Strategien, wird die Ähnlichkeit zu Achtsamkeit offensichtlich. *Positive Neubewertung* wird mit Aussagen erfasst, die einerseits die Wertschätzung von Erfahrungen ausdrücken, andererseits das Bemühen, in einer misslichen Lage das Positive zu sehen. Letzteres wird zwar bei der Achtsamkeit bewusst nicht intendiert, ist aber oft ihre Folge. Die Strategie *Akzeptanz* drückt das Hinnehmen von Umständen aus, die nicht zu ändern sind. Auch dies ist eine Haltung, die mit dem Üben von Achtsamkeit einhergeht. Dass Humor mit Achtsamkeit assoziiert ist, ist auf den ersten Blick nicht augenscheinlich, jedoch auf einen zweiten: In einer prekären Situation Humor aufzubringen ist nur möglich, wenn gegenüber der aktuellen Situation emotional Distanz gewahrt werden kann – ganz ähnlich der neutralen, nicht-identifizierenden Haltung der Achtsamkeit.

Der Zusammenhang mit dem aktiven Vorgehen in Stresssituationen (Strategien *Aktives Handeln und Planen*) ist ein Ergebnis, das den Erwartungen entspricht. Trotz der Handlungsmaxime des Innehaltens und des Nicht-Handelns fördert Achtsamkeit – wahrscheinlich in einem zweiten Schritt – offensichtlich gerade ebendies: ein aktives und problemorientiertes Handeln. Achtsamkeit geht also nicht einher mit Passivität und Rückzug, sondern mit Handlungsbereitschaft und Eigeninitiative im Umgang mit Belastungen.

7.2.2 Achtsamkeit geht nicht mit passiv-vermeidenden Bewältigungsstrategien einher

Der erwartete negative Zusammenhang mit den passiv-vermeidenden Strategien zeigte sich in der vorliegenden Untersuchung mehrheitlich nicht. Die Gewohnheit, Stresssituationen mit *Verleugnung*, *Selbstablenkung*, dem *Aufgeben von Zielen* oder dem *Gebrauch von Substanzen* zu begegnen, steht in keinem Zusammenhang mit dem Achtsamkeitskonstrukt. Nur bei der Strategie *Gefühlen freien Lauf lassen* findet sich ein negativer Zusammenhang mit Achtsamkeit. Für die vermeintlich gesundheitsschädlichen Bewältigungsstrategien bedeutet das, dass allein diejenigen, die in Stresssituationen Frustration, Ärger und Angst ungesteuert ausagieren, gleichzeitig wenig achtsam sind.

Eine kausale Interpretation des fehlenden Zusammenhangs wäre: Das Achtsamkeitskonzept entfaltet seine Wirksamkeit darüber, dass es positive Strategien fördert, während es auf gesundheitsschädliche nicht einwirkt (weiterführende Diskussion in Kap. 7.2.3).

7.2.3 Hochachtsame unterscheiden sich von Niedrigachtsamen in der Wahl der Bewältigungsstrategien

Einen näheren Einblick in das spezifische Bewältigungsverhalten erlaubt die Untersuchung der Unterschiede zwischen Hoch- und Niedrigachtsamen. Die Ergebnisse der vorliegenden Untersuchung weisen darauf hin, dass Hochachtsame häufiger aktiv-problemorientierte Strategien benutzen als wenig achtsame Personen. Hochachtsame sind charakterisiert durch einen aktiven Umgang mit Stresssituationen. Sie zeigen ein problemfokussiertes Herangehen und planen konkrete Handlungsschritte (*Aktives Handeln, Planen*). Situationen, die nicht änderbar sind, nehmen sie hin oder sie lenken den Blick auf das Positive (*Akzeptanz, Positive Neubewertung*). Sie geben Ziele weniger schnell auf und agieren Angst, Ärger und Frustration in Stresssituationen seltener ungesteuert aus (*Aufgeben von Zielen, Gefühlen freien Lauf lassen*), was für eine konsequente Verfolgung persönlicher Ziele und für die Fähigkeit zur Emotionsregulation spricht.

Die Ergebnisse bestätigen erwartungsgemäß, dass Achtsamkeit trotz der Maxime des Nicht-Handelns einen aktiven, problemorientierten Umgang mit Stresssituationen fördert. Gleichzeitig scheint sie das Annehmen von Situationen zu unterstützen, die zunächst nicht zu ändern sind. Sie begünstigt eine positive und wertschätzende Sicht auf die jeweilige Situation. Auf die Strategien

Gefühlen freien Lauf lassen und eigene *Ziele aufgeben*, die nach dem Stand der Forschung wenig effektiv im Umgang mit Belastungen sind, wirkt sie hemmend. Überraschend waren die fehlenden Zusammenhänge zwischen Achtsamkeit und den übrigen passiv-vermeidenden Strategien *Verleugnen*, *Substanzgebrauch* und *Selbstablenkung*. Es ist also offensichtlich nicht so, dass Achtsamkeit diese dysfunktionalen Bewältigungsformen vollständig überflüssig macht. Die erhobenen Daten ergeben folgendes Bild: Unter den Hochachtsamen finden sich sowohl Personen, die passiv-vermeidende Strategien oft verwenden, als auch Personen, die in Stresssituationen äußerst selten derart reagieren. Dies könnte ein Hinweis darauf sein, dass passiv-vermeidende Strategien nicht per se ineffektiv sind. Schädlich sind sie vermutlich dann, wenn sie als starres Bewältigungsmuster angewandt werden. Der fehlende Zusammenhang spricht dafür, dass Achtsame eine große Anzahl Strategien zur Verfügung haben; darunter auch die vermeintlich dysfunktionalen, die von Zeit zu Zeit durchaus funktional sein können. Zum Beispiel kann es hilfreich sein, einen Stressor für kurze Zeit auszublenden (Strategie *Verleugnen*), wenn es der Person damit gelingt, Ruhe zu bewahren. Ebenso funktional und hilfreich kann es sein, mit einem Kinobesuch am Vorabend die Aufregung vor einer Prüfung zu bewältigen (Strategie *Selbstablenkung*). Alkohol und Nikotin (Strategie *Substanzgebrauch*) sind vielfach verwendete Strategien, um mit Anspannung umzugehen oder einfach „abzuschalten". Ein erfolgreiches „Runterkommen" vom Stress des Tages schützt wiederum vor der Chronifizierung des Stresszustandes. Es besteht kein Zweifel, dass langfristig andere Methoden, die am Problem selbst ansetzen, weitaus effektiver sind, um Belastungen zu bewältigen. Die empirischen Zusammenhänge zwischen Achtsamkeit und den einzelnen Bewältigungsstrategien legen jedoch offen, dass die simple Einteilung in aktive und passive Strategien die tatsächliche Wirksamkeit von spezifischem Bewältigungsverhalten kaum abzubilden vermag.

7.2.4 Achtsame entsprechen nicht der Gruppe der Nicht-Defensiven nach Krohne & Egloff

Die Ergebnisse der vorliegenden Untersuchung sprechen nicht dafür, dass die Gruppe der Achtsamen identisch ist mit dem Bewältigungstyp der Nicht-Defensiven nach Krohne und Egloff (1999). Obwohl Achtsamkeitsinterventionen genau dort ansetzen – an der Steuerung und Regulation der Aufmerksamkeit – zeigen Achtsame den erwarteten Effekt nicht. Zu erwarten wäre gewesen, dass ihre Aufmerksamkeitssteuerung weder besonders vigilant noch kognitiv-vermeidend ist, dass sie also weder die Umgebung auf der Suche nach Gefahrenhinweisen permanent abscannen, noch solche Reize konsequent ausblenden. Den Ergebnissen nach sind Achtsame eher dem Typ des Repressers ähnlich, der durch ein geringes Ausmaß an vigilanter und ein hohes Maß an kognitiv-vermeidender Aufmerksamkeitssteuerung gekennzeichnet ist.

Dieser unerwartete Zusammenhang ist nachzuvollziehen, wenn man die Operationalisierung des Konstrukts *Kognitive Vermeidung* genauer betrachtet. Die Personen, die ein hohes Ausmaß an *Kognitiver Vermeidung* zeigen, beschreiben ihr Bewältigungsverhalten folgendermaßen: Angesichts einer angstauslösenden Situation vertrauen sie darauf, dass es schon gutgehen wird. Sie erinnern sich an ähnliche Situationen in der Vergangenheit, die sie erfolgreich gemeistert haben, oder lenken ihre Aufmerksamkeit auf etwas anderes, von besorgniserregenden Gedanken weg. Es wird deutlich, dass *Kognitive Vermeidung* im Fragebogen eher über eine Mischung aus selbstunterstützenden und selbstablenkenden Strategien erfasst wird. Den tatsächlichen Prozess der Aufmerksamkeit vermag sie, optimistisch gesagt, nur indirekt, pessimistisch gesagt, kaum zu messen. Die Konstrukte *Optimismus* und *Selbstunterstützung* liegen dem Achtsamkeitskonstrukt inhaltlich sehr nahe, was den starken Zusammenhang zwischen *Achtsamkeit* und *Kognitiver Vermeidung* erklärt. Des Weiteren ist zu vermuten, dass bei der Gruppe der Nicht-Defensiven – die sowohl vigilante als auch kognitiv-vermeidende Items als nicht-zutreffend ankreuzen müssen, um zur dieser Gruppe gezählt zu werden – vielmehr eine generelle Tendenz zu Nein-Antworten erfasst wird. Inhaltlich und auch methodisch nimmt diese Gruppe die Rolle eines Lückenbüßers ein: Sie kann nur über ein Nichtvorhandensein (bzw. ein sehr geringes Ausmaß) von *Vigilanz* und *Kognitiver Vermeidung* gemessen werden. Daher gibt sie letztendlich kaum Aufschluss über das interessierende Merkmal, den nicht-defensiven Umgang mit Stresssituationen.

Die beiden Konstrukte *Achtsamkeit* und *Kognitive Vermeidung* treffen sich in der Eigenheit, Gefahrenreizen wenig oder gar keine Aufmerksamkeit zu schenken. Bei der *Kognitiven Vermeidung* wird dieser Prozess als Abwendung der Aufmerksamkeit von den Gefahrenreizen verstanden, bei der *Achtsamkeit* als Hinwendung zur Erfahrung des Augenblicks, das heißt zu den übrigen Reizen des aktuellen Moments. Beiden Konstrukten ist vermutlich die Fähigkeit gemein, in Stresssituationen die Kontrolle der Aufmerksamkeitssteuerung aufrechtzuerhalten und nicht automatisch in eine emotionsgesteuerte Aufmerksamkeitslenkung überzugehen, wie es bei Angstreaktionen der Fall ist. Die Alternative dazu ist nicht, die Aufmerksamkeit im Sinne der *Kognitiven*

Vermeidung (deren Skala ohnehin vielmehr *Selbstablenkung* und *Selbstunterstützung* misst) von den Gefahrenreizen abzuwenden, sondern die Aufmerksamkeit den übrigen Reizen der aktuellen Situation – seien es Eindrücke der Umgebung oder innerpsychische Prozesse wie Gefühle, Gedanken oder Körperempfindungen – gleichermaßen zuzuwenden. Dies wird durch eine Haltung ermöglicht, die durch eine radikal offene Aufmerksamkeit bei gleichzeitiger Nicht-Wertung gekennzeichnet ist. Diese achtsame Haltung beinhaltet das bloße, unvoreingenomme Wahrnehmen; den (zumeist automatisch ablaufenden) Bewertungen der wahrgenommenen Reize wird lediglich keine Bedeutung zugemessen.

7.2.5 Achtsamkeit geht mit psychischer Gesundheit einher

In der vorliegenden Untersuchung zeigt sich ein bedeutsamer negativer Zusammenhang zwischen Achtsamkeit und der psychischen Symptombelastung. Dieser Befund reiht sich in die Ergebnisse vorangehender Achtsamkeitsstudien, die Baer (2003) und Bishop (2002) in ihren Übersichtsartikeln sowie Grossman, Niemann, Schmidt und Walach (2004) in einer Metaanalyse berichten, ein. Die Ergebnisse der vorliegenden Untersuchung stellen demnach zum einen eine Replikation dieses Zusammenhangs dar, zum anderen können sie aufgrund der aktuellen empirischen Befundlage durchaus innerhalb eines Ursache-Wirkungs-gefüges interpretiert werden. Achtsamkeit ist demnach ein gesundheits-förderlicher Effekt zuzusprechen.

Die Stärke des gefundenen Zusammenhangs ist vergleichbar mit anderen Studien, die ebenfalls mit nicht-klinischen, studentischen Stichproben arbeiteten. Baer (2004) fand in einer Stichprobe von 130 Studierenden einen bedeutsamen mittleren Zusammenhang zwischen Achtsamkeit und psychischer Symptombelastung, wobei sie das Achtsamkeitskonstrukt mit einer anderen Skala, dem Kentucky Inventory of Mindfulness Skills, erfasste. Der Zusammenhang zeigte sich ebenso in ihrer Untersuchung (2006) mit insgesamt fünf Achtsamkeitsskalen – darunter eine englische Übersetzung des FFA – an einer Stichprobe von insgesamt 881 Studierenden. Der stärkere Zusammenhang von Symptombelastung und Achtsamkeit in der Studie von Walach et al. (2004) ist darauf zurückzuführen, dass eine klinische Stichprobe erhoben wurde. Die Differenzen in den Korrelationskoeffizienten sind außerdem auf unterschiedliche Versionen der Symptom-Checkliste zurückzuführen (BSI bei Baer, 2004; SCL-90 bei Walach et al., 2004).

Anzumerken ist, dass Achtsamkeit hier als Persönlichkeitsmerkmal erfasst wurde und nicht als Fähigkeit, die innerhalb einer achtsamkeitsbasierten Intervention vermittelt wurde. Die Replikation des Zusammenhangs spricht für die Annahme, dass dieses Merkmal tatsächlich bei jedem Menschen zu einem bestimmten Grad vorliegt; auch bei Personen, die keinerlei Kenntnisse über das Achtsamkeitsprinzip besitzen oder sogar Meditation praktizieren.

In der vorliegenden Untersuchung dient die psychische Symptombelastung als Indikator dafür, wie erfolgreich Stress und Belastungen bewältigt werden. Ein geringes Ausmaß an Beschwerden lässt den Rückschluss zu, dass alltägliche Belastungen ausreichend abgefedert werden können und es nicht zur Entstehung von manifesten Angstgefühlen oder depressiven Symptomen kommt. Fühlt sich eine Person weder furchtsam noch niedergeschlagen oder schwermütig, klagt sie weder über Konzentrationsprobleme noch Energielosigkeit, kann man davon ausgehen, dass sie psychisch gesund ist und Belastungen bewältigen kann. Berichtet eine Person allerdings, dass sie in den letzten sieben Tagen unter einer Vielzahl psychischer Beschwerden litt, dann wird sie auch im Umgang mit alltäglichen Belastungen schnell überfordert sein.

Dieser Schluss mag in Einzelfällen nicht gerechtfertigt sein. Zu beachten ist, dass psychische Symptome in den meisten Fällen auf dem Zusammenwirken mehrerer Ursachen beruhen. Neben der Stressbewältigungskompetenz wirken weitere Persönlichkeitsmerkmale, die individuelle Lerngeschichte sowie externe Faktoren, wie das Eintreffen von unvorhersehbaren kritischen Lebensereignissen. Dennoch wird in Untersuchungen immer wieder berichtet, dass gerade der erfolgreiche Umgang mit Stress einen wichtigen Aspekt darstellt, der – im Sinne eines Resilienzfaktors – vor der Entstehung psychischer Symptome schützt.

7.2.6 Coping vermittelt partiell den Zusammenhang zwischen Achtsamkeit und Psychischer Gesundheit

Die statistische Prüfung des Mediatormodells zeigt, dass der Zusammenhang zwischen Achtsamkeit und psychischer Gesundheit partiell durch die Bewältigungsstrategien vermittelt wird. Dieser Befund ist nachvollziehbar, da das Achtsamkeitskonstrukt mit den betreffenden Strategien *Aktives Handeln*, *Positive Neubewertung* und *Gefühlen freien Lauf lassen* ohnehin mittlere bis starke Zusammenhänge aufweist. Darüber hinaus ist es ein Hinweis darauf, dass Achtsamkeit seine Wirkung über die Förderung spezifischer Strategien entfaltet. Dass Achtsamkeit nicht nur die Einstellung gegenüber Stress, sondern auch den Umgang damit selbst verändert, ist nahe liegend und fügt sich in die Befunde vorangehender Untersuchungen ein. Die Ergebnisse der vorliegenden Untersuchung tragen zur Klärung der Frage bei, welche Wirkmechanismen für den gesundheitsförderlichen Effekt der Achtsamkeit verantwortlich sind. Es finden sich bedeutsame Hinweise darauf, dass Achtsamkeit im Umgang mit Stress Strategien des *Aktiven Handelns* und der *Positiven Neubewertung* fördert, während der ungesteuerte Ausdruck von Emotionen gehemmt wird.

7.2.7 Achtsamkeit wirkt nicht als Moderator

Die Ergebnisse der empirischen Prüfung des Regressionsmodells sprechen gegen die Annahme, dass Achtsamkeit die Rolle eines Moderators einnimmt. Es verändert den Zusammenhang zwischen den Bewältigungsstrategien und psychischer Gesundheit nicht in bedeutsamer Weise. Zu erwarten wäre gewesen, dass Achtsamkeit die Effekte aktiv-problemlösender Strategien auf die psychische Gesundheit verstärkt, während es die negativen Auswirkungen der passiv-vermeidenden Strategien abschwächt. Die Ergebnisse weisen allerdings auf moderierende Einflüsse dieser Art nicht hin. Die Klärung der Frage, ob Achtsamkeit die Funktion eines Schutzfaktors übernimmt, steht nicht im Fokus der vorliegenden Untersuchung und muss in geeigneteren, vorrangig klinischen Designs geprüft werden.

7.2.8 Achtsamkeit im Netzwerk der Copingstile

Den Ergebnissen der faktoranalytischen Berechnungen nach stellt das Achtsamkeitskonstrukt in einem gemeinsamen Faktorenmodell mit den Copingstilen keine separate inhaltliche Dimension dar. Es handelt sich demnach nicht um ein Konstrukt, das eindeutig von diesen abgrenzbar ist. Auch die mittleren bis starken Zusammenhänge mit spezifischen Copingstilen (vgl. Kap. 7.2.1 und 7.2.2) sprechen für das Ineinandergreifen der Konstrukte auf inhaltlicher Ebene. Insofern kann das Achtsamkeitskonzept ohne weiteres im Netzwerk der Copingstile eingeordnet werden und nimmt darin die folgende Position ein (vgl. Abb. 6.4): Es befindet sich in der unmittelbaren Nähe der Strategie *Positive Neubewertung* und liegt einbettet zwischen den Strategien *Zurückhaltung*, *Akzeptanz*, *Humor* und *Aktives Handeln*. Innerhalb der beiden Dimensionen „impulsiv – reflexiv" und „konfrontativ – vermeidend", die sich faktoranalytisch aus der Gesamtheit der Strategien ergeben, positioniert es sich dicht am Pol „reflexiv" und mittig zwischen den beiden Polen „konfrontativ" und „vermeidend". Welche Schlussfolgerungen diese Ergebnisse erlauben, ist in Kapitel 7.3 dargestellt.

7.2.9 Achtsamkeit - Copingstil oder übergeordnete Einstellung?

Insgesamt sprechen die Ergebnisse der vorliegenden Untersuchung dafür, dass es sich bei Achtsamkeit – auf der Ebene psychologischer Konstrukte – um ein Persönlichkeitsmerkmal handelt, das seine Wirkung zum einen über die Copingstrategien entfaltet, zum anderen selbst die Funktion einer Bewältigungsstrategie übernimmt. Die Definition von Achtsamkeit als Copingstil wird der inhaltlichen Bedeutung des Konstrukts allerdings nur unzureichend gerecht. Die Funktion eines Copingstils kann ihm ohne Einschränkungen zugesprochen werden – wird das Achtsamkeitskonzept jedoch als Copingstil verstanden und in seinen Eigenschaften auf die einer Bewältigungsstrategie reduziert, sind wesentliche Inhalte des Konstrukts nicht erfasst.

Eine umfassendere Perspektive stellt die Definition von Achtsamkeit als übergeordnete Einstellung dar. Als diese würde Achtsamkeit das Bewältigungsverhalten verändern, indem sie die Wahl der jeweiligen Strategie in einer Stresssituation beeinflusst. Die innere Haltung der Achtsamkeit könnte beispielsweise dazu führen, dass die in der jeweiligen Situation adäquateste Strategie gewählt wird. Jede Situation erfordert einen ganz spezifischen Umgang und nicht immer ist ein aktives, problemfokussiertes Vorgehen die Strategie der Wahl. Ist ein Stressor kurzfristig nicht abzustellen, gilt es zunächst diese (Patt-) Situation zu akzeptieren. In Momenten wiederum, in denen unverzügliches Handeln notwendig ist, kann das Leugnen oder Bagatellisieren der tatsächlichen Gefahr schwerwiegende Folgen haben. Dabei trägt die Schärfung der Wahrnehmung, die eine achtsame Haltung mit sich bringt, vermutlich dazu bei, dass sowohl die Situation als auch die eigenen Handlungsmöglichkeiten präziser eingeschätzt werden können. Ebenso denkbar wäre, dass Achtsamkeit als übergeordnete Einstellung zu einer Erweiterung des individuellen Bewältigungsrepertoires führt.

Auf Grundlage der Querschnittdaten der vorliegenden Untersuchung lassen sich diese Vermutungen nicht prüfen. Dazu wäre eine Längsschnittstudie notwendig, die zum Beispiel Veränderungen in der Wahl der Bewältigungsstrategien nach einer Achtsamkeitsintervention untersucht. Diese könnte dann mit Personen der Kontrollgruppe verglichen werden, denen ein körperliches Entspannungsverfahren vermittelt wurde. Vielversprechend wäre außerdem eine Untersuchung mit experimentellem Design, in der die ProbandInnen (mit bzw. ohne Achtsamkeitsintervention) einer Stresssituation ausgesetzt werden und die

Instruktion erhalten, all ihre Gedanken laut auszusprechen. Mit Hilfe dieser Verbalisationsmethode könnte geprüft werden, inwieweit das Einnehmen einer achtsamen Haltung die Wahl einer spezifischen Bewältigungsstrategie beeinflusst.

7.3 Schlussfolgerungen

Die Ergebnisse der vorliegenden Untersuchung tragen in zweierlei Hinsicht zum Verstehen des Achtsamkeitskonstrukts bei: Zum einen geben sie Aufschluss darüber, über welche Prozesse das Konzept seine Wirkung entfalten könnte, zum anderen worum es sich aus psychologischer Perspektive bei dem Konstrukt handeln könnte.

Die in der Einleitung dargestellte Unvereinbarkeit der beiden Handlungsempfehlungen wird von den Ergebnissen widerlegt. Trotz der Handlungsmaxime des Nichts-Tuns fördert Achtsamkeit offenbar gerade jenes Verhalten, das in der Copingforschung als besonders hilfreich im Umgang mit stressreichen Situationen erachtet wird: ein aktives und problemfokussiertes Vorgehen. Dieses vollzieht sich vermutlich in einem zweiten Schritt, denn Achtsamkeit beinhaltet zunächst eine rein beobachtende Haltung gegenüber der stressreichen Situation. Diese wird ohne Wertung und möglichst umfassend wahrgenommen. Dabei stehen nicht nur äußere Eindrücke, sondern auch die in diesem Augenblick aufkommenden Gefühle, Gedanken oder körperlichen Empfindungen im Fokus der Aufmerksamkeit. Auf diese Weise wird die präzise Erfassung der aktuellen Situation möglich, die eine Einschätzung von zum einen äußeren Parametern, zum anderen individuellen Ressourcen und den sich daraus ergebenden Handlungsmöglichkeiten enthält. Das Modell der übergeordneten Einstellung würde erklären, warum Achtsamkeit im Umgang mit Stress und Belastungen mit Handlungsbereitschaft und Eigeninitiative einhergeht.

Darüber hinaus ergeben sich bedeutsame Hinweise darauf, dass Achtsamkeit das Annehmen von Situationen, die zunächst nicht zu ändern sind, unterstützt und eine positive und wertschätzende Sicht auf die jeweilige Situation begünstigt. Auf die nach dem Stand der Forschung wenig hilfreiche Tendenz, Emotionen ungesteuert auszuagieren, wirkt sie hemmend. Ebenso verhält es sich mit vermeidenden Verhaltensweisen, die dazu führen, dass persönliche Ziele nicht weiterverfolgt werden.

Bemerkenswert ist die Stellung des Achtsamkeitskonstrukts innerhalb des Netzwerks der Copingstile: Die Nähe zum Pol „reflexiv" verdeutlicht den Aspekt der Reflexivität, der im Gegensatz zu der Mehrzahl der übrigen Copingstrategien einen überaus hohen Stellenwert einnimmt. Das Bewusstwerden des eigenen Erlebens und Verhaltens stellt in der Tat eine der tragenden Säulen des Achtsamkeitskonzepts dar. Angeregt wird diese durch die wertfreie und nicht-identifizierende Beobachtung der intrapsychischen Prozesse.

Weiterhin zeigt die Position des Achtsamkeitskonstrukts in der Mitte der Pole „konfrontativ" und „vermeidend", dass Achtsamkeit weder mit extrem offensivem noch mit konsequent ausweichendem Verhalten einhergeht. Es handelt sich weder um ein In-Angriff-Nehmen der Stresssituation, noch um ein Ausweichen – neurobiologisch formuliert: weder um Angriff noch um Flucht. Vielmehr ist es seiner Konzeption nach als ein „Sich-Aussetzen" zu verstehen, das ohne Intension – absichtslos – vonstatten geht.

In den vorangehenden Kapiteln wurde darüber hinaus diskutiert, inwieweit sich das Persönlichkeitsmerkmal Achtsamkeit als Copingstil verstehen lässt. Während diesem die Funktion eines solchen durchaus zugesprochen werden kann, ist Achtsamkeit auf der Ebene psychologischer Konstrukte nicht auf die Eigenschaften eines Copingstils zu reduzieren. Wesentliche Inhalte des Konstrukts werden damit nicht erfasst. Auch die Ergebnisse der vorliegenden Untersuchung zeigen, dass Achtsamkeit nicht nur selbst als Bewältigungsstrategie wirkt, sondern ein bedeutsamer Teil seiner Wirkung auf der Förderung bzw. Hemmung spezifischer Copingstrategien basiert. Das Modell der Achtsamkeit als übergeordnete Einstellung wird der Bedeutung des Konzepts eher gerecht. Im Kap. 7.2.9 wurden verschiedene Untersuchungsdesigns vorgeschlagen, die Aufschluss darüber geben könnten, auf welche Weise Achtsamkeit als übergeordnete Einstellung gegenüber dem aktuellen Erleben auf das Bewältigungsverhalten wirkt.

In der vorliegenden Arbeit zeigt sich sowohl anhand der theoretischen Auseinandersetzung also auch bei den Ergebnissen der empirischen Untersuchung, dass die Festlegung des Achtsamkeitskonzepts auf eine einzige Art von psychologischem Konstrukt nicht zielführend ist. Soll sein eigentlicher Inhalt nicht verloren gehen, muss der Ganzheitlichkeitsanspruch des Konzepts als ein basales Merkmal Eingang finden. Die dargestellten Ansätze der Definition können dennoch – sofern sie als funktionale Definitionen verstanden werden – im Rahmen der weiteren inhaltlichen Erschließung des Konstrukts als Gerüst dienen.

Die Bedeutungsklärung des Achtsamkeitskonzepts stellt nicht zuletzt deshalb besondere Herausforderungen an die ForscherInnen, weil „ganz nebenbei" eine Brücke zwischen zwei Kulturkreisen zu schlagen ist. Zudem beinhaltet es die nahezu unlösbare Aufgabe, mit Hilfe von Begrifflichkeiten etwas zu fassen, das die Ebene von Begriffen, Konzepten und Kategorien selbst verneint.

Literaturverzeichnis

Aftanas, L.I. & Golosheykin, S.A. (2005). Impact of regulat meditation practice on EEG activity at rest and during evoked negativ emotions. International Journal of Neurosciences, 115, 893-909.

Asendorpf, J. (2007). Psychologie der Persönlichkeit (4. Aufl.). Berlin. Springer Verlag.

Astin, J.A. (1997). Stress reduction through mindfulness meditation. Effects on psychological symptomatology, sense of control, and spiritual experiences. Psychotherapy and Psychosomatics, 66, 97-106.

Baer, R.A. (2003). Mindfulness training as a clinical intervention: a conceptual and empirical review. Clinical Psychology: Science and Practise, 10, 125-143.

Baer, R.A., Smith, G.T. & Allen, K.B. (2004). Assessment of mindfulness by self-report: The Kentucky Inventory of Minfulness Skills. Assessment, 11, 191-206.

Baer, R.A., Smith, G.T., Hopkins, J., Krietemeyer, J. & Toney, L. (2006). Using self-report assessment methods to explore facets of mindfulness. Assessment, 13, 27-45.

Berking, M. & von Känel, M. (2007). Achtsamkeitstraining als psychotherapeutische Interventionsmethode. Konzeptklärung, klinische Anwendung und aktuelle empirische Lage. Psychother Psych Med, 57, 170-177.

Biondi, M. & Picardi, A. (1999). Psychological stress and neuroendocrine function in humans: the last two decades of research. Psychother Psychosom, 68, 114-150.

Bishop, S.R. (2002). What do we really know about mindfulness-based stress reduction?. Psychosomatic Medicine, 64, 71-84.

Bishop, S.R., Lau, M., Shapiro, S., Carlson, L., Anderson, N.D., Carmody, J. (2004). Mindfulness: A proposed operational definition. Clinical Psychology: Science and Practise, 11(3), 230-241.

Bodhi, B. (1994). The noble eightfold path: The way to the end of suffering. URL: http://www.vipassana.com/resources/8fp0.php [15.03.2008].

Bohus, M. & Huppertz, M. (2006). Wirkmechanismen achtsamkeitsbasierter Psychotherapie. Zeitschrift für Psychiatrie, Psychologie und Psychotherapie, 54(4), 265-276.

Brown, K.W. & Ryan, R.M. (2003). The benefits of being present: Mindfulness and its role in psychological well-being. Journal of Personality and Social Psychology, 84 (4), 822-848.

Brown, K.W. & Ryan, R.M. (2004). Perils and promise in defining and measuring mindfulness: Observations from experience. Clinical Psychology. Science and Practise, 11(3), 242-248.

Buchheld, N. (2000). Achtsamkeit in Vipassana-Meditation und Psychotherapie. Die Entwicklung des Freiburger Fragebogen zur Achtsamkeit (FFA). In K. Engel, R. Wahsner, & H. Walach (Hrsg.), Schriften zur Meditation und Meditationsforschung. Frankfurt/Main: Europäischer Verlag der Wissenschaften.

Carver, C.S., Scheier, M.F. & Weintraub, J.K. (1989). Assessing Coping Strategies: A Theoretically Based Approach. Journal of Personality and Social Psychology, 56 (2), 267-283.

Carver, C.S. & Scheier, M.F. (2001). On the self-regulation of behavior. Cambridge University Press. Cohen, J. (1988). Statistical power analysis for the behavioral sciences (2nd edition). Hillsdale, NJ: Lawrence Erlbaum Associates

De Jong-Meyer, R. (2003). Kognitive Verfahren nach Beck und Ellis. In J. Margraf (Hrsg.), Lehrbuch der Verhaltenstherapie, Band 1 (2. Aufl.). Berlin: Springer Verlag.

Duden. Fremdwörterbuch (2005, 8. Aufl.). Mannheim: Dudenverlag

Egloff, B. & Krohne, H.W. (1998). Die Messung von Vigilanz und kognitiver Vermeidung: Untersuchungen mit dem Angstbewältigungs-Inventar (ABI). Diagnostica, 44, 189-200.

Frazier, P.A., Tix, A.P. & Baron, K.E. (2004).Testing Moderator and Mediator Effects in Counseling Psychology Research. Journal of Counseling Psychology, 51 (1), 115-134. Goleman, D. (1996). Haben Sie ihre Gefühle im Griff? Psychologie heute, Februar, 29-35.

Grossman, P. (2006). Das Üben von Achtsamkeit: Eine einzigartige klinische Intervention für die Verhaltenswissenschaften. In T. Heidenreich & M. Michalak (Hrsg.), Achtsamkeit und Akzeptanz in der Psychotherapie. Ein Handbuch (2. Aufl.). Tübingen: dgvt-Verlag.

Grossman, P., Niemann, L., Schmidt, S. & Walach, H. (2004). Mindfulness-based stress reduction and health benefits. A meta-analysis. Journal of Psychosomativ Research, 57, 35-43.

Gruber, H. (1). „Das große Fahrzeug" Mahâyâna und „Die Lehre der Älteren" Theravâda.　URL:　http://www.buddha-heute.de/rubrik-02/thermah.htm [15.03.2008].

Gruber, H. (2001). Kursbuch Vipassana. Wege und Lehre der Einsichtsmeditation (2. Aufl.). Frankfurt am Main: Fischer Taschenbuch Verlag.

Hardt, J., Egle, U.T., Kappis, B., Hessel, A. & Brähler, E. (2004). Die Symptom-Checkliste SCL-27. Ergebnisse einer deutschen Repräsentativbefragung. Psychother Psych Med, 54, 214-223.

Hayes, S.C., Strohsal, K.D. & Wilson, K.G. (1999). Acceptance and commitment therapy: An experiential approach to behavior change. New York: Guilford.

Hayes, S.C. & Shenk, C. (2004): Operationalizing mindfulness without unnecessary attachments. Clinical Psychology: Science and Practise, 11(3), 249-254.

Heidenreich, T. & Michalak, J. (2003). Deutsche Fassung der Minful Attention Awareness Scale (MAAS). Unveröffentlichtes Manuskript, Universität Frankfurt.

Heidenreich, T. & Michalak, J. (2004). Achtsamkeit und Akzeptanz in der Psychotherapie. Tübingen: DGVT-Verlag.

Heidenreich, T. & Michalak, J. (2006): Achtsamkeit und Akzeptanz in der Psychotherapie. Gegenwärtiger Forschungsstand und Forschungsentwicklung. Zeitschrift für Psychiatrie, Psychologie und Psychotherapie, 54, 241-253.

Heidenreich, T. & Tuin, I., Pflug, B., Michal, M. & Michalak, J. (2006). Mindfulness-based cognitive therapy for persistent insomnia: A pilot study. Psychotherapy and Psychosomatics, 75, 188-189.

Jain, S., Shapiro, S.L., Swanick, S., Roesch, S.C., Mills, J.P., Bell, I. & Schwartz, E.R. (2007). A Randomized Controlled Trial of Mindfulness Meditation versus Relaxation Training: Effects on Distress, Positive States of Mind, Rumination and Distraction. Annals of Behavior Medicine, 33, 11-21.

Kabat-Zinn, J. (1990). Full Catastrophe Living: Using the Wisdom of Your Body and Mind to Face Stress, Pain and Illness. New York: Delacorte Press.

Kabat-Zinn, J. (2006). Gesund durch Meditation. Das große Buch der Selbstheilung. Frankfurt am Main, Fischer Taschenbuch Verlag.

Kabat-Zinn, J., Massion, A.O., Kristeller, J., Peterson, L.G., Fletcher, K.E., Pbert, L., Lenderking, W.R. & Santorelli, S.F. (1992). Effectiveness of a meditation-based stress reduction program in the treatment of anxiety disorders. The American Journal of Psychiatry, 149, 936-943.

Kaluza, G. (1996). Gelassen und sicher im Stress. Psychologisches Programm zur Gesundheitsförderung. Berlin: Springer Verlag.

Kaluza, G. (2006). Belastungsbewältigung und Gesundheit. Zeitschrift für Medizinische Psychologie, 5, 147-155.

Kaluza, G. (2007). Evaluation von Stressbewältigungstrainings in der primären Prävention – eine Metaanalyse (quasi)experimenteller Feldstudien. Zeitschrift für Medizinische Psychologie, 5, 149-169.

Kenny, D. (2006). Mediation. URL: http://davidakenny.net/cm/mediate.htm [28.02.2008].

Kornfield, J. (1987): Aspekte einer Theorie und Praxis der Meditation. In R.N. Walsh & F. Vaughan (Hrsg.), Psychologie in der Wende. Grundlagen, Methoden und Ziele der Transpersonalen Psychologie. Eine Einführung in die Psychologie des Neuen Bewusstseins (S. 172-176). Reinbek: Rowohlt.

Kornfield, J. & Breiter, P. (Hrsg.) (1996). Ein stiller Waldteich. Die Erkenntnismeditation von Ajahn Chah. Berlin:Theseus.

Krohne, H.W., Schumacher, A. & Egloff, B. (1992). Das Angstbewältigungsinventar (ABI). Mainzer Berichte zur Persönlichkeitsforschung No. 41. Mainz: Johannes-Gutenberg-Universität.

Krohne, H.W. & Egloff, B. (1999). Das Angstbewältigungs-Inventar (ABI). Manual. Frankfurt am Main: Swets Test Services.

Lazarus, R.S. & Folkman, S. (1984). Stress, appraisal and coping. New York: Springer Verlag.

Linehan, M. (1996). Dialektisch-behaviorale Therapie der Borderline-Persönlichkeitsstörung. München: CIP-Medien.

Ma, S.H. & Teasdale, J.D. (2004). Mindfulness-based cognitive therapy for depression: Replication and exploration of differential relapse prevention effects. Journal of Consulting and Clinical Psychology, 72, 31-40.

McMullen, J., Barnes-Holmes, D., Barnes-Holmes, Y., Stewart, I., Luciano, C. & Cochrane, A. (2008). Acceptance versus distraction. Brief instructions, metaphors and exercises in increasing tolerance for self-delivered electric shocks. Behaviour Research and Therapy, 46, 122-129.

Meibert, P., Michalak, J. und Heidenreich, T. (2006). Stressbewältigung durch Achtsamkeit. Mindfulness-Based Stress Reduction (MBSR). Psychotherapie im Dialog, 3, 273-279.

Miller, J.J., Fletcher, K.E. & Kabat-Zinn, J. (1995). Three-year followup and clinical implications of a mindfulness meditation-based stress reduction intervention in the treatment of anxiety disorders. General Hospital Psychiatry, 17, 192-200.

Paetow, B.-P. (2004). Nicht-Identität als Bezugspunkt von Bildungsprozessen. Eine interkulturelle Studie zum (Mahayana-) Buddhismus aus erziehungswissenschaftlicher Sicht. Unveröffentlichte Dissertation. Universität Bielefeld.

Pearlin, L.I. (1989). The sociological study of stress. Journal of Health and Social Behavior, 30, 241-256.

Pinquart, M. (2006). Sozialpsychologische Grundlagen. In: H.-U. Wittchen & J. Hoyer (Hrsg.). Klinische Psychologie und Psychotherapie. Heidelberg: Springer Verlag.

Reimann, S. & Pohl, J. (2006). Stressbewältigung. In B. Renneberg & P. Hammelstein (Hrsg.) (2006), Gesundheitspsychologie, Heidelberg: Springer Medizin Verlag.

Rief, W. & Nanke, A. (2003). Psychologische Grundkonzepte der Verhaltensmedizin. In U. Ehlert (Hrsg.): Verhaltensmedizin. Berlin: Springer Verlag.

Selye, H. (1956). Einführung in die Lehre vom Adaptationssyndrom. Stuttgart: Thieme. Schulz, P. (2005). Stress- und Copingtheorien. In R. Schwarzer (Hrsg.), Enzyklopädie der Psychologie: Themenbereich C, Theorie und Forschung, Serie 10, Bd. 1. Göttingen: Hogrefe Verlag.

Schumann, H.W. (2000): Handbuch Buddhismus. Die zentralen Lehren: Ursprung und Gegenwart. Kreuzlingen/ München: Diederichs.

Segal, Z.V., Williams, J.M.G. & Teasdale, J.D. (2002). Mindfulness-based cognitive therapy for depression: A new approach to preventing relapse. New York: Guilford.

Shapiro, S.L., Schwartz, G.E. & Bonner, G. (1998). Effects on mindulness-based stress reduction on medical and premedical students. Journal of Behavioral Medicine, 21, 581-599.

Speca, M., Carlson, L.E., Goodey, E. & Angen, M. (2000). A randomized, wait-list controlled clinical trial: The effect of a mindfulness meditation-based stress reduction program on mood and symptoms of stress in cancer outpatients. Psychosomatic Medicine, 62, 613-622.

Ströhle, G. (2004). Deutsche Fassung des Kentucky Inventory of Minfulness Skills (KIMS). Unveröffentlichtes Manuskript. Universität Jena.

Ströhle, G. (2006). Empirische Erfassung der Achtsamkeit: ein Vergleich der deutschsprachigen Achtsamkeitsskalen. Diplomarbeit, Universität Jena

Teasdale, J.D., Segal, Z.V., Williams, J.M., Ridgeway, V.A., Soulsby, J.M. & Lau, M.A. (2000). Prevention of relapse/recurrence in major depression by mindfulness-based cognitive therapy. Journal of Consulting and Clinical Psychology, 68, 615-623.

Teasdale, J.D., Moore, R.G., Hayhurst, H., Pope, M., Williams, S. & Segal, Z.V. (2002). Metacognitive awareness and prevention of relapse in depression: Empirical evidence. Journal of Consulting and Clinical Psychology, 70, 275-287.

Thera, N. (1989). Satipatthana: Geistestraining durch Achtsamkeit. URL: http://www.palikanon.com/diverses/satipatthana/satipatthana.html [29.06.2006].

Vollrath, M. & Torgersen, S. (2000). Personality types and coping. Personality and Individual Differences, 29, 367-378.

Vollrath, M. (2000). Übersetzung des COPE. Unveröffentlichtes Manuskript. Universität Zürich. Walach, H., Buchheld, N., Buttenmüller, V., Kleinknecht, N., Grossman, P. & Schmidt, S. (2004).

Empirische Erfassung der Achtsamkeit: Konstruktion des Freiburger Fragebogens zur Achtsamkeit (FFA) und weitere Validierungsstudien. In T. Heidenreich & J. Michalak (Hrsg.), Achtsamkeit und Akzeptanz in der Psychotherapie. Tübingen: DGVT-Verlag.

Tabellenanhang

Tabelle A-1. Test auf Normalverteilung

Kolmogorov-Smirnov-Anpassungstest

	Achtsamkeit (FFA)	General Symptom Index (GSI)	Akzeptanz	Substanzgebrauch	Aufgeben von Zielen	Verleugnen	Gefühlen freien Lauf lassen	Humor	Selbstablenkung	Aktives Handeln	Planen	Positive Neubewertung	Zuwendung zum Glauben	Zurückhaltung	Sich zurückziehen	Instrumentelle soziale Unterstützung	Emotionale soziale Unterstützung	COPE_AP	COPE_PV	Verneindung	Kognitive Vigilanz
N	143	142	143	143	143	143	143	143	143	143	143	143	143	143	143	143	143	143	143	143	143
Parameter der Normalverteilung[a,b] Mittelwert	23,78	16,09	9,26	3,86	3,03	2,26	7,79	5,60	6,47	10,56	11,80	9,91	3,02	8,32	9,45	9,71	9,82	84,43	23,40	10,15	11,94
Standardabweichung	5,407	12,104	3,169	4,667	2,357	2,272	3,753	3,625	2,783	2,422	2,440	2,950	4,497	2,408	2,772	3,009	4,229	13,594	9,320	4,044	4,269
Extremste Differenz Absolut	,079	,128	,090	,212	,130	,178	,091	,112	,084	,117	,156	,100	,302	,114	,137	,100	,107	,065	,097	,124	,086
Positiv	,040	,128	,057	,212	,130	,178	,087	,112	,084	,074	,080	,064	,302	,096	,072	,068	,107	,038	,097	,062	,062
Negativ	-,079	-,104	-,090	-,204	-,100	-,160	-,091	-,061	-,073	-,117	-,156	-,100	-,251	-,114	-,137	-,100	-,098	-,065	-,055	-,124	-,086
Kolmogorov-Smirnov-Z	,947	1,520	1,072	2,540	1,552	2,134	1,083	1,334	1,009	1,400	1,860	1,192	3,606	1,369	1,643	1,195	1,261	,777	1,156	1,485	1,032
Asymptotische Signifikanz (2-seitig)	,331	,020	,201	,000	,016	,000	,192	,057	,261	,040	,002	,116	,000	,047	,009	,115	,075	,582	,138	,024	,237

[a] Die zu testende Verteilung ist eine Normalverteilung.
[b] Aus den Daten berechnet.

Tabelle A-2. Unterschiede zwischen Hoch- und Niedrigachtsamen

	Aktives Handeln	Planen	Nebensächliches zurückstellen	Zurückhaltung	Instrumentelle soziale Unterstützung	Emotionale soziale Unterstützung	Positive Neubewertung	Akzeptanz	Humor	Verleugnen	Selbstablenkung	Aufgeben von Zielen	Gefühlen freien Lauf lassen	Substanzgebrauch
Mann-Whitney-U	1780.000	1693.000	2184.000	2195.000	2442.000	2413.000	1305.500	1243.000	2204.000	2320.000	2168.500	2036.000	1773.500	2419.000
Wilcoxon-W	4706.000	4619.000	5110.000	5121.000	4720.000	4691.000	4231.500	4168.000	5130.000	4598.000	5094.500	4314.000	4051.500	4697.000
Z	-3.128	-3.487	-1.475	-1.434	-.423	-.541	-5.049	-5.297	-1.380	-.930	-1.536	-2.085	-3.135	-.531
Asymptotische Signifikanz (2-seitig)	.002	.000	.140	.152	.672	.588	.000	.000	.165	.352	.125	.037	.002	.595

[a] Gruppenvariable: NTILES of FFA

Tabelle A-3. Korrelationskoeffizienten der normalverteilten Variablen

Korrelationen

		Achtsamkeit (FFA)	Akzeptanz	Gefühle in freien Lauf lassen	Humor	Selbstablenkung	Positive Neubewertung	Instrum entelle soziale Unterst ützung	Emotio nale soziale Unterst ützung	COPE_AP	COPE_PV
Achtsamkeit (FFA)	Korrelation nach Pearson	1	,495**	-,297**	,276**	,146	,562**	-,031	-,026	,474**	-,133
	Signifikanz (2-seitig)		,000	,000	,001	,081	,000	,715	,754	,000	,114
	N	143	143	143	143	143	143	143	143	143	143
Akzeptanz	Korrelation nach Pearson	,495**	1	-,142	,267**	,202*	,406**	,089	,147	,578**	,010
	Signifikanz (2-seitig)	,000		,091	,001	,016	,000	,289	,081	,000	,909
	N	143	143	143	143	143	143	143	143	143	143
Gefühlen freien Lauf lassen	Korrelation nach Pearson	-,297**	-,142	1	-,106	,062	-,282**	,268**	,339**	-,066	,546**
	Signifikanz (2-seitig)	,000	,091		,209	,328	,001	,001	,000	,418	,000
	N	143	143	143	143	143	143	143	143	143	143
Humor	Korrelation nach Pearson	,276**	,267**	-,106	1	,173*	,119	,048	,109	,430**	,165*
	Signifikanz (2-seitig)	,001	,001	,209		,039	,158	,569	,194	,000	,049
	N	143	143	143	143	143	143	143	143	143	143
Selbstablenkung	Korrelation nach Pearson	,146	,202*	,082	,173*	1	-,003	,141	,219**	,069	,514**
	Signifikanz (2-seitig)	,081	,016	,328	,039		,968	,093	,009	,414	,000
	N	143	143	143	143	143	143	143	143	143	143
Positive Neubewertung	Korrelation nach Pearson	,562**	,406**	-,282**	,119	-,003	1	,203*	,020	,612**	-,189*
	Signifikanz (2-seitig)	,000	,000	,001	,158	,968		,015	,812	,000	,024
	N	143	143	143	143	143	143	143	143	143	143
Instrumentelle soziale Unterstützung	Korrelation nach Pearson	-,031	,089	,268**	,048	,141	,203*	1	,541**	,526**	,220**
	Signifikanz (2-seitig)	,715	,289	,001	,569	,093	,015		,000	,000	,008
	N	143	143	143	143	143	143	143	143	143	143
Emotionale soziale Unterstützung	Korrelation nach Pearson	-,026	,147	,339**	,109	,219**	,020	,541**	1	,461**	,340**
	Signifikanz (2-seitig)	,754	,081	,000	,194	,009	,812	,000		,000	,000
	N	143	143	143	143	143	143	143	143	143	143
COPE_AP	Korrelation nach Pearson	,474**	,578**	-,066	,430**	,069	,612**	,526**	,461**	1	-,003
	Signifikanz (2-seitig)	,000	,000	,418	,000	,414	,000	,000	,000		,971
	N	143	143	143	143	143	143	143	143	143	143
COPE_PV	Korrelation nach Pearson	-,133	,010	,546**	,165*	,514**	-,189*	,220**	,340**	-,003	1
	Signifikanz (2-seitig)	,114	,909	,000	,049	,000	,024	,008	,000	,971	
	N	143	143	143	143	143	143	143	143	143	143

** Die Korrelation ist auf dem Niveau von 0,01 (2-seitig) signifikant.
* Die Korrelation ist auf dem Niveau von 0,05 (2-seitig) signifikant.

Tabelle A-4. Korrelationskoeffizienten der nicht-normalverteilten Variablen

Korrelationen

Spearman-Rho			Achtsamkeit (FFA)	Substanzgebrauch	Aufgeben von Zielen	Verleugnen	Aktives Handeln	Planen	Zurückhaltung	Nebensächliches zurückstellen	Zuwendung zum Glauben
Achtsamkeit (FFA)	Korrelationskoeffizient		1,000	,015	-,149	-,017	,277**	,278**	,188*	,090	,176*
	Sig. (2-seitig)		.	,860	,077	,838	,001	,001	,024	,288	,036
	N		143	143	143	143	143	143	143	143	143
Substanzgebrauch	Korrelationskoeffizient		,015	1,000	,166*	,222**	-,076	-,063	-,117	-,010	,020
	Sig. (2-seitig)		,860	.	,047	,008	,370	,455	,164	,910	,817
	N		143	143	143	143	143	143	143	143	143
Aufgeben von Zielen	Korrelationskoeffizient		-,149	,166*	1,000	,318**	-,431**	-,442**	,146	-,323**	-,096
	Sig. (2-seitig)		,077	,047	.	,000	,000	,000	,082	,000	,308
	N		143	143	143	143	143	143	143	143	143
Verleugnen	Korrelationskoeffizient		-,017	,222**	,318**	1,000	-,129	-,206*	,038	,006	-,055
	Sig. (2-seitig)		,838	,008	,000	.	,123	,012	,654	,945	,516
	N		143	143	143	143	143	143	143	143	143
Aktives Handeln	Korrelationskoeffizient		,277**	-,076	-,431**	-,129	1,000	,599**	,110	,349**	,145
	Sig. (2-seitig)		,001	,370	,000	,123	.	,000	,189	,000	,084
	N		143	143	143	143	143	143	143	143	143
Planen	Korrelationskoeffizient		,278**	-,063	-,442**	-,206*	,599**	1,000	,253**	,479**	,183*
	Sig. (2-seitig)		,001	,455	,000	,012	,000	.	,002	,000	,029
	N		143	143	143	143	143	143	143	143	143
Zurückhaltung	Korrelationskoeffizient		,188*	-,117	,146	,038	,110	,253**	1,000	,220**	,190*
	Sig. (2-seitig)		,024	,164	,082	,654	,189	,002	.	,008	,023
	N		143	143	143	143	143	143	143	143	143
Nebensächliches zurückstellen	Korrelationskoeffizient		,090	-,010	-,323**	,006	,349**	,479**	,220**	1,000	,056
	Sig. (2-seitig)		,288	,910	,000	,945	,000	,000	,008	.	,506
	N		143	143	143	143	143	143	143	143	143
Zuwendung zum Glauben	Korrelationskoeffizient		,176*	,020	-,096	-,055	,145	,183*	,190*	,056	1,000
	Sig. (2-seitig)		,036	,817	,308	,516	,084	,029	,023	,506	.
	N		143	143	143	143	143	143	143	143	143

** Die Korrelation ist auf dem 0,01 Niveau signifikant (zweiseitig).
* Die Korrelation ist auf dem 0,05 Niveau signifikant (zweiseitig).

Tabelle A-5. Testung des Mediatormodells mit der Strategie *Aktives Handeln* als Mediator

Koeffizienten [a]

Modell		Nicht standardisierte Koeffizienten		Standardisierte Koeffizienten	T	Signifikanz	Kollinearitätsstatistik	
		B	Standardfehler	Beta			Toleranz	VIF
1	(Konstante)	31,941	4,389		7,278	,000		
	Achtsamkeit (FFA)	-,667	,180	-,299	-3,703	,000	1,000	1,000
2	(Konstante)	35,874	5,256		6,825	,000		
	Achtsamkeit (FFA)	-,575	,192	-,258	-2,996	,003	,875	1,143
	Aktives Handeln	-,578	,428	-,116	-1,351	,179	,875	1,143

a. Abhängige Variable: General Symptom Index (GSI)

Tabelle A-6. Testung des Mediatormodells mit der Strategie *Positive Neubewertung* als Mediator

Koeffizienten [a]

Modell		Nicht standardisierte Koeffizienten		Standardisierte Koeffizienten	T	Signifikanz	Kollinearitätsstatistik	
		B	Standardfehler	Beta			Toleranz	VIF
1	(Konstante)	31,941	4,369		7,278	,000		
	Achtsamkeit (FFA)	-,667	,180	-,299	-3,703	,000	1,000	1,000
2	(Konstante)	32,806	4,519		7,259	,000		
	Achtsamkeit (FFA)	-,567	,218	-,254	-2,603	,010	,685	1,459
	Positive Neubewertung	-,328	,400	-,080	-,819	,414	,685	1,459

a. Abhängige Variable: General Symptom Index (GSI)

Tabelle A-7. Testung des Mediatormodells mit der Strategie *Gefühlen freien Lauf lassen* als Mediator

Koeffizienten [a]

Modell		Nicht standardisierte Koeffizienten		Standardisierte Koeffizienten	T	Signifikanz	Kollinearitätsstatistik	
		B	Standardfehler	Beta			Toleranz	VIF
1	(Konstante)	31,941	4,389		7,278	,000		
	Achtsamkeit (FFA)	-,667	,180	-,299	-3,703	,000	1,000	1,000
2	(Konstante)	25,276	5,530		4,571	,000		
	Achtsamkeit (FFA)	-,561	,187	-,251	-3,004	,003	,914	1,094
	Gefühlen freien Lauf lassen	,528	,271	,163	1,949	,053	,914	1,094

a. Abhängige Variable: General Symptom Index (GSI)

Tabelle A-8. Testung des Mediatormodells mit den Strategien *Aktives Handeln*, *Positive Neubewertung* und *Gefühlen freien Lauf lassen* als Mediatoren

Koeffizienten [a]

Modell		Nicht standardisierte Koeffizienten		Standardisierte Koeffizienten	T	Signifikanz	Kollinearitätsstatistik	
		B	Standardfehler	Beta			Toleranz	VIF
1	(Konstante)	31,941	4,389		7,278	,000		
	Achtsamkeit (FFA)	-,657	,180	-,299	-3,703	,000	1,000	1,000
2	(Konstante)	29,451	6,382		4,615	,000		
	Achtsamkeit (FFA)	-,445	,223	-,199	-1,994	,048	,640	1,563
	Aktives Handeln	-,518	,435	-,104	-1,190	,236	,837	1,195
	Positive Neubewertung	-,126	,409	-,031	-,308	,758	,644	1,552
	Gefühlen freien Lauf lassen	,502	,274	,155	1,836	,069	,897	1,115

[a] Abhängige Variable: General Symptom Index (GSI)

Tabelle A-9. Testung des Moderatormodells mit Achtsamkeit als Moderator und COPE-pv als Prädikor

Modellzusammenfassung

Modell	R	R-Quadrat	Korrigiertes R-Quadrat	Standardfehler des Schätzers	Änderungsstatistiken				
					Änderung in R-Quadrat	Änderung in F	df1	df2	Änderung in Signifikanz von F
1	,364[a]	,133	,120	,93799464	,133	10,629	2	139	,000
2	,392[b]	,153	,135	,93011605	,021	3,364	1	138	,069

a. Einflußvariablen: (Konstante), Z-Wert(COPE_PV), Z-Wert: Achtsamkeit (FFA)
b. Einflußvariablen: (Konstante), Z-Wert(COPE_PV), Z-Wert: Achtsamkeit (FFA), FFAXCOPV

Koeffizienten [a]

Modell		Nicht standardisierte Koeffizienten		Standardisierte Koeffizienten	T	Signifikanz	Kollinearitätsstatistik	
		B	Standardfehler	Beta			Toleranz	VIF
1	(Konstante)	-,001	,079		-,007	,994		
	Z-Wert: Achtsamkeit (FFA)	-,270	,080	-,270	-3,391	,001	,982	1,018
	Z-Wert(COPE_PV)	,210	,079	,210	2,639	,009	,982	1,018
2	(Konstante)	-,020	,079		-,260	,795		
	Z-Wert: Achtsamkeit (FFA)	-,256	,079	-,256	-3,225	,002	,973	1,028
	Z-Wert(COPE_PV)	,222	,079	,222	2,804	,006	,975	1,026
	FFAXCOPV	-,149	,081	-,145	-1,834	,069	,986	1,015

a. Abhängige Variable Z-Wert: General Symptom Index (GSI)

Tabelle A-10. Testung des Moderatormodells mit Achtsamkeit als Moderator und der Strategie *Aufgeben von Zielen* als Prädikor

Koeffizienten [a]

Modell		Nicht standardisierte Koeffizienten		Standardisierte Koeffizienten	T	Signifikanz	Kollinearitätsstatistik	
		B	Standardfehler	Beta			Toleranz	VIF
1	(Konstante)	-,001	,060		-,012	,991		
	Z-Wert: Achtsamkeit (FFA)	-,287	,081	-,268	-3,545	,001	,985	1,015
	Z-Wert: Aufgeben von Zielen	,089	,081	,090	1,103	,272	,985	1,015
2	(Konstante)	-,015	,081		-,162	,856		
	Z-Wert: Achtsamkeit (FFA)	-,289	,081	-,290	-3,576	,000	,985	1,015
	Z-Wert: Aufgeben von Zielen	,093	,081	,094	1,155	,250	,964	1,016
	FFAXAUF	-,114	,090	-,102	-1,265	,208	,998	1,002

[a] Abhängige Variable: Z-Wert: General Symptom Index (GSI)

Tabelle A-11. Testung des Moderatormodells mit Achtsamkeit als Moderator und der Strategie *Emotionale soziale Unterstützung* als Prädikor

Koeffizienten [a]

Modell		Nicht standardisierte Koeffizienten		Standardisierte Koeffizienten	T	Signifikanz	Kollinearitätsstatistik	
		B	Standardfehler	Beta			Toleranz	VIF
1	(Konstante)	-,002	,080		-,023	,982		
	Z-Wert: Achtsamkeit (FFA)	-,296	,080	-,297	-3,680	,000	,999	1,001
	Z-Wert: Emotionale soziale Unterstützun	,092	,081	,092	1,141	,256	,999	1,001
2	(Konstante)	-,004	,080		-,047	,962		
	Z-Wert: Achtsamkeit (FFA)	-,314	,083	-,314	-3,794	,000	,947	1,056
	Z-Wert: Emotionale soziale Unterstützun	,100	,081	,100	1,233	,220	,988	1,012
	FFAXESU	-,082	,088	-,078	-,932	,353	,936	1,068

[a]. Abhängige Variable: Z-Wert: General Symptom Index (GSI)

Tabelle A-12. Scree-Test

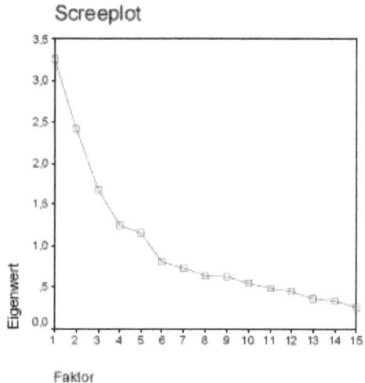

Tabelle A-13. Rotierte Ladungsmatrix des 2-Faktorenmodells

Rotierte Faktorenmatrix [a]

	Faktor 1	Faktor 2
Achtsamkeit (FFA)	,709	-,041
Positive Neubewertung	,692	-,126
Akzeptanz	,636	,221
Aktives Handeln	,542	-,413
Zurückhaltung	,394	,001
Humor	,317	,196
Gefühlen freien Lauf lassen	-,247	,244
Aufgeben von Zielen	-,089	,675
Planen	,465	-,592
Selbstablenkung	,150	,536
Nebensächliches zurückstellen	,225	-,476
Emotionale soziale Unterstützung	,130	,383
Verleugnen	,036	,364
Instrumentelle soziale Unterstützung	,211	,245
Substanzgebrauch	-,021	,240

Extraktionsmethode: Hauptachsen-Faktorenanalyse.
Rotationsmethode: Varimax mit Kaiser-Normalisierung.
[a] Die Rotation ist in 3 Iterationen konvergiert.

Fragebögen

FRAGEBOGEN

UNIVERSITÄT LEIPZIG
Institut Psychologie II

Persönlichkeitspsychologie
und psychologische
Diagnostik

PD Dr. Marcus Roth
& Franziska Thieme

Seeburgstraße 14/20
04103 Leipzig
franzi.thieme@gmx.de

Liebe Teilnehmerin, lieber Teilnehmer,

zunächst herzlichen Dank, dass Sie zur Teilnahme an dieser psychologischen Untersuchung zum Thema „Achtsamkeit und Stressbewältigung" bereit sind.

Für die Untersuchung möchten wie Sie bitten, den nachfolgenden Fragebogen auszufüllen. Kreuzen Sie bitte immer die Antwortmöglichkeit an, die auf Sie persönlich zutrifft. Auch wenn Ihnen einmal die Entscheidung schwer fallen sollte, dann nehmen Sie bitte die Antwort, die noch am ehesten auf Sie zutrifft.

Wichtig: Die Befragung ist völlig <u>anonym</u>, bitte schreiben Sie deshalb auch <u>keinen</u> Namen auf den Fragebogen.

Sie sind interessiert an den Ergebnissen der Untersuchung? Dann wenden Sie sich bitte an franzi.thieme@gmx.de

Antworten Sie bitte <u>ehrlich</u> und so spontan wie möglich – meist ist die Antwort, die Ihnen <u>zuerst in den Sinn</u> kommt, auch die passendste.

Vielen Dank für Ihre Teilnahme!

FRAGEBOGEN

Alter _____ Jahre

Geschlecht ○ weiblich ○ männlich

Falls Sie studieren: Studiengang _____

Semesterzahl _____

Welchen Schulabschluss haben Sie?

○ ohne Abschluss

○ Abitur ohne abgeschlossenes Studium

○ mittlere Reife/ Realschule

○ Hauptschule/ 8. Klasse

○ POS/ 10. Klasse

○ Fachschule ohne Anerkennung

○ abgeschlossenes HS-/FHS-Studium

○ sonstiges: _____

Familienstand ○ ledig

○ verwitwet

○ verheiratet

○ geschieden

○ in fester Beziehung

Haben Sie Kinder? ○ Nein ○ Ja

Machen Sie zurzeit Psychotherapie oder nehmen Sie an einem Kurs (Autogenes Training, Tai Chi etc.) teil?

○ Nein

○ Ja, und zwar:

Üben Sie Meditation aus?

O Nein

O Ja Falls ja: Wie häufig? _____ x /pro Woche

Seit wann? _____ Jahre

Welche Form der Meditation? _____

Üben Sie regelmäßig ein körperliches Entspannungsverfahren (Autogenes Training, Progressive Muskelrelaxation etc.) aus?

O Nein

O Ja, und zwar: _____

Freiburger Fragebogen zur Achtsamkeit (FFA) - Kurzversion

Dieser Fragebogen soll Ihre Achtsamkeit erfassen. Bitte beziehen Sie dabei die Aussagen auf die letzten 7 Tage. Kreuzen Sie bitte bei jeder Frage die Antwort an, die am besten auf Sie zutrifft.

Wir möchten Sie bitten, so ehrlich und spontan wie möglich zu antworten. Es gibt keine „richtigen" oder „falschen" und keine „guten" oder „schlechten" Antworten. Ihre persönlichen Erfahrungen sind uns wichtig.

Vielen Dank für Ihr Bemühen!

		fast nie	eher selten	relativ oft	fast immer
1.	Ich bin offen für die Erfahrung des Augenblicks.	❏	❏	❏	❏
2.	Ich spüre in meinen Körper hinein, sei es beim Essen, Kochen, Putzen, Reden.	❏	❏	❏	❏
3.	Wenn ich merke, dass ich abwesend war, kehre ich sanft zur Erfahrung des Augenblicks zurück.	❏	❏	❏	❏
4.	Ich kann mich selbst wertschätzen.	❏	❏	❏	❏
5.	Ich achte auf die Motive meiner Handlungen.	❏	❏	❏	❏
6.	Ich sehe meine Fehler und Schwierigkeiten, ohne mich zu verurteilen.	❏	❏	❏	❏
7.	Ich bin in Kontakt mit meinen Erfahrungen, hier und jetzt.	❏	❏	❏	❏
8.	Ich nehme unangenehme Erfahrungen an.	❏	❏	❏	❏
9.	Ich bin mir selbst gegenüber freundlich, wenn Dinge schieflaufen.	❏	❏	❏	❏
10.	Ich beobachte meine Gefühle, ohne mich in ihnen zu verlieren.	❏	❏	❏	❏
11.	In schwierigen Situationen kann ich innehalten.	❏	❏	❏	❏
12.	Ich erlebe Momente innerer Ruhe und Gelassenheit, selbst wenn äußerlich Schmerzen und Unruhe da sind.	❏	❏	❏	❏
13.	Ich bin ungeduldig mit mir und meinen Mitmenschen.	❏	❏	❏	❏
14.	Ich kann darüber lächeln, wenn ich sehe, wie ich mir manchmal das Leben schwer mache.	❏	❏	❏	❏

Bitte überprüfen Sie noch einmal, ob Sie auch keine Zeile ausgelassen haben!

Im Folgenden finden Sie Aussagen, die Einstellungen und Verhaltensweisen betreffen. Bitte geben Sie jeweils an, wie häufig diese Aussagen im letzten halben Jahr auf Sie zutrafen.

Vielen Dank für Ihre Mitarbeit!

		fast nie	selten	manchmal	häufig	fast immer
1.	Ich mag Situationen, in denen vor Aufregung mein Herz klopft.	☐	☐	☐	☐	☐
2.	Ich mag es, wenn ich die Grenzen meines Körpers austeste.	☐	☐	☐	☐	☐
3.	Ich kenne das Gefühl, dass ich irgendwie aufgeputscht oder stimuliert werden möchte.	☐	☐	☐	☐	☐
4.	Ich habe es gerne, wenn ich „voll unter Strom" stehe.	☐	☐	☐	☐	☐
5.	Ich spüre gerne die Spannung in meinem Körper.	☐	☐	☐	☐	☐
6.	Ich bevorzuge starke und eindringliche Erlebnisse.	☐	☐	☐	☐	☐
7.	Ich brauche manchmal den „Kick", um mich wohlzufühlen.	☐	☐	☐	☐	☐
8.	Ich mag es, mich in Ruhe auszuspannen.	☐	☐	☐	☐	☐
9.	Ich kann es genießen, wenn eine Weile einfach nichts passiert.	☐	☐	☐	☐	☐
10.	Sich völlig von der Umwelt abzuschotten, kann ein angenehmes Gefühl sein.	☐	☐	☐	☐	☐
11.	Ich mag es, einfach dazusitzen und die Ruhe zu genießen.	☐	☐	☐	☐	☐
12.	Ich kenne das Gefühl, dass ich zu viele Eindrücke von außen bekomme und mich zurückziehen möchte.	☐	☐	☐	☐	☐
13.	Ich mag es, meinen Körper vor Aufregung zu spüren.	☐	☐	☐	☐	☐
14.	Ich mag es, mich aufgedreht oder aufgekratzt zu fühlen.	☐	☐	☐	☐	☐
15.	Es gibt Situationen, in denen kann ich gar nicht genug Eindrücke von außen bekommen.	☐	☐	☐	☐	☐
16.	Ich mag es, starken Eindrücken ausgesetzt zu sein.	☐	☐	☐	☐	☐
17.	Ich mag es, einmal gar nicht zu tun und gar nichts zu erleben.	☐	☐	☐	☐	☐

NISS-T17

ABI-E-R

Nr.:_____   Geschlecht: _____   Alter: _____   Datum:

_____

Auf den folgenden Seiten sind einige Situationen aufgeführt, die Sie entweder in der einen oder anderen Form schon einmal selbst erlebt haben oder sich in Gedanken ausmalen können.

Zu jeder Situation finden Sie eine Anzahl von Sätzen. Diese enthalten Gedanken, Gefühle oder Vorstellungen, die in derartigen Situationen auftreten können. Hinter jedem Satz stehen zwei Antwortmöglichkeiten, nämlich "trifft zu" und "trifft nicht zu".

Versuchen Sie nun bitte, sich in diese Situation zu versetzen. Kreuzen Sie dann bitte in dem jeweiligen Kreis an, ob die aufgeführten Gedanken, Gefühle oder Vorstellungen gewöhnlich eher auf sie zutreffen oder nicht.

Bitte beantworten Sie jeden Satz. Im übrigen gibt es keine richtigen und falschen Antworten.

Copyright: Abteilung Persönlichkeitspsychologie, Psychologisches Institut der Johannes Gutenberg-Universität Mainz

1. Stellen Sie sich vor, daß Sie in Kürze (d.h. in etwa einer Stunde) einen Bericht vor einer Gruppe von Personen (z.B. anderen Teilnehmern eines Seminars oder Lehrgangs, Eltern auf einer Versammlung in der Schule) vortragen sollen.

In dieser Situation...

	trifft zu	trifft nicht zu
1. ... gehe ich vorher noch einmal die einzelnen Punkte durch, die ich vortragen will.	O	O
2. ... sage ich mir: "Es wird schon alles gut laufen."	O	O
3. ... befasse ich mich nicht mehr mit dem bevorstehenden Vortrag.	O	O
4. ... überlege ich mir, was ich tun kann, wenn ich beim Vortrag aus dem Konzept kommen sollte.	O	O
5. ... bin ich wesentlich angespannter als viele meiner Bekannten.	O	O
6. ... unterhalte ich mich lieber noch etwas mit guten Bekannten über andere Dinge als über den Vortrag.	O	O
7. ... überlege ich mir, welche Fragen nach dem Vortrag vielleicht noch gestellt werden.	O	O
8. ... bleibe ich ganz ruhig.	O	O
9. ... rufe ich mir ins Gedächtnis, welche Tips mir Freunde oder Bekannte gaben, die schon mal einen ähnlichen Bericht vorgetragen haben.	O	O
10. ... sage ich mir: "Ich bin schon mit ganz anderen Situationen fertig geworden."	O	O

2. Stellen Sie sich vor, daß Sie am nächsten Morgen eine wichtige Prüfung haben.

In dieser Situation…

	trifft zu	trifft nicht zu
1. … stelle ich mir vor, daß ich durch unerwartete Fragen überrascht werden könnte.	O	O
2. … beschäftige ich mich nicht mehr mit der Prüfung, sondern mache etwas anderes (gehe z.B. ins Kino).	O	O
3. … erinnere ich mich an frühere Prüfungen.	O	O
4. … bleibe ich ruhiger als viele meiner Bekannten.	O	O
5. … sage ich mir, daß die Prüfung wohl einen fairen Verlauf nehmen wird.	O	O
6. … gehe ich den Fragenkatalog, den ich mir besorgt habe, noch einmal durch.	O	O
7. … sage ich mir: "Die Prüfung werde ich auf jeden Fall bestehen."	O	O
8. … frage ich noch einmal meine Freunde, die die Prüfung schon hinter sich haben, welche Fragen gestellt wurden.	O	O
9. … sage ich mir: "Ich bin schon mit schwierigeren Situationen fertig geworden."	O	O
10. … überlege ich, was ich tun kann, falls ich mit einigen Fragen nicht so gut zurechtkomme.	O	O

3. Stellen Sie sich vor, Sie haben sich um eine Stelle beworben und in wenigen Minuten beginnt Ihr Bewerbungsgespräch.

In dieser Situation…

	trifft zu	trifft nicht zu
1. … fallen mir Dinge ein, die ich zur besseren Vorbereitung auf das Gespräch noch hätte machen können.	O	O
2. … überlege ich mir, wie ich mich verhalten kann, wenn das Gespräch eine kritische Wendung nimmt.	O	O
3. … bleibe ich ganz entspannt.	O	O
4. … wende ich mich anderen Dingen zu (betrachte mir z.B. die Bilder, die auf dem Gang aushängen, lese ausliegende Zeitschriften u.ä.).	O	O
5. … sage ich mir: "Es wird schon nicht so schlimm werden".	O	O
6. … lese ich mir noch einmal genau den Text der Stellenanzeige durch.	O	O
7. … erinnere ich mich an ähnliche Situationen, in denen es für mich um viel ging.	O	O
8. … stelle ich mir vor, was es für mich für Folgen hat, wenn ich die Stelle nicht bekomme.	O	O
9. … bleibe ich ruhiger als viele meiner Bekannten in einer ähnlichen Lage.	O	O
10. … beschließe ich, nicht mehr an das bevorstehende Gespräch zu denken.	O	O

4. Stellen Sie sich vor, daß Sie einen Fehler bei der Arbeit gemacht haben, der eigentlich nicht passieren sollte, und nun eine Aussprache mit Ihrem Chef oder Ihrer

In dieser Situation…

	trifft zu	trifft nicht zu
1. … bleibe ich gelassener als viele meiner Kollegen.	O	O
2. … fallen mir ähnlich unangenehme Situationen ein.	O	O
3. … informiere ich mich bei Arbeitskollegen, mit was ich in dieser Situation wohl rechnen muß.	O	O
4. … überlege ich mir, was ich antworten kann, wenn er oder sie mir Vorwürfe macht.	O	O
5. … sage ich mir: "Bisher habe ich gut gearbeitet, also wird es wohl nicht so schlimm kommen."	O	O
6. … sage ich mir, daß ich schon mit ganz anderen Situationen fertig geworden bin.	O	O
7. … erledige ich zunächst mal in Ruhe die übrigen anliegenden Arbeiten.	O	O
8. … stelle ich mir vor, wie unangenehm es werden kann.	O	O
9. … entspanne ich mich erstmal und denke nicht weiter an die bevorstehende Aussprache.	O	O
10. … denke ich darüber nach, wie der Fehler entstanden sein kann und wie ich eine Wiederholung des Fehlers vermeiden kann.	O	O

COPE-1

Es gibt viele Möglichkeiten, wie man mit Stress umgehen kann.
Es ist klar, dass man auf verschiedene Ereignisse verschieden reagieren kann:
Beschreiben sie aber bitte, was sie normalerweise tun und wie sie sich fühlen, wenn sie stark gestresst sind.
Versuchen sie bitte, jede Frage für sich zu beantworten; unabhängig von den anderen Fragen. Es gibt keine „richtigen" oder „falschen" Antworten. Wählen sie also die Antwort aus, die am besten auf sie zutrifft.
Kreuzen sie nicht die Antwort an, von der sie glauben, die meisten Menschen würden dies tun oder sagen.

		Wenn ich stark gestresst bin, trifft folgende Aussage ... zu.	sehr selten	selten	gelegentlich	oft	sehr oft
PRG1	1	Ich versuche, mich aufgrund dieser Erfahrung persönlich weiterzuentwickeln.	□	□	□	□	□
MD1	2	Ich wende mich der Arbeit oder anderen Aktivitäten zu, um mich abzulenken.	□	□	□	□	□
FVE1	3	Ich gerate aus der Fassung und lasse meinen Gefühlen freien Lauf.	□	□	□	□	□
SSS1	4	Ich versuche, von jemandem einen Rat zu erhalten, was ich tun soll.	□	□	□	□	□
PAC1	5	Ich konzentriere meine Kräfte darauf, etwas dagegen zu tun.	□	□	□	□	□
D1	6	Ich sage mir, „das ist nicht wahr".	□	□	□	□	□
R1	7	Ich vertraue auf Gott.	□	□	□	□	□
H1	8	Ich lache über die Situation.	□	□	□	□	□
BD1	9	Ich gestehe mir ein, dass ich nicht damit umgehen kann und gebe auf.	□	□	□	□	□
RC1	10	Ich versuche, nicht überstürzt zu handeln.	□	□	□	□	□
SSS2	11	Ich rede mit jemandem über meine Gefühle.	□	□	□	□	□
ADU1	12	Ich trinke, rauche oder nehme sonst etwas, damit ich mich besser fühle.	□	□	□	□	□
A1	13	Ich finde mich damit ab, dass es passiert ist.	□	□	□	□	□
SSS3	14	Ich rede mit jemandem, um mehr über meine Situation zu erfahren.	□	□	□	□	□

		Wenn ich stark gestresst bin, trifft folgende Aussage ... zu.	sehr selten	selten	gelegentlich	oft	sehr oft
SCA1	15	Ich versuche, mich nicht durch andere Gedanken oder Aktivitäten ablenken zu lassen.	☐	☐	☐	☐	☐
MD2	16	Ich gebe mich Tagträumen hin und denke über andere Dinge nach.	☐	☐	☐	☐	☐
FVE2	17	Ich rege mich auf und bin mir dessen richtig bewußt.	☐	☐	☐	☐	☐
R2	18	Ich bitte Gott um Hilfe.	☐	☐	☐	☐	☐
PAC2	19	Ich mache einen Plan.	☐	☐	☐	☐	☐
H2	20	Ich mache Witze darüber.	☐	☐	☐	☐	☐
A2	21	Ich akzeptiere, dass es nicht mehr zu ändern ist.	☐	☐	☐	☐	☐
RC2	22	Ich unternehme solange nichts, bis es die Situation erlaubt.	☐	☐	☐	☐	☐
SSS4	23	Ich versuche, Verständnis von meinen Freunden oder Verwandten zu erhalten.	☐	☐	☐	☐	☐
BD2	24	Ich gebe einfach den Versuch auf, mein Ziel zu erreichen.	☐	☐	☐	☐	☐
PAC3	25	Ich unternehme noch mehr, um das Problem zu bewältigen.	☐	☐	☐	☐	☐
ADU2	26	Ich versuche, alles eine Weile lang zu vergessen, indem ich etwas trinke, rauche oder sonst etwas nehme.	☐	☐	☐	☐	☐
D2	27	Ich weigere mich zu glauben, dass es wirklich passiert ist.	☐	☐	☐	☐	☐
FVE3	28	Ich lasse meinen Gefühlen freien Lauf.	☐	☐	☐	☐	☐
PRG2	29	Ich versuche, es in einem anderen Licht zu betrachten, um es positiver zu sehen.	☐	☐	☐	☐	☐
SSS5	30	Ich rede mit jemandem, der etwas Konkretes an dem Problem ändern kann.	☐	☐	☐	☐	☐
MD3	31	Ich schlafe mehr als sonst.	☐	☐	☐	☐	☐
PAC4	32	Ich versuche mir eine Strategie auszudenken, was ich tun kann.	☐	☐	☐	☐	☐
SCA2	33	Ich konzentriere mich auf die Lösung dieses Problems und stelle andere Dinge zurück.	☐	☐	☐	☐	☐
SSS6	34	Ich hole mir Mitleid und Verständnis von jemandem.	☐	☐	☐	☐	☐
ADU3	35	Ich trinke, rauche oder nehme sonst etwas, damit ich weniger daran denken muss.	☐	☐	☐	☐	☐

		Wenn ich stark gestresst bin, trifft folgende Aussage ... zu.	sehr selten	selten	gelegent- lich	oft	sehr oft
H3	36	Ich mache Scherze darüber	☐	☐	☐	☐	☐
BD3	37	Ich gebe den Versuch auf, das zu erreichen, was ich will.	☐	☐	☐	☐	☐
PRG3	38	Ich suche die gute Seite an dem, was geschieht.	☐	☐	☐	☐	☐
PAC5	39	Ich denke darüber nach, wie ich das Problem am besten bewältigen könnte.	☐	☐	☐	☐	☐
D3	40	Ich tue so, als ob es gar nicht passiert wäre.	☐	☐	☐	☐	☐
RC3	41	Ich passe auf, nichts Überstürztes zu tun, um die Situation nicht noch zu verschlimmern.	☐	☐	☐	☐	☐
SCA3	42	Ich versuche, mich beim Lösen meines Problems nicht von anderen Dingen stören zu lassen.	☐	☐	☐	☐	☐
MD4	43	Ich gehe ins Kino oder sehe fern, um weniger daran zu denken.	☐	☐	☐	☐	☐
A3	44	Ich akzeptiere, dass es geschehen ist.	☐	☐	☐	☐	☐
SSS7	45	Ich frage Leute, die ähnliche Erfahrungen gemacht haben, was sie getan haben.	☐	☐	☐	☐	☐
FVE4	46	Ich mache mir große Sorgen und merke, dass ich meine Gefühle stark ausdrücke.	☐	☐	☐	☐	☐
PAC6	47	Ich packe das Problem direkt an.	☐	☐	☐	☐	☐
R3	48	Ich versuche, Trost in meinem Glauben zu finden.	☐	☐	☐	☐	☐
RC4	49	Ich zwinge mich dazu, den richtigen Zeitpunkt abzuwarten, bis ich etwas unternehme.	☐	☐	☐	☐	☐
H4	50	Ich mache mich lustig über die Situation.	☐	☐	☐	☐	☐
BD4	51	Ich reduziere den Aufwand, den ich in die Lösung des Problems stecke.	☐	☐	☐	☐	☐
SSS8	52	Ich spreche mit jemandem darüber, wie ich mich fühle.	☐	☐	☐	☐	☐
ADU4	53	Ich trinke, rauche oder nehme sonst etwas, um die Situation auszuhalten.	☐	☐	☐	☐	☐
A4	54	Ich lerne, damit zu leben.	☐	☐	☐	☐	☐
SCA4	55	Ich schiebe andere Aktivitäten beiseite, um mich auf mein Problem zu konzentrieren.	☐	☐	☐	☐	☐
PAC7	56	Ich denke intensiv darüber nach, welche Schritte ich unternehmen soll.	☐	☐	☐	☐	☐

		Wenn ich stark gestresst bin, trifft folgende Aussage ... zu.	sehr selten	selten	gelegent- lich	oft	sehr oft
D4	57	Ich tue so, als ob es nie geschehen wäre.	☐	☐	☐	☐	☐
PAC8	58	Ich tue, was getan werden muss, Schritt für Schritt	☐	☐	☐	☐	☐
PRC4	59	Ich lerne etwas aus dieser Erfahrung.	☐	☐	☐	☐	☐
R4	60	Ich bete mehr als sonst.	☐	☐	☐	☐	☐

Beschwerdefragebogen (27 aus SCL-90-R)

Anleitung

Sie finden auf diesem Blatt eine Liste von Problemen oder Beschwerden, die man manchmal hat.

Bitte lesen Sie jede Frage sorgfältig durch und entscheiden Sie, wie sehr Sie in den letzten sieben Tagen gestört oder bedrängt worden sind.

Machen Sie bitte hinter jede Frage nur ein Kreuz in das Kästchen mit der für Sie am besten zutreffenden Antwort.

Wie sehr litten Sie in den letzten sieben Tagen unter ... ?

(überhaupt nicht / ein wenig / ziemlich / stark / sehr stark)

1. Gedanken, sich selbst das Leben zu nehmen [0] [1] [2] [3] [4]
2. Schwermut [0] [1] [2] [3] [4]
3. Gefühl der Hoffnungslosigkeit [0] [1] [2] [3] [4]
4. Gedanken an den Tod und ans Sterben [0] [1] [2] [3] [4]
5. Gedächtnisschwierigkeiten [0] [1] [2] [3] [4]
6. Energielosigkeit oder Verlangsamung in den Bewegungen oder im Denken [0] [1] [2] [3] [4]
7. Leere im Kopf [0] [1] [2] [3] [4]
8. Konzentrationsschwierigkeiten [0] [1] [2] [3] [4]
9. Ohnmachts- oder Schwindelgefühle [0] [1] [2] [3] [4]
10. Herzklopfen oder Herzjagen [0] [1] [2] [3] [4]
11. Übelkeit oder Magenverstimmung [0] [1] [2] [3] [4]
12. Schwierigkeiten beim Atmen [0] [1] [2] [3] [4]
13. Hitzewallungen oder Kälteschauer [0] [1] [2] [3] [4]
14. Gefühl, einen Klumpen (Kloß) im Hals zu haben [0] [1] [2] [3] [4]
15. Furcht auf offenen Plätzen oder auf der Straße [0] [1] [2] [3] [4]
16. Befürchtungen, wenn Sie alleine aus dem Haus gehen [0] [1] [2] [3] [4]
17. Furchtsamkeit [0] [1] [2] [3] [4]
18. Notwendigkeit, bestimmte Dinge, Ort oder Tätigkeiten zu meiden, weil Sie durch diese erschreckt werden [0] [1] [2] [3] [4]
19. Furcht in der Öffentlichkeit in Ohnmacht zu fallen [0] [1] [2] [3] [4]
20. Gefühl, dass die Leute unfreundlich sind oder Sie nicht leiden können [0] [1] [2] [3] [4]

Wie sehr litten Sie in den letzten sieben Tagen unter ... ?	überhaupt nicht	ein wenig	ziemlich	stark	sehr stark
21. Minderwertigkeitsgefühle gegenüber anderen	0	1	2	3	4
22. unbehagliches Gefühl, wenn Leute Sie beobachten oder über Sie reden	0	1	2	3	4
23. starke Befangenheit im Umgang mit anderen	0	1	2	3	4
24. Gefühl, dass man den meisten Menschen nicht trauen kann	0	1	2	3	4
25. Ideen oder Anschauungen, die andere mit Ihnen nicht teilen	0	1	2	3	4
26. mangelnde Anerkennung ihrer Leistung durch andere	0	1	2	3	4
27. Gefühl, dass die Leute sie ausnutzten, wenn Sie es zulassen würden	0	1	2	3	4

Achtsamkeitsbasierte Ansätze in der Psychotherapie von Abhängigkeitsstörungen von Stefanie Gmerek

2009

Danksagung

An dieser Stelle möchte ich die Gelegenheit nutzen, allen zu danken, die mich während der Entstehung dieser Arbeit unterstützt haben.

Ich bedanke mich bei Dipl.-Psych. Ingo Zirks, der mein Interesse für achtsamkeitsbasierte Ansätze in der Psychotherapie geweckt hat, sowie bei Prof. Dr. Nicola Wolf-Kühn und Prof. Dr. Matthias Morfeld, die mir die Betreuung dieses (aus wissenschaftlicher Sicht nicht ganz unproblematischen) Themas zusicherten. Für die nützlichen Literaturhinweise danke ich Dr. Michael E. Harrer, Prof. Dr. Thomas Heidenreich, Dr. Thorsten Kienast, Prof. Dr. G. Alan Marlatt sowie Dipl.-Psych. Sebastian Sauer.

Ein besonderer Dank geht an meinen Freund Sebastian, der sich zum Korrekturlesen bereit erklärte und viel Verständnis für mein knappes Zeitbudget aufbrachte. Meinem Bruder Tobias danke ich für seine motivierenden Einlagen, die sich fast immer positiv auf meine Stimmung auswirkten. Besonders bedanken möchte ich mich auch bei meinen Eltern und Großeltern, die mir dieses Studium ermöglicht haben.

Zusammenfassung

Im Fokus dieser Bachelorarbeit stehen das v.a. im Rahmen der Verhaltenstherapie zunehmend eingesetzte und erforschte Prinzip der Achtsamkeit (mindfulness) sowie theoretische Überlegungen und Anwendungsmöglichkeiten in der Therapie von Abhängigkeitsstörungen. Ansätze, die Verbindungen zwischen expositionsorientierten Interventionen und Achtsamkeit herstellen, gelten dabei als besonders vielversprechend. Zunächst werden verschiedene Formen der Abhängigkeit und das damit verbundene Problem des Rückfalls vorgestellt. Nach einer definitorischen Annäherung an das Achtsamkeitsprinzip werden vorliegende Behandlungsprogramme skizziert und deren Einsatz im Suchtbereich diskutiert. Es folgen Vorschläge für eine Integration des Achtsamkeitsansatzes in die Suchttherapie und ein Ausblick zum Forschungsbedarf. Abschließend wird auf den im Zusammenhang mit Achtsamkeit nicht zu vernachlässigenden Aspekt der Spiritualität und dessen Verhältnis zur Psychotherapie eingegangen.

1 Einleitung

"God, grant me the serenity to accept the things I cannot change, the courage to change the things I can, and the wisdom to know the difference" (The Serenity Prayer, Ursprung unklar). Dieses vor allem durch die „Anonymen Alkoholiker" bekannt gewordene Gelassenheitsgebet dürfte wohl einer der bekanntesten Sinnsprüche im Suchtbereich sein (Heidenreich, Schneider & Michalak, 2009). Es spiegelt eine Haltung wider, die je nach Lage einer spezifischen Situation Akzeptanz bzw. Veränderung als zu bevorzugende Handlungsalternative sieht. So soll Abhängigkeit in der abstinenzorientierten Suchttherapie einerseits als chronische Krankheit akzeptiert werden (für die es keine variable Zielsetzung bezüglich des Substanzkonsums gibt, die dauerhaften Erfolg verspräche), andererseits werden Abhängige zur Veränderung etlicher Verhaltensweisen und Einstellungen aufgefordert, die mit der Fähigkeit zur Aufrechterhaltung einer abstinenten Lebensweise in Verbindung gebracht werden. Diese Dialektik zwischen Akzeptanz und Veränderung besteht nicht nur im Suchtbereich, laut Linehan (2007) sei sie grundlegend in jeder Psychotherapie: „Es gilt eine Balance zu finden zwischen einem Vorgehen, das auf Veränderung abzielt, und einem Annehmen des aktuell Gegebenen" (S. 6). Während die meisten Ansätze zur Behandlung psychischer Störungen darauf abzielen, belastende Ereignisse und Umstände zu verändern, wird dem Annehmen und Ertragen von Belastungen vergleichsweise wenig Aufmerksamkeit geschenkt. Das Achtsamkeitsprinzip, das für die Entwicklung einer akzeptierenden Haltung von zentraler Bedeutung ist, gilt in diesem Zusammenhang als eine wichtige und notwendige Ergänzung veränderungsorientierter Therapieprinzipien (Heiden-reich et al., 2009). „Die meisten Autoren scheinen sich darin einig zu sein, dass ‚Achtsamkeit' in einem nicht näher definierten Sinne eine heilsame Qualität darstellt, während es ebenfalls als ‚gesund' betrachtet wird, bestimmte Dinge zu ‚akzeptieren', andere jedoch zu ‚ändern'" (Heidenreich & Michalak, 2009b, S. 13.).

In den letzten Jahren wurden mehrere empirische Arbeiten veröffentlicht, die bestätigen, dass achtsamkeitsbasierte Interventionen erfolgreich zur Behandlung verschiedener Störungen eingesetzt werden können (Heidenreich, Schneider & Michalak, 2006). Für eine intensivere Beschäftigung mit Achtsamkeit im Suchtbereich sprechen nach Breslin, Zack & McMain (2002, S. 275) folgende Argumente: (1) Bisher existieren nur wenige (und zudem methodisch fragliche) Studien über (Achtsamkeits-) Meditation und Alkoholismus. (2) In neueren Arbeiten zu anderen Störungen (z. B. Depression) konnten positive

Effekte achtsamkeitsbasierter Behandlungen nachgewiesen werden, sodass dies auch für Abhängigkeitsstörungen gelten könnte. (3) Bisheriges Wissen zur Informationsverarbeitung bei Abhängigkeit sowie Erkenntnisse zu Auswirkungen von Achtsamkeit auf Affekt und Kognition deuten darauf hin, dass Achtsamkeit und die mit ihr verbundenen akzeptanzbasierten Techniken eine wichtige Ergänzung bisher existierender kognitiv-verhaltenstherapeutischer Ansätze darstellen könnten. Heidenreich et al. (2006) fügen dem hinzu, dass einzelne Störungen, die häufig gemeinsam mit Abhängigkeiten auftreten, durch achtsamkeitsbasierte Interventionen positiv beeinflusst werden können. Daher bestehe die Möglichkeit, dass sich eine erfolgreiche Behandlung dieser anderen Störungen auch positiv auf den Verlauf der Abhängigkeit auswirkt.

Bevor das Prinzip der Achtsamkeit und darauf basierende Ansätze zur Erklärung und Behandlung süchtigen Verhaltens vorgestellt werden, sollen zunächst verschiedene Abhängigkeitsstörungen und das damit verbundene Problem des Rückfalls näher beleuchtet werden. Es werden etablierte achtsamkeitsbasierte Therapieansätze skizziert und deren mögliche Anwendung im Suchtbereich diskutiert. Anschließend folgt ein Ausblick zum Forschungsbedarf. Am Ende wird das häufig mit Achtsamkeit in Verbindung gebrachte Thema der Spiritualität und dessen Verhältnis zur Psychotherapie aufgegriffen.

Aus Gründen des Leseflusses ist die traditionelle Schreibform gewählt worden: die Worte Klient, Therapeut etc. stehen selbstverständlich für beide Geschlechter. In Anbetracht dessen, dass Sprache immer nur eine Annäherung an das Gemeinte darstellt und durch (sinngemäße) Übersetzungen womöglich noch mehr vom ursprünglich Gemeinten auf der Strecke bleibt, werden die meisten Zitate in Originalsprache wiedergegeben. Auch werden die Begriffe Abhängigkeit bzw. abhängiges Verhalten und Sucht bzw. süchtiges Verhalten in dieser Arbeit synonym verwendet.

2 Abhängigkeitsstörungen

Abhängigkeitsstörungen stellen eines der ernstesten medizinischen und gesellschaftlichen Probleme unserer Zeit dar (Heidenreich et al., 2009). Es wird geschätzt, dass weltweit zwischen 172 und 250 Millionen Menschen (im Alter von 15 bis 64 Jahren) Drogen konsumieren bzw. mindestens einmal in den vergangenen 12 Monaten Drogen konsumiert haben. Zwischen 18 und 38 Millionen von ihnen weisen einen problematischen Konsum auf (United Nations Office on Drugs and Crime, 2009). In Deutschland leiden mehrere Millionen Menschen an einer Abhängigkeit von psychotropen Substanzen, wobei Alkohol und Nikotin mit Abstand die häufigsten Substanzen darstellen (Deutsche Hauptstelle für Suchtfragen e. V., DHS, 2009). Würde man von Mehrfachabhängigkeiten absehen und alle Schätzzahlen zu schädlichem Gebrauch und Abhängigkeit von Tabak bis pathologischem Glücksspiel addieren, käme man auf rund 10 Millionen Betroffene: „Unsere Kultur ist eine Drogenkultur. Wir nehmen Drogen, um aufzuwachen (Kaffee oder Tee), um wach zu bleiben (Zigaretten, bestimmte Softdrinks), um zu entspannen (Alkohol) oder um Schmerzen zu lindern (Aspirin)" (Davison, Neale & Hautzinger, 2007, S. 411).

Der Begriff „Sucht" wird in den international gültigen klinischen Glossars wie der 10. Version der Internationalen Klassifikation der Krankheiten (ICD-10) nicht mehr verwendet, sondern durch den neutraleren Begriff „Störung" ersetzt. Dieser dient der Vermeidung werthaltiger Bezeichnungen (z. B. Krankheit) und umfasst alle negativen Auswirkungen mit Behandlungsbedarf auf psychischer, somatischer oder sozialer Ebene (Bilitza & Schuhler, 2007; Bühringer, 2006). In Literatur und Praxis ist die Bezeichnung „Sucht" jedoch weiterhin geläufig. So wird laut Bilitza und Schuhler (2007) unter Sucht im Allgemeinen „…der krankhafte, unbezähmbare Drang verstanden, sich trotz schädlicher Folgen und abweichend von der soziokulturellen Norm eine psychotrope Substanz zuzuführen oder bestimmte Handlungen auszuführen" (S. 701). Dieser weite Suchtbegriff umfasst stoffgebundene und nicht-stoffgebundene Süchte, die im Folgenden jeweils näher betrachtet werden sollen.

2.1 Stoffgebundene Süchte

In der ICD-10 werden stoffgebundene Abhängigkeitsstörungen unter der Kategorie „Psychische und Verhaltensstörungen durch psychotrope Substanzen" aufgeführt und anhand spezifischer Diagnosekriterien definiert (Dilling & Freyberger, 2006). Psychotrope Substanzen sind „natürliche, chemisch aufbereitete oder synthetische Stoffe, die zentralnervös auf den Organismus einwirken und Wahrnehmung, Denken, Fühlen und Handeln beeinflussen" (Bühringer, 2006, S. 604). Substanzen, die mit problematischem Konsum einhergehen können sind nach ICD-10 (Kapitel V, Abschnitt F10-F19) Alkohol, Opioide, Cannabinoide, Sedativa oder Hypnotika, Kokain, andere Stimulanzien (einschließlich Koffein), Halluzinogene, Tabak, flüchtige Lösungsmittel und andere psychotrope Substanzen (bzw. multipler Substanzgebrauch). Dabei wird zwischen den Störungsbildern „schädlicher Gebrauch" und „Abhängigkeitssyndrom" unterschieden. Letzteres bezeichnet eine Gruppe von Verhaltens-, kognitiven und körperlichen Phänomenen, die sich nach wiederholtem Substanzgebrauch entwickeln. Typischerweise besteht ein starker Wunsch, die Substanz einzunehmen [Craving], eine verminderte Kontrolle über ihren Konsum und anhaltender Substanzgebrauch trotz schädlicher Folgen. Dem Substanzgebrauch wird Vorrang vor anderen Aktivitäten und Verpflichtungen gegeben. Es entwickelt sich eine Toleranzerhöhung und manchmal ein körperliches Entzugssyndrom. (Dilling & Freyberger, 2006, S. 74).

Schädlicher Gebrauch wird beschrieben als „Konsum psychotroper Substanzen, der zu Gesundheitsschädigung führt. Diese kann als körperliche Störung auftreten, etwa in Form einer Hepatitis nach Selbstinjektion der Substanz oder als psychische Störung z.b. als depressive Episode durch massiven Alkoholkonsum" (Dilling & Freyberger, 2006, S. 73). Da schädlicher Gebrauch in der ICD-10 nur anhand physischer oder psychischer Folgeschäden festgemacht wird, falle die Abgrenzung zur Abhängigkeit laut Bilitza und Schuhler (2007) nicht leicht. So empfehlen sie schädlichen Gebrauch immer dann zu diagnostizieren, wenn das Suchtmittel zur Alltagsbewältigung eingesetzt wird, ohne dass die Hauptmerkmale einer Abhängigkeit vorliegen.

Substanzen werden meist konsumiert, um Schmerzen zu lindern oder Stimmung und Bewusstsein zu verändern. Auch wenn die körperlichen Folgen gravierend sein können, ist die unmittelbare Wirkung oft angenehm, was vermutlich ein Grund für schädlichen Gebrauch ist (Davison et al., 2007). Allen Substanzstörungen ist gemeinsam, dass die störungsbedingten sozialen und individuellen Kosten hoch sind, während die Motivation zur Einschränkung bzw. Aufgabe des Konsums gering ist (Bühringer, 2006).

Die Verfügbarkeit psychotroper Substanzen wird – sicherlich nicht nur aufgrund des hohen Schadenpotentials, sondern auch wegen des staatlichen Interesses an hohen Steuereinnahmen – von Politik und Gesellschaft beeinflusst: So wird der Besitz von Heroin in den Niederlanden wenig sanktioniert, in einigen asiatischen Staaten dagegen mit dem Tode bestraft. In Europa sind Alkohol oder auch Kaffee sozial akzeptiert, Marihuana beispielsweise nicht. Doch es gibt auch Kulturen, die den Genuss von Marihuana tolerieren, dafür aber weder Kaffee noch Alkohol dulden (Giddens, 1999). Obwohl Kaffeetrinker nach Absetzen des Getränks deutliche Entzugssymptome zeigen, wird Kaffee in Europa oder den USA nicht als Droge betrachtet (Chopra, 2005). Ebenso werden Menschen, die große Mengen an Schokolade oder Zucker zu sich nehmen und die Merkmale einer Drogenabhängigkeit zeigen, intuitiv einer anderen Gruppe zugeordnet als Heroin- und Kokainkonsumenten.

Egal welche berauschende Substanz präferiert wird, es sollte achtsam mit ihr umgegangen werden: Es gilt eine Balance zu finden zwischen sanftem Rausch und totalem Kontrollverlust, denn wie schon Paracelsus (1493-1541) erkannte: „Allein die Dosis macht das Gift".

Da unmöglich auf alle potentiell süchtig machenden Substanzen eingegangen werden kann, soll exemplarisch der Alkohol – dem die meisten Abhängigen verfallen sind – näher beleuchtet werden.

Alkohol, die älteste Droge der Menschheit, wurde wahrscheinlich durch das Vergären von Honig oder Früchten entdeckt (Lindenmeyer, 2006). Einigen Historikern zufolge hätten unsere Vorfahren in der Frühzeit möglicherweise Tiere beobachtet, die gegorene Früchte fraßen und anschließend ein seltsames Verhalten an den Tag legten. Ein paar Abenteuerlustige sollen daraufhin beschlossen haben, der Ursache auf den Grund zu gehen, warum diese Tiere so torkeln, sodass die Herstellung der ersten alkoholischen Getränke nicht mehr lange auf sich warten ließ (Chopra, 2005). Ab 3500 v. Chr. hatten die Babylonier und Sumerer sowie später die Griechen, Römer, Wikinger und Germanen eine hoch entwickelte Alkoholkultur (Bühringer, 2006).

Damals wie heute galt Alkohol als angenehmes Genussmittel, dessen wichtigste soziale Funktion die Stärkung des Zusammengehörigkeitsgefühls und das kurzfristige Vergessen der Alltagsrealität war. In vielen Regionen der Welt ist Alkohol zu einem zentralen Bestandteil der Ess- und Trinkkultur geworden. Noch im Mittelalter war der alltägliche Alkoholrausch (durch Bier und Wein) in Europa selbstverständlich. Mit der zunehmenden Verbreitung des Branntweins im 16. Jahrhundert wurde Alkohol als gefährliche Droge betrachtet und exzessiver Konsum erstmals systematisch verboten. Der Krankheitsbegriff für zwanghafte Trinker entstand allerdings erst Ende des 18. Jahrhunderts. Die Ursache wurde in der Substanz, die Verantwortung für die Entwicklung der Erkrankung allein in der Haltlosigkeit des Trinkers (moralisches Modell) gesehen. Nur absolute Abstinenz kam als Lösung in Frage. In der ersten Hälfte des 20. Jahrhunderts wurde angenommen, dass die Mehrheit der Bevölkerung alkoholische Getränke problemlos vertrage (medizinisches Modell) und nur einige Personen (ohne dafür moralische Verantwortung zu tragen) eine Erkrankung entwickeln. Mittlerweile wird von einem biopsychosozialen Modell mit Schutz- und Risikofaktoren ausgegangen, die die Wahrscheinlichkeit einer Störungsentwicklung beeinflussen.

Das Phänomen Sucht wurde zwar bereits ab dem 19. Jahrhundert Gegenstand einer medizinisch-therapeutischen Betrachtungsweise, adäquate Behandlungsangebote konnten jedoch erst entwickelt werden, als Alkoholkonsum 1968 als Krankheit gesetzlich anerkannt wurde (Bühringer, 2006; Lindenmeyer, 2006).

Ob Abstinenz oder kontrolliertes Trinken (eine maßvolle Form des Alkoholkonsums, die Extreme völliger Abstinenz bzw. Trunkenheit meidet) Therapieziel sein sollte, ist umstritten. Es sprechen einige Befunde dafür, dass der Verzicht auf völlige Abstinenz bzw. die Bagatellisierung des Konsums als Ausrutscher bei Alkoholabhängigen kontraproduktiv ist und längerfristig zu vermehrten Problemen (Rückfällen) führt (Davison et al., 2007).

Alkohol besitzt eine sogenannte Zwei-Phasen-Wirkung: Solange der Blutalkoholspiegel steigt, wirkt er stimulierend und positive Emotionen überwiegen. Beginnt er zu sinken, wirkt Alkohol sedierend und es treten vermehrt negative Emotionen auf (Davison et al., 2007). Besonders bei größeren Mengen werden Denk- und Urteilsvermögen, motorische Koordination, Gleichgewicht, Sprache und Sehvermögen beeinträchtigt. Die Auswirkungen eines abrupten Alkoholentzugs können bei chronischen, starken Trinkern dramatisch sein, da sich der Körper an die Droge gewöhnt hat. Betroffene fühlen sich oft ängstlich, depressiv, schwach, ruhelos und können nicht schlafen. Auch kann es zu einem ausgeprägten Tremor (v. a. der kleinen Muskulatur der Finger, des Gesichts, der Augenlider, Lippen u. Zunge) kommen. Der Puls beschleunigt sich, Körpertemperatur und Blutdruck steigen. Wenn der Blutalkoholspiegel plötzlich sinkt, kann bei Menschen, die über Jahre stark getrunken haben, ein Alkoholentzugsdelir (Delirium tremens) auftreten. Betroffene zittern, ihr Bewusstsein ist getrübt und sie haben visuelle, mitunter aber auch taktile Halluzinationen:

Unangenehmes und sehr lebhaftes Getier – Schlangen, Kakerlaken, Spinnen und dergleichen – scheint die Wände hinauf oder über den eigenen Körper zu kriechen oder den ganzen Raum zu füllen. Fiebernd, desorientiert und voll Angst und Schrecken kratzt sich der Alkoholiker wie rasend, um das Ungeziefer loszuwerden; oder er kauert in einer Ecke, um einer vorrückenden Armee nie gesehener Lebewesen zu entkommen. (Davison et al., 2007, S. 413).

Chronisches Trinken führt meist zur Abhängigkeit. Die Droge wird kaum noch konsumiert um sich gut zu fühlen, sondern um negativen Gefühlen zu entfliehen. Neben psychischen Problemen kann es zu schwerwiegenden körperlichen Schädigungen wie Unterernährung, Leberzirrhose oder dem amnestischen Syndrom kommen (Davison et al., 2007). „Eine ausführliche Aufzählung der körperlichen Schäden durch Alkohol könnte viele Seiten füllen, ebenso wie eine Bilanz der Behandlungskosten" (Chopra, 2005, S. 59).

2.2 Nicht-stoffgebundene Süchte

Unter nicht-stoffgebundenen Süchten sind exzessive Verhaltensweisen wie Arbeits-, Spiel- oder Sexsucht zu verstehen, die in der ICD-10 meist unter „abnorme Gewohnheiten und Störungen der Impulskontrolle" (F63) subsumiert werden:

In dieser Kategorie sind verschiedene nicht an anderer Stelle klassifizierbare Verhaltensstörungen zusammengefasst. Sie sind durch wiederholte Handlungen ohne vernünftige Motivation gekennzeichnet, die nicht kontrolliert werden können und die meist die Interessen der betroffenen Person oder anderer Menschen schädigen. Die betroffene Person berichtet, aufgrund von dranghaften Impulsen zu handeln. (Dilling & Freyberger, 2006, S. 239).

Wie substanzbezogene Abhängigkeiten sind auch Störungen der Impulskontrolle dadurch gekennzeichnet, dass sie die psychische und teilweise körperliche Gesundheit der Betroffenen erheblich beeinträchtigen (Heidenreich et al., 2009). Während dem Körper bei stoffgebundenen Süchten ein Stoff zugeführt wird, werden bei nicht-stoffgebunden Süchten körpereigene Wirkstoffe (z. B. Morphin, Adrenalin, Endorphine, Amphetamine) aktiviert. Daher können Betroffene den Entzug von einem nicht-stoffgebundenen Suchtverhalten wie den Entzug von einer Droge erleben. Sie leiden u.a. an innerer Unruhe, Angstzuständen, Schlaflosigkeit und Herzbeschwerden. Einige nicht-stoffgebundene Süchte sollen kurz vorgestellt werden; die häufigsten sind Arbeiten und Essen (Röhr, 2008).

Generell hat Arbeit überwiegend positive Funktionen (Lebensunterhalt, Tagesstruktur, Wert, Sinn). Sich in Arbeit zu flüchten kann jedoch zum (Abhängigkeits-) Problem werden – vor allem dann, wenn die Frustration über die eigene Lebenssituation so stark ist, dass nur noch Arbeit Erleichterung schafft. Ohne Arbeit fühlen sich die Betroffenen unruhig, sinnlos und leer. Es entwickelt sich ein innerer Zwang zu arbeiten, der vergleichbar ist mit dem Kontrollverlust bei stoffgebundenen Abhängigkeitsstörungen (Röhr, 2008). Im Gegensatz zur Alkoholabhängigkeit ist totale Abstinenz nicht möglich. Daher gehe es um den Verzicht auf die Droge Arbeit. Arbeit wird also auf ihren eigentlichen Sinn reduziert und nicht mehr als Problemlösungsmittel missbraucht.

Auch der Umgang mit Essen kann (in einer Überflussgesellschaft) für viele Menschen problematisch sein. Esssüchtige haben die Kontrolle über ihr Essverhalten verloren. Ähnlich wie bei einer stoffgebundenen Abhängigkeit, entwickeln sie eine unwiderstehliche Gier, Essen in großen Mengen in sich hineinzustopfen (Kontrollverlust). Auch hier kann natürlich keine totale Abstinenz vom Essen angestrebt werden. Das Ziel ist es, abstinent zu werden von der Droge Nahrungsmittel. Betroffene können meist nicht unterscheiden, wann sie aus Frust, Gier, Wut, Unsicherheit oder ähnlichen Gründen essen. So gehe es laut Röhr (2008) wie bei jeder Abhängigkeitsstörung auch bei der Esssucht darum, die wahren Bedürfnisse zu erkennen und zu befriedigen.

Spielsüchtige verlieren beim Spiel den Kontakt zur Realität. Sie steigern sich in einen Rausch und verlieren die Kontrolle über ihr Spielverhalten. Auch die neuen Medien bieten Röhr (2008) zufolge starke Anreize: Die Flucht vor einer trostlosen grauen Welt, vor Konflikten, Kränkungen, Minderwertigkeitsgefühlen etc. in eine bunte Scheinwelt könne suchtartigen Charakter annehmen. Betroffene verbringen mehr Zeit vor dem PC als geplant, sodass das eigentliche Leben zunehmend im Internet stattfindet. Diese Problematik sei nicht zu unterschätzen, da virtuelle Welten einerseits immer lebensechter werden und andererseits immer mehr Menschen in einer immer anspruchsvolleren, komplizierteren Gesellschaft den eigenen Erwartungen oder denen anderer nicht mehr gerecht werden können.

Sportsüchtige bringen ihren Körper über die körpereigene Hormonproduktion dazu, Endorphine zu produzieren, d. h. sie versuchen durch exzessives Sporttreiben in einen Rauschzustand zu gelangen. Grundsätzlich hat die Hormongruppe der Endorphine eine äußerst positive körperliche und seelische Wirkung (Chopra, 2005). Beispielsweise ist sie auch für das vielen Sportlern bekannte „runner`s high" (Hochgefühl beim laufen) verantwortlich. Sportsüchtige suchen diesen Kick immer wieder, auch dann noch, wenn sie körperlich längst nicht mehr dazu in der Lage sind (z. B. Schädigung der Gelenke). Sport wird zum zentralen Lebensinhalt. Ohne Training stellen sich Entzugserscheinungen wie innere Unruhe, Verstimmung, Schuldgefühle oder auch Depression ein. Wie bei anderen Abhängigkeiten erfolge die Behandlung laut Röhr (2008) nach dem Muster Störungseinsicht, Abstinenz (von Sport als

Droge) und Bearbeitung der Hintergründe. Weitere Schwerpunkte der Suchttherapie sind die Motivationsarbeit und die Rückfallprävention (Lindenmeyer, 2006).

3 Das Problem des Rückfalls

Bei vielen psychischen oder somatischen Störungen hat der Klient ein eigenes Interesse an seiner Heilung, bei Abhängigkeitsstörungen ist dies eher selten der Fall (Bühringer, 2006). Die Kooperation ist aufgrund der Illegalität bzw. der sozialen Missbilligung des Verhaltens gering. Hinzu kommt, dass der Klient im Frühstadium einer Störung die Problematik nicht erkennt und im Stadium der Abhängigkeit sich selbst gegenüber nicht akzeptieren will. So kommen viele Betroffene nur auf äußeren Druck in Behandlung (z. B. Erkrankung, Führerscheinverlust, Druck des Partners oder Arbeitgebers). Daher ist es bereits während der Anamnese nötig, eine eigenständige Motivation zur Behandlung aufzubauen. Kanfer, Reinecker und Schmelzer (2006) haben den diagnostisch-therapeutischen Prozess in sieben Phasen (bzw. Ziele für die Motivierung von Klienten) unterteilt: (1) Eingangsphase – Schaffung günstiger Ausgangsbedingungen, (2) Aufbau von Änderungsmotivation und vorläufige Auswahl von Änderungsbereichen, (3) Verhaltensanalyse und funktionales Bedingungsmodell, (4) Vereinbaren therapeutischer Ziele, (5) Planung, Auswahl und Durchführung spezieller Methoden, (6) Evaluation therapeutischer Fortschritte und (7) Endphase – Erfolgsoptimierung und Abschluss der Therapie. Wichtig dabei ist es, das Verständnis des Klienten für die Notwendigkeit einer Verhaltensänderung aufgrund des äußeren Drucks zu wecken (z. B. Abstinenz zur Wiedererlangung des Führerscheins). Auch sollen die Vorteile dieser Verhaltensänderung gefunden sowie die Überzeugung des Klienten gestärkt werden, dass er die Veränderungen meistern kann („self efficacy"). Erst im Anschluss daran sind therapeutische Maßnahmen zur Erreichung der angestrebten Ziele und zur Rückfallprävention sinnvoll (Bühringer, 2006).

Während es unter medizinischer Kontrolle gut möglich ist, Abhängige von ihren jeweiligen Suchtstoffen körperlich zu entziehen, stellt die hohe Rückfallgefahr das Hauptproblem der Suchttherapie dar. So wird auch nach erfolgreicher Entzugsbehandlung ein Großteil der Klienten erneut rückfällig (Heidenreich et al., 2009).

Dem kognitiv-behavioralen Rückfallmodell (Abbildung 1) zufolge sind sogenannte Hochrisikosituationen (Tabelle 1) von zentraler Bedeutung für das Rückfallgeschehen (Marlatt & Witkiewitz, 2008; Witkiewitz & Marlatt, 2004).

Diese können entweder effektiv bewältigt werden, was zu einer Erhöhung der Selbstwirksamkeitserwartung und damit zu einer verminderten Rückfallwahrscheinlichkeit führt, oder nicht effektiv bewältigt werden, was eine Beeinträchtigung der Selbstwirksamkeitserwartung, initialen Substanzgebrauch und eine erhöhte Rückfallgefährdung zur Folge hat. Es wird angenommen, dass die Art und Weise, wie der Betroffene kognitiv auf einen Rückfall reagiert, darüber entscheidet, ob er diesen Rückfall schnell überwindet und auf dem Weg der Abstinenz bleibt oder wieder beginnt, exzessiv zu trinken. Initialer Substanzgebrauch müsse daher nicht mit einem Rückfall („relapse") im Sinne eines längeren, ausgeprägten Konsums einhergehen.

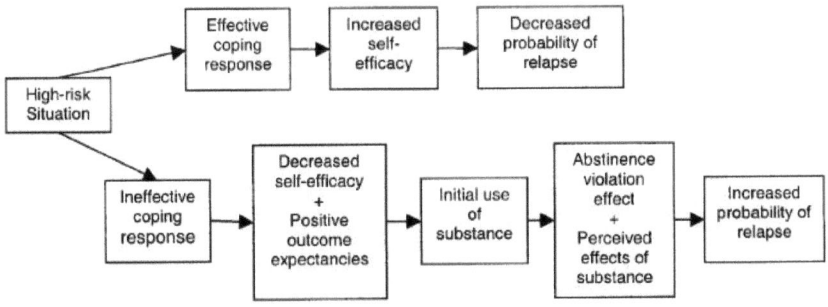

Abbildung 1: Das kognitiv-behaviorale Rückfallmodell

Aus "Relapse prevention for alcohol and drug problems: That was zen, this is tao" von K. Witkiewitz & G. A. Marlatt, 2004, American Psychologist, 59 (4), p. 225.

Ob sich ein Ausrutscher („lapse") zu einem Rückfall entwickelt, hänge unter anderem vom sogenannten Abstinenzverletzungseffekt ab: "Individuals who choose to indulge may be vulnerable to the 'abstinence violation effect' (AVE), which is the self-blame, guilt and loss of perceived control that individuals often experience after the violation of self-imposed rules ..." (p. 3). Der AVE ist also dann zu erwarten, wenn Klienten trotz starken Abstinenzvorsatzes die entsprechende Substanz konsumiert haben, infolgedessen ausgeprägte Schuld- und Schamgefühle entwickeln und diese wiederum mit der entsprechenden Substanz bekämpfen.

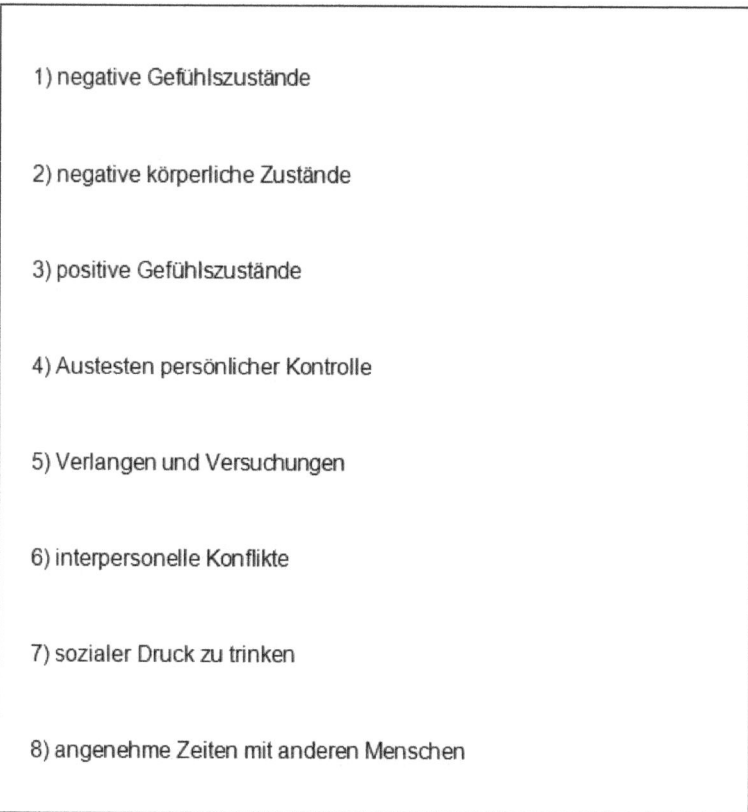

1) negative Gefühlszustände

2) negative körperliche Zustände

3) positive Gefühlszustände

4) Austesten persönlicher Kontrolle

5) Verlangen und Versuchungen

6) interpersonelle Konflikte

7) sozialer Druck zu trinken

8) angenehme Zeiten mit anderen Menschen

Tabelle 1: Rückfallsituationen bei Abhängigkeit
(vgl. Breslin et al., 2002)

Basierend auf neueren empirischen Ergebnissen entwickelten Witkiewitz und Marlatt (2004) ein komplexes dynamisches Rückfallmodell (Abbildung 2), das die Komplexität des Rückfallgeschehens adäquater abbilden kann als ein statisches Modell. Neben „tonischen Prozessen" wie soziale Unterstützung, Familiengeschichte und kognitive Prozesse werden auch „phasische Reaktionen" wie Copingverhalten und Substanzgebrauch in einzelnen Situationen berücksichtigt. Hochrisikosituationen werden dabei als kontextuelle Faktoren betrachtet, die neben intra- und interpersonellen Determinanten (Tabelle 2) eine Rolle für den Rückfallverlauf spielen.

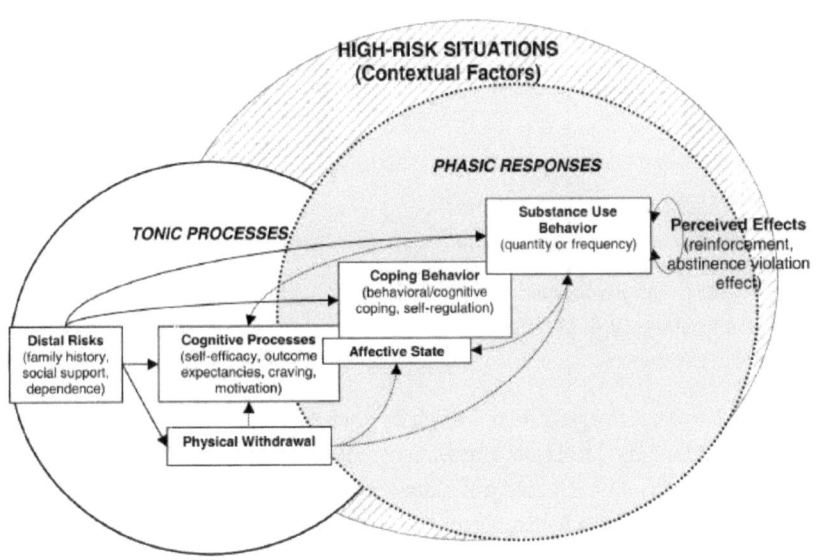

Abbildung 2: Das dynamische Rückfallmodell

Aus "Relapse prevention for alcohol and drug problems: That was zen, this is tao" von K. Witkiewitz & G. A. Marlatt, 2004, American Psychologist, 59 (4), p. 230.

> **Intrapersonelle Determinanten**
>
> - Selbstwirksamkeitserwartung (das Ausmaß, in welchem ein Individuum sich sicher fühlt, ein bestimmtes Verhalten in einer spezifischen Situation vollziehen zu können)
> - Outcome-Erwartungen (Erwartungen an die Effekte einer zukünftigen Erfahrung)
> - Craving (Verlangen, bestimmte Drogen zu konsumieren)
> - Motivation (sowohl für Verhaltensänderung als auch für weitere Substanzeinnahme)
> - Bewältigung (verschiedene Varianten wie z. B. emotionales oder behaviorales Coping)
> - Emotionale Zustände (hauptsächlich negativer Affekt) Interpersonelle Determinanten (soziale und emotionale Unterstützung)

Tabelle 2: Determinanten für einen Rückfall bei problematischer Substanzeinnahme (vgl. Witkiewitz & Marlatt, 2004)

Auf Basis der vorgestellten Modelle wurde ein Behandlungskonzept entwickelt, das als „Relapse Prevention" (RP) bezeichnet wird (Marlatt & Witkiewitz, 2008). Die RP zielt auf Klienten ab, die bereits eine Behandlung für Suchtprobleme erhalten haben. Zentraler Ansatzpunkt ist die Identifikation von Hochrisikosituationen, wobei im weiteren Verlauf je nach Problemlage verschiedene verhaltenstherapeutische Strategien zum Einsatz kommen können. Die Klienten erfahren, dass ein Fehltritt nicht zu einem vollständigen Rückfall führen muss, sondern als Lernerfahrung angesehen werden kann. Übersichtsarbeiten deuten darauf hin, dass RP effektiv für die Rückfallprophylaxe bei Abhängigkeit von verschiedenen Substanzen ist (Carroll, 1996; Irvin, Bowers, Dunn & Wang, 1999).

4 Das Prinzip der Achtsamkeit

Achtsamkeitsbasierte Ansätze werden in der Psychotherapie, insbesondere im Bereich der Verhaltenstherapie, zunehmend angewendet und erforscht. Dabei habe Jon Kabat-Zinn (1990) mit seinem „mutigen Versuch, Achtsamkeit im klinischen Kontext einzusetzen, wesentliche Pionierarbeit geleistet, ohne die die Entwicklung der letzten Jahre ... sicherlich nicht möglich gewesen wäre" (Heidenreich & Michalak, 2009b, S. 17). Nachdem er Anfang der 70er Jahre seine „Mindfulness-based stress reduction" einführte, wurde eine Reihe empirisch überprüfter, achtsamkeitsbasierter Behandlungsprogramme für Menschen mit verschiedenen psychischen, aber auch körperlichen Störungen entwickelt. Segal, Williams und Teasdale (2002) adaptierten diesen Ansatz beispielsweise zur Rückfallprophylaxe bei Klienten mit rezidivierenden depressiven Störungen und Linehan (2007) vermittelt Achtsamkeit im Rahmen der Therapie von Borderline- Persönlichkeitsstörungen. In Bezug auf dieses rege Interesse wird auch von einer „dritten Welle" der Verhaltenstherapie gesprochen, die neben klassischen verhaltenstherapeutischen Prinzipien vermehrt Achtsamkeit und Akzeptanz berücksichtigt (Bohus, 2006). So werden achtsamkeitsbasierte Interventionen mittlerweile auch in der Therapie der Generalisierten Angststörung (Hoyer & Beesdo, 2009), in der Krebsbehandlung (Stepien & Lerch, 2009) sowie in der Behandlung von Essstörungen (Kristeller & Hallett, 1999; Wisniewski & Kelly, 2003) und sexuellen Funktionsstörungen (Frank, Wade, Noyon & Heidenreich, 2009) in Erwägung gezogen.

"If mindfulness is to be integrated into Western psychology and health care, we must find ways of translating its nonconceptual, nondual, and paradoxical nature into a language that clinicians, scientists, and scholars can understand and agree on" (Shapiro, 2009, p. 555): Kabat-Zinn (1990) definiert Achtsamkeit (mindfulness) als eine besondere Form der Aufmerksamkeitslenkung, wobei die Aufmerksamkeit (a) absichtsvoll („on purpose") und (b) nicht-wertend („nonjudgemental") (c) auf das bewusste Erleben des gegenwärtigen Moments („present moment") gerichtet ist. Oftmals ist die alltägliche Aufmerksamkeit nicht im gegenwärtigen Augenblick. Menschen neigen vielmehr dazu, in Erinnerungen zu schwelgen oder Zukunftspläne zu schmieden, sodass das Lebendige der Hier-und-Jetzt-Erfahrung verloren geht: "...we are really on 'automatic pilot', functioning mechanically, without being fully aware of what we are doing or experiencing" (Kabat- Zinn, 1990, p. 21). Es ist anzunehmen, dass flexibles, situativ angemessenes Handeln durch diesen Autopilotenmodus erschwert wird. Automatisierte, starre Verarbeitungs- und

Reaktionsmuster (z. B. Grübeln über vergangene Situationen) werden hingegen begünstigt (Heidenreich & Michalak, 2009a). Achtsamkeit bedeutet, sich dem zuzuwenden, was im Hier-und-Jetzt gegeben ist – den gegenwärtigen Moment in den Mittelpunkt der Aufmerksamkeit zu rücken („Wenn ich esse, dann esse ich"; „Wenn ich dusche, dann dusche ich") und somit Körper und Geist in Übereinstimmung zu bringen. Dieser Prozess der Aufmerksamkeitslenkung erfolgt absichtsvoll im Sinne einer bewussten Entscheidung, sich beim Abschweifen immer wieder in die Gegenwart zurückzuholen (Kabat-Zinn, 1990). Es wird bewusst versucht, in allen Lebenssituationen eine achtsame Haltung zu entwickeln. Jede Tätigkeit sollte mit demselben Maß an Achtsamkeit angegangen werden. Diese Haltung steht im Gegensatz zu der weit verbreiteten Auffassung, unangenehme Dinge möglichst schnell (und unachtsam) hinter sich bringen zu müssen, um im Anschluss noch Zeit für die „angenehmen Dinge des Lebens" zu haben (Heidenreich, Junghanns-Royack & Michalak, 2007). Das Einnehmen einer nicht-wertenden Haltung bedeutet Ereignisse bzw. die auftretenden Bewusstseinsinhalte so wahrzunehmen, wie sie sind – ohne vorschnelle Einordnung in Kategorien wie „angenehm/unangenehm" oder „erwünscht/unerwünscht". Nichtwerten kann und sollte nicht erzwungen werden. „Wenn wir erst einmal das, was sich in unserem Kopf abspielt, als weder gut noch schlecht, sondern schlichtweg als Gedankenblitze akzeptiert haben, kommen wir damit klar" (Trungpa, 2006, S. 83).

Da sich in asiatischen Sprachen häufig die Worte für Geist und Herz entsprechen, beinhalte Achtsamkeit laut Kabat-Zinn (2009) auch eine liebevolle, mitfühlende Komponente der Aufmerksamkeit, ein Gefühl der offenherzigen, freundlichen Gegenwart und des Interesses. Thich Nhat Hanh (2001) beschreibt Achtsamkeit auf pragmatischere Weise, indem er zwei Arten des Geschirrspülens unterscheidet: „Einmal so, dass man hinterher sauberes Geschirr hat, und die zweite Art besteht darin, abzuwaschen, um abzuwaschen" (S. 17). Man tut es einfach, ganz ohne Hintergedanken, nicht einmal den an Achtsamkeit. Obwohl Achtsamkeit ein traditionell buddhistisches Meditationsprinzip darstellt, ist sie nicht unbedingt an einen bestimmten spirituellen oder kulturellen Kontext gebunden. Wir alle sind in verschiedenen Situationen mehr oder weniger achtsam und haben das Potential, Achtsamkeit weiterzuentwickeln: "All of us have the capacity to be mindful. All it involves is cultivating our ability to pay attention in the present moment" (Kabat-Zinn, 1990, p. 11).

Ein weiteres, im Rahmen der „dritten Welle" der Verhaltenstherapie relevantes Prinzip, ist das der Akzeptanz. Der Begriff „Akzeptanz" geht auf das lateinische Wort „accipere" zurück und bedeutet sinngemäß das zu nehmen oder zu bekommen, was angeboten wird (Heidenreich & Michalak, 2009b). Auf psychologischer Ebene ist darunter die Haltung zu verstehen, Ereignisse oder Situationen aktiv und offen aufzunehmen, anstatt diese vermeiden zu wollen. Linehan (2007) weist in diesem Zusammenhang darauf hin, dass ein Annehmen der Realität nicht einem Gutheißen der Realität entsprechen müsse. Auch gehe Akzeptanz bzw. Annehmen nicht mit Passivität oder Resignation einher (Heidenreich & Michalak, 2007). Stattdessen führe das Annehmen von Dingen, so wie sie sind, zu einer größeren Fähigkeit wirkungsvoll und angemessen zu reagieren. Linehan (2007) veranschaulicht dies ihren Klienten folgendermaßen:

‚Stellen Sie sich vor, daß Sie die Farbe rot hassen. Stellen Sie sich dann vor, daß ihr Zimmer in rot angestrichen ist. Wenn Sie sich weigern, die Tatsache zu akzeptieren, daß ihr Zimmer rot ist, dann werden Sie es nie in einer anderen Farbe streichen können'. (S. 132).

Da es sich bei Achtsamkeit um ein wissenschaftlich bisher nur unzureichend expliziertes Konstrukt handelt, wurde von Bishop et al. (2004) eine operationale Definition erarbeitet. Diese umfasst zwei verschiedene Komponenten: die Aufmerksamkeitsregulation auf die unmittelbare Erfahrung und eine spezifische Haltung gegenüber dieser eigenen Erfahrung, die durch Neugier, Offenheit und Akzeptanz charakterisiert ist.

5 Achtsamkeit in der Entstehung und Aufrechterhaltung von Abhängigkeit

Abhängigkeitsstörungen sind komplex determiniert: biologische, psychologische und soziale Faktoren in komplexen Wechselwirkungen lösen Suchtverhalten aus und erhalten es aufrecht. Welche Rolle könnte Achtsamkeit in diesem Zusammenhang spielen?

"In the context of addictions mindfulness might mean becoming aware of triggers for craving ... and choosing to do something else which might ameliorate or prevent craving, so weakening this habitual response" (Groves & Farmer, 1994, p. 189).

Demzufolge ähnelt das Achtsamkeitsprinzip (v. a. expositionsorientierten) Interventionen der kognitiv-behavioralen Therapie (Heidenreich et al., 2006). Die Parallelen sollen kurz am Beispiel der „cue exposure" dargestellt werden: Dieses Behandlungsprinzip basiert auf lerntheoretisch fundierten Ansätzen, in denen davon ausgegangen wird, dass dem Verlangen nach bestimmten Substanzen konditionierte Reaktionen zugrunde liegen. Beim Auftreten bestimmter internaler (z. B. negativer Affekt) oder externaler (z. B. drogenbezogener) Stimuli wird Verlangen ausgelöst, das jedoch nicht bewusst erlebt wird. Gemäß dem lerntheoretischen Prinzip der Löschung führt eine wiederholte Konfrontation mit den entsprechenden auslösenden Reizen – ohne die Möglichkeit zur Substanzeinnahme – zu einem Rückgang der Konditionierung. So werden in der Suchttherapie häufig der Anblick und Geruch von Alkohol als Stimuli verwendet. Dabei erfolgt jedoch nicht unbedingt eine Konfrontation mit den schwer tolerierbaren internen Zuständen (z. B. gedrückte Stimmung), die Rückfällen häufig vorausgehen.

Im Hinblick auf die potentielle Bedeutung von Achtsamkeit für die Rückfallprophylaxe ist die Arbeit von Rohsenow et al. (1994) zu nennen, in der bei männlichen Alkoholikern ein Zusammenhang zwischen dem Ausmaß bewusster Aufmerksamkeitszuwendung bei Cue-Exposure-Therapie und der Anzahl abstinenter Tage nach Abschluss der Behandlung herausgestellt werden konnte. Field, Munafò und Franken (2009) wiesen in ihrer Metaanalyse nach, dass der „attentional bias" (selektive Präferenz der Aufmerksamkeit für drogenbezogene Reize) positiv mit Craving korreliert. Eine achtsame Haltung könnte dazu beitragen, diese Aufmerksamkeitsverzerrung (die in der Entstehung und Aufrechterhaltung süchtigen Verhaltens eine wichtige Rolle zu spielen scheint) bewusst wahrzunehmen und zu mindern.

Es ist davon auszugehen, dass Achtsamkeit eine kognitiv-verhaltens-therapeutische Behandlung (CBT) sinnvoll ergänzen kann (Heidenreich et al., 2006). Neben etlichen Gemeinsamkeiten wie dem bewussten Beobachten von Verhalten, Gedanken und Gefühlen gibt es jedoch auch bedeutsame Unterschiede: Während CBT darauf abzielt, die auslösenden Reize zu verändern, wird beim Achtsamkeitstraining versucht, eine erhöhte Toleranz gegenüber Triggern wie negativem Affekt zu entwickeln. Primär soll somit nicht der Gedanke oder der Affekt selbst verändert werden, sondern das Verhältnis zu diesem. Negative (automatische) Gedanken werden nicht diskutiert und erörtert. Stattdessen versucht der Achtsamkeitsübende bei auftretenden Gedanken, Gefühlen und Körperempfindungen entweder zum

Objekt der Meditation (z. B. Atmung) zurückzukehren oder diese Empfindungen – ohne sie zu beeinflussen – achtsam und damit bewusst zu erleben. Aufgrund der „Spannung zwischen der verhaltenstherapeutischen Therapiekonzeption als zeitlich klar begrenzte Veränderungstechnologie und der Tatsache, dass Achtsamkeit in erster Linie ein umfassendes Lebensprinzip darstellt", sollte die Integration achtsamkeitsbasierter Elemente in die Verhaltenstherapie sehr vorsichtig (achtsam) erfolgen (Heidenreich & Michalak, 2009a, S. 577).

5.1 Theoretische Überlegungen zum Achtsamkeitsprinzip von Marlatt

Marlatt (2002) empfahl bereits vor drei Jahrzehnten, achtsamkeitsbasierte Ansätze in die Therapie von Abhängigkeitsstörungen zu integrieren. Ein zentraler Ansatzpunkt ist dabei die „lifestyle balance":

Balance refers to the client's ability to meet his or her responsibilities or obligations and to take care of his or her unique personal needs and wants. A healthy lifestyle involves the ability to reasonably balance various aspects of life: physical, emotional, intellectual, creative, family interpersonal, spiritual, work or school, and financial. (Daley & Marlatt, 2006, pp. 187 f.)

„Balanced Living" bzw. eine ausgeglichene Lebensweise könne den Grad an Lebenszufriedenheit erhöhen und das Risiko eines Rückfalls reduzieren. Herrscht andererseits ein zu großes Ungleichgewicht oder besteht eine Überforderung aufgrund zu vieler Verpflichtungen, sei die Versuchung groß, mit Hilfe von Substanzkonsum Freude erleben bzw. der Situation entfliehen zu wollen. Daher solle der Klient auf alle bedeutenden Lebensbereiche achten, um ermitteln zu können welche aus der Balance geraten sind und besonderer Aufmerksamkeit bedürfen. Beispielsweise würde ein Klient, der arbeitet und gleichzeitig studiert, anderen für sein Wohlbefinden wichtigen Lebensbereichen (z. B. Beziehungen, künstlerische Interessen) weniger Beachtung schenken oder diese gar gänzlich vernachlässigen. Wie in der eingangs erwähnten Maxime der Anonymen Alkoholiker ist die Dialektik zwischen Akzeptanz und Veränderung auch in diesem Ansatz erkennbar: „The important issue for the client is living with temporary periods of imbalance when they are unavoidable or necessary and working toward better balance when possible" (Daley & Marlatt, 2006, p. 188).

Ausschlaggebend für Marlatts Überlegungen zur Integration des Achtsamkeitsprinzips in die Suchttherapie war die Beobachtung, dass vor allem Abhängige den aktuellen Zustand ihrer Erfahrungen, so wie sie sind, meist nicht akzeptieren können:

Being dissatisfied with what is, the mind longs for what is not, or what could be (e.g., the next 'fix'). Whether it is seeking pleasure or avoiding an uncomfortable situation, everyone experiences craving on some level, through food, entertainment, sleep, sex, exercise, or substance use. (Hsu, Grow & Marlatt, 2008, p. 230 f.)

Daher unterscheide sich Craving aus buddhistischer Sicht nicht grundsätzlich von anderen Arten des Verlangens nach Sinnesfreude. Allerdings sei der durch den Wunsch nach Leidensfreiheit motivierte Drogenkonsum eine Art „false refuge", da das Leiden – im Vergleich zum kurz andauernden Effekt der Erleichterung – langfristig gesehen zunimmt. Verlangen bzw. Craving geht mit einer Fixierung auf zukünftiges Erleben und einer Ablehnung des Hier-und-Jetzt-Erlebens einher. Achtsamkeitsübungen bestehen hingegen darin, sich der aktuell ablaufenden Gedanken und Gefühle bewusst zu werden, diese und damit auch das Leben von Moment zu Moment zu akzeptieren. Es wird nicht versucht, innere Abläufe wie Craving zu bezwingen. Stattdessen soll die spontane Veränderlichkeit dieser Empfindungen erlebt werden. Hierfür wählt Marlatt (2002, 2005) die Metapher des „urge surfing":

Clients are taught to visualize the urge as an ocean wave that begins as a small wavelet and gradually builds up to a large cresting wave. As the urge wave grows in strength, the client's goal is to surf the urge by allowing it to pass without being 'wiped out' by giving into it. ... Like any skill, learning how to 'urge surf' takes practice and improves over time as the client attains greater balance on the mindfulness surfboard. (Marlatt, 2002, p. 47)

Wie alle Wahrnehmungen und Empfindungen ist Craving nicht von Dauer. Dem Drang nachzugeben, wenn er am stärksten ist, führe lediglich dazu, das Suchtverhalten weiter zu verstärken. Nicht dem Drang nachzugeben hingegen schwäche die Suchtkonditionierung und stärke Akzeptanz und Selbstwirksamkeitserwartung (Marlatt, 2002). Das Prinzip der Achtsamkeit ist auch dann von Bedeutung, wenn es trotz eines anderen Vorsatzes zu erneutem Substanzkonsum gekommen ist. Obwohl es sich dabei zunächst lediglich um einen Ausrutscher (lapse) handelt, kann es durch den Ablauf automatisierter, achtloser Prozesse dazu kommen, dass der von Marlatt und Witkiewitz (2008) beschriebene Abstinenzverletzungseffekt zu einem ausgeprägten Rückfall (relapse) führt. Achtsamkeit könnte Betroffene dabei unterstützen, die automatisierten Abläufe möglichst früh bewusst wahrzunehmen und aus ihnen auszusteigen.

Analog zu dem von Röhr (2008, S. 120) so bezeichneten „Königssatz" der Therapie: „Nicht die Probleme machen krank, sondern wie man mit ihnen umgeht", deuten Untersuchungen darauf hin, dass die Häufigkeit unerwünschter alkoholbezogener Gedanken weniger entscheidend ist als die Art und Weise, wie Menschen mit diesen Gedanken umgehen (Bowen, Witkiewitz, Dillworth & Marlatt, 2007).

[Mindfulness-] Meditation offers the recovering addict a powerful tool to successfully deal with a wave of craving. Because there is no judgment of the addictive craving or impulse, more choice-points for action are opened up than are typically apparent to someone less mindful. (Hsu et al., 2008, p. 231)

5.2 Das Informationsverarbeitungsmodell von Breslin, Zack und McMain

Breslin et al. (2002) entwarfen ein Informationsverarbeitungsmodell des Rückfallgeschehens bei Abhängigkeit, das Achtsamkeit als Erklärungs- und Behandlungsprinzip berücksichtigt (Abbildung 3). Ihre Überlegungen basieren auf der Annahme, dass es im Laufe der Suchtentwicklung zu einer Kopplung von Substanzeinnahme und negativem Affekt kommt. Da negative Empfindungen jedoch unvermeidbar seien, ergebe sich daraus folgendes Problem: (a) der negative Affekt und alle damit verbundenen diskriminativen Stimuli werden durch Substanzkonsum bezwungen, (b) im Laufe der Suchtentwicklung kommt es immer häufiger zur Auslösung negativer Zustände und (c) zu einer verminderten Toleranz, sodass immer unbedeutendere Stimuli eine Substanzeinnahme auslösen. Daher sollten erfolgreiche Suchttherapien im Wesentlichen darauf abzielen, die Kopplungen von negativem Affekt und Substanzkonsum wieder zu lösen (vgl. auch Heidenreich et al., 2006). Als Ergänzung zu bereits existierenden Ansätzen zur „cue exposure" messen Breslin et al. (2002) dem Achtsamkeitsprinzip hierbei große Bedeutung zu: Achtsamkeit ermögliche es, mit starken (auch negativen) Gefühlen in Kontakt zu kommen, ohne von ihnen gänzlich erfasst zu werden. Durch eine achtsame Haltung ließe sich die Fähigkeit entwickeln, diese Gefühle vollständig zu erleben, ohne sie unmittelbar verändern oder ausagieren zu müssen.

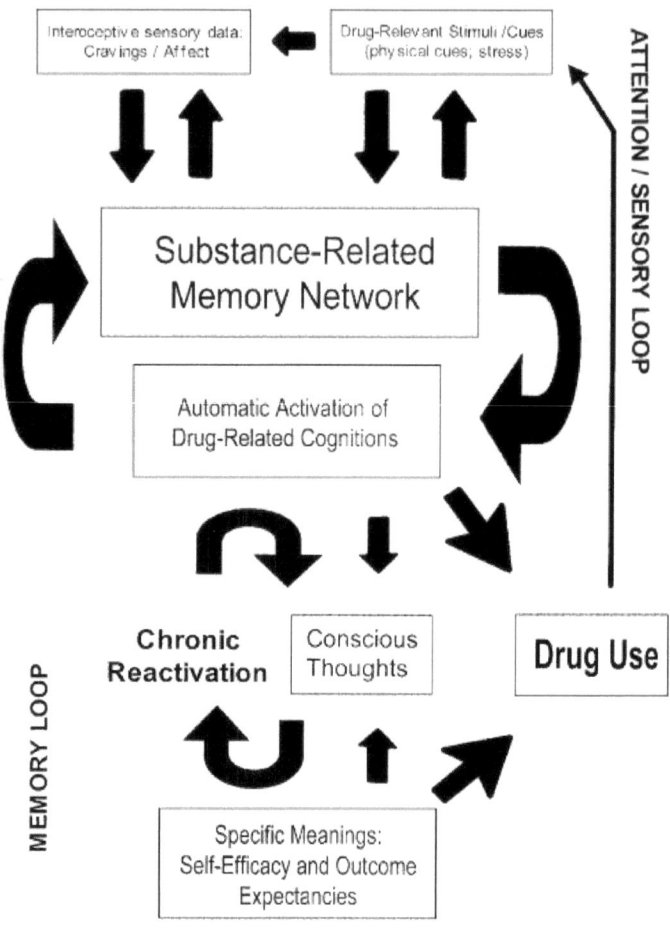

Abbildung 3: Das Informationsverarbeitungsmodell von Breslin, Zack & McMain (Aus "An information-processing analysis of mindfulness: Implications for relapse prevention in the treatment of substance abuse" von F. C. Breslin, M. Zack & S. McMain, 2002, Clinical Psychology: Science and Practice, 9 (3), p. 285.)

In ihrem Informationsverarbeitungsmodell – bestehend aus einer Aufmerksamkeits-Sensorik-Schleife („attention/sensory loop") und einer Gedächtnis-Schleife („memory loop"), die in wechselseitiger Beziehung zueinander stehen – betrachten Breslin et al. (2002) abhängiges Verhalten größtenteils als automatisiert. Bewusstes Verlangen entsteht erst dann, wenn ein automatisierter Impuls zum Substanzkonsum mit einem bewussten Abstinenzwunsch zusammentrifft. Dem Modell zufolge können Rückfälle einerseits „unbewusst" durch Ablaufen der automatischen Aufmerksamkeits-Sensorik-Schleife, andererseits aber auch durch Fehlschlagen einer kontrollierten bewussten Veränderung entstehen. Reize, die potentiell Substanzeinnahme auslösen können, werden durch die Aufmerksamkeits-Sensorik-Schleife verarbeitet. Sie können relevante Gedächtnisnetzwerke direkt aktivieren, ohne dass Verlangen (Craving) oder negativer Affekt bewusst erlebt wird. Diese Annahme konnte in experimentellen Arbeiten u. a. mit Hilfe einer Modifikation des Stroop-Paradigmas bestätigt werden. So wiesen Alkoholabhängige größere Schwierigkeiten auf, alkoholbezogene Wörter zu ignorieren als nicht alkoholabhängige Probanden (Stetter, Ackermann, Bizer, Straube & Mann, 1995). Ähnliches ließ sich für pathologische Glücksspieler nachweisen (McCusker & Gettings, 1997).

Drogenbezogene Gedanken können bei bestehender Abhängigkeit einen zwanghaften Charakter annehmen, also ständig im Bewusstsein präsent sein (Heidenreich et al., 2009). In einer experimentellen Studie wurde nachgewiesen, dass es alkoholabhängigen Patienten nicht gelingt, ihre Aufmerksamkeit von alkoholbezogenen Reizen und Gedanken zu lösen (Stormark, Laberg, Nordby & Hugdahl, 1998). Sind entsprechende substanzbezogene Gedächtnisnetzwerke durch frühere Erfahrungen ausgebildet, wird zur Aktivierung von „Handlungsplänen" bezüglich der Substanzeinnahme nur wenig Anstrengung (bzw. Ressourcen) benötigt. Die Aufrechterhaltung von „Abstinenzplänen" erfordert hingegen viel Aufmerksamkeit (bzw. Ressourcen), sodass es nach Breslin et al. (2002) naheliegend ist, dass Abhängige den Weg des geringeren Widerstandes gehen und zu ihrem Suchtverhalten zurückkehren. Achtsamkeit könnte dazu beitragen, diesen Zustand zu verlassen, indem Gedanken, die sonst das entsprechende problematische Netz aktivieren, wahrgenommen werden. Eine weitere Eskalation drogenbezogener Kognitionen könnte somit unterbunden werden.

Den Nutzen des Achtsamkeitsansatzes beschreiben Breslin et al. (2002) wie folgt: "...two key benefits of mindfulness may be its ability to progressively replace automatic processing of drug-relevant stimuli with controlled, nonautomatic processing and to replace mindless emoting ... with detached observing" (p. 288). Pläne zur Drogeneinnahme werden durch Achtsamkeit nicht gehemmt. Es sollen die emotionalen und mentalen Prozesse des Gedächtnisnetzwerkes beobachtet werden: "It should be emphasized that the non automatic processes of mindfulness are not employed to suppress the automatic processes, but instead to monitor them (p. 288). Dieser Ansatz entspricht weitgehend dem Prinzip des „urge surfing" von Marlatt (2002).

Letztendlich bewirkt Achtsamkeit auch eine Sensibilisierung im Sinne einer bewussten Wahrnehmung der aktuellen Situation und stellt somit das Gegenteil zur unachtsamen automatischen Verarbeitungsweise dar. Es wird angenommen, dass neben dem Prozess der Sensibilisierung auch eine Desensibilisierung gegenüber emotionalen Zuständen stattfindet, die sonst Substanzkonsum auslösen, was zu einer erhöhten Emotionstoleranz führen kann (Heidenreich et al., 2006).

Obwohl mit dem Ansatz von Breslin et al. (2002) ein interessantes Rahmenmodell vorliegt, könnten auch andere Wirkmechanismen von Bedeutung sein. So argumentieren Marlatt und Chawla (2007) basierend auf der Arbeit von Glasser (1985), dass Meditationsübungen Abhängigkeiten dadurch günstig beeinflussen, dass sie dem Substanzkonsum eine „positive Sucht" entgegenstellen: „I call them positive addictions because they strengthen us and make our lives more satisfying. They exist in sharp contrast to the common or negative addictions like alcohol or heroin, which always weaken and often destroy us" (Glasser, 1985, p. 2). Unter positiven Süchten versteht Glasser Aktivitäten, die selbstverstärkend sind (wie z. B. körperliche Übungen) und noch weitere Besonderheiten aufweisen (nichtkompetitiv, leicht umsetzbar, alleine ausführbar, positiver Wert, Fortschritte durch die Person selbst bestimmbar, Kritikfreiheit). Im Gegensatz dazu zeichnen sich „negative Süchte" durch kurzfristige positive Verstärkung bei langfristig negativen Konsequenzen aus (Marlatt & Chawla, 2007). Aufgrund der nur wenigen empirischen Studien, die bisher im Suchtbereich vorliegen, lassen sich momentan keine gesicherten Aussagen zu potentiellen weiteren Wirkmechanismen treffen (Heidenreich et al., 2009).

6 Achtsamkeit in der Therapie von Abhängigkeitsstörungen

Aus Sicht von Heidenreich et al. (2006) sei es zunächst sinnvoll, bisherige Behandlungsformate bei anderen Störungen zu betrachten und im Hinblick auf ihre Anwendbarkeit im Suchtbereich zu überprüfen. Die derzeit etablierten und empirisch abgesicherten therapeutischen Ansätze unterscheiden sich dahingehend, in welchem Ausmaß Achtsamkeit in die psychotherapeutische Behandlung integriert wird und welchen Stellenwert sie in der Behandlung einnimmt. Es können achtsamkeitsanaloge, -informierte und -basierte Ansätze unterschieden werden (Heidenreich & Michalak, 2009a). Diese sollen im Folgenden kurz vorgestellt und bezüglich ihrer Einsatzmöglichkeiten bei Abhängigkeitsstörungen diskutiert werden.

6.1 Etablierte therapeutische Ansätze zur Vermittlung von Achtsamkeit

In vielen klassischen Therapieansätzen lassen sich Prinzipien finden, die dem Achtsamkeitsprinzip ähneln (achtsamkeitsanaloge Ansätze). So spricht Freud beispielsweise von der Bedeutung der „gleichschwebenden Aufmerksamkeit", in der modernen Gesprächspsychotherapie wird besonderer Wert auf „Präsenz" gelegt und Fritz Perls betont in seinem gestalttherapeutischen Ansatz die Notwendigkeit psychotherapeutisch im Hier und Jetzt zu arbeiten (Heidenreich & Michalak, 2006). Auch in der Verhaltenstherapie finden sich viele Analogien zum Achtsamkeitsprinzip wie z. B. die Instruktion, während einer Exposition alle Erlebnisse ohne Vermeidung zu erfahren (vgl. Kapitel 5).

Bei achtsamkeitsinformierten Ansätzen handelt es sich um multimodale Behandlungsverfahren, in denen Achtsamkeit und Akzeptanz neben anderen Fertigkeiten und Behandlungselementen gezielt vermittelt werden (Heidenreich & Michalak, 2009a). Auf ausgedehnte formelle Meditationsübungen wird meist verzichtet. Als therapeutische Ansätze sind diesbezüglich die „Dialektisch-Behaviorale Therapie" (DBT; Linehan, 2007) und die „Acceptance and Commitment Therapy" (ACT; Hayes, 2004) zu nennen.

In der ACT lernen Klienten u. a. durch Achtsamkeitsübungen, den eigenen Erfahrungen mit einer grundlegend akzeptierenden Haltung zu begegnen. Akzeptanz ist dabei kein Selbstzweck – sie soll engagiertes Handeln in Richtung der vom Klienten gewählten Werte in Bereichen wie Beruf, Partnerschaft oder Religion ermöglichen (Hayes, 2004). Zur ACT liegen mittlerweile Anwendungen im Suchtbereich vor (Batten & Hayes, 2005; Luciano, Gómez, Hernández & Cabello, 2001). In der DBT wird Achtsamkeit als ein übergreifendes Prinzip verstanden, welches das therapeutische Handeln während der gesamten Behandlung prägen sollte. Gleichzeitig stellt die Entwicklung von innerer Achtsamkeit (neben dem Training der interpersonellen Wirksamkeit, Training der Emotionsregulierung und Stresstoleranz) auch ein Modul des in Gruppen durchgeführten Fertigkeitentrainings dar. Achtsamkeit wird dabei anhand von Instruktionen, Metaphern, Modelllernen, den Einsatz operanter Elemente (z. B. Zuwendung, Lob) sowie durch Hausaufgaben vermittelt. Da davon ausgegangen werden kann, dass Klienten ihre Aufmerksamkeit zu Beginn nicht lange aufrechterhalten können, sollten die ersten Achtsamkeitsübungen nicht länger als 30 Sekunden bis zu einer Minute andauern (Linehan, 2007). Ähnliche Elemente finden sich im Suchtbereich als „Blitzlicht" wieder, das zu Beginn und am Ende einer Gruppentherapie die Wahrnehmung der Klienten von der Außen- zur Innenperspektive lenken soll (Heidenreich et al., 2006).

In Anbetracht der hohen Komorbiditätsraten[10] von Abhängigkeitsstörungen einerseits und Persönlichkeitsstörungen, Angst, depressiven Störungen sowie Psychosen andererseits, ist es erforderlich, Behandlungsprogramme zu entwickeln, die möglichst alle Störungen in einem therapeutischen Kontext berücksichtigen. Wird nur die Abhängigkeit oder die komorbide Störung behandelt (in der Hoffnung, dass sich das jeweils andere Problem dann von selbst legen würde), drohe laut Bilitza & Schuhler (2007) die Zuspitzung der jeweils unbehandelten Störung. Dementsprechend entwickelten Dimeff und Linehan (2008) ein DBT-Programm für Patienten mit Borderline-Persönlichkeitsstörung (BPS) und komorbider Substanzabhängigkeit (DBT-S), dessen übergeordnetes Ziel Abstinenz bzw. die Vermeidung von Rückfällen ist (für eine ausführlichere Darstellung vgl. Sendera & Sendera, 2007). Einzelne Aspekte der DBT-S eignen sich auch für Klienten mit einer Abhängigkeitsstörung ohne BPS-Diagnose, allerdings nicht das gesamte Programm (Kienast, persönliche Kommunikation am 13.08.2009). DBT-S kann auch bei Menschen mit anderen schweren, in Kombination mit einer Abhängigkeit auftretenden Störungen hilfreich sein. Zumindest für Klienten, die nicht von anderen etablierten Suchttherapien profitieren können, stellt DBT-S eine Alternative dar (Dimeff & Linehan, 2008). Studienergebnisse zur klinischen Effektivität der DBT mit integriertem Behandlungsprogramm für Abhängigkeitsstörungen sind (sowohl im stationären als auch ambulanten Setting) vielversprechend (Kienast et al., 2009; Linehan et al., 2002).

---

10 Komorbidität: das gemeinsame Auftreten von mindestens zwei Störungen bei einem Individuum (Davison et al., 2007).

Innerhalb achtsamkeitsbasierter Ansätze stellt Achtsamkeit das grundlegende Therapieprinzip dar. Zu diesen Ansätzen zählen die „Mindfulness-based stress reduction" (MBSR; Kabat-Zinn, 1990) und die „Mindfulness-based cognitive therapy" zur Rückfallprophylaxe bei Depressionen (MBCT; Segal et al., 2002). MBSR und MBCT weisen den deutlichsten Bezug zu der ursprünglich meditativen Tradition auf und gelten daher als Klassiker der achtsamkeitsbasierten Verfahren (Heidenreich & Michalak, 2009a).

Über einen Zeitraum von acht Wochen werden zeitlich ausgedehnte, intensive Meditationsübungen (bis zu 45 Minuten) durchgeführt, die von den Klienten auch regelmäßig als Hausaufgabe praktiziert werden sollen. Im Rahmen einer Psychoedukation werden Informationen über Stress (MBSR) bzw. Depression (MBCT) vermittelt. In der MBCT sind zusätzlich auf Depression bezogene kognitiv-behaviorale Elemente integriert (z. B. Änderung des Verhaltens, Identifizierung negativer Gedanken und automatischer Muster). Hauptbestandteile beider Programme sind formelle (Body- Scan, Atemmeditation, Hatha-Yoga) und informelle Achtsamkeitsübungen (Integration einer achtsamen Haltung in den Lebens-alltag). Beispiele sind im Anhang A enthalten. Vallejo und Amaro (2009) modifizierten das MBSR-Programm für die Rückfallprävention bei Substanz-abhängigkeit und auch in gegenwärtigen (nicht primär auf Achtsamkeit abzielenden) Behandlungen lassen sich Parallelen zu MBSR-Elementen finden. So werden im Suchtbereich häufig Atemtherapie oder die Progressive Muskelrelaxation nach Jacobson eingesetzt (Heidenreich et al., 2006).

6.2 Anwendungsmöglichkeiten bei Abhängigkeitsstörungen

Aus diesen unterschiedlichen Formaten lassen sich laut Heidenreich et al. (2006, 2009) Anregungen für die Anwendung achtsamkeitsbasierter Interventionen im Suchtbereich ableiten. Was und wieviel realisiert werden kann, dürfte dabei vor allem vom Behandlungssetting abhängen. So lassen sich Achtsamkeitsübungen in der stationären Suchttherapie systematischer und mit häufigerer Frequenz einüben als im ambulanten Setting. Auch stellt sich die Frage, ob abhängige Klienten zu längeren Achtsamkeitsübungen in der Lage sind. Breslin et al. (2002) weisen in diesem Zusammenhang darauf hin, dass formelle Achtsamkeitsübungen (wie MBCT oder MBSR) hohe Anforderungen an die Klienten stellen. Daher empfehlen sie (analog zur DBT), anfangs keine tägliche formale Achtsamkeitspraxis durchzuführen, sondern die Klienten zunächst in kurzen Übungen mit dem Achtsamkeitsprinzip vertraut zu machen. Gegen intensive formelle Übungen zu Beginn der Behandlung spreche v. a., dass die

Klienten in intoxikiertem Zustand meditieren würden. Die Bereitschaft der Klienten, sich auf Achtsamkeitsübungen einzulassen, hängt sicherlich auch davon ab, inwiefern sie sich der Problematik ihres Substanzkonsums bewusst sind.

Die Veränderung suchtmittelbezogener Einstellungen wird von DiClemente (2006) als in Stadien oder Phasen ablaufend beschrieben. In der „Precontemplation"-Phase weisen Abhängige keine oder nur geringe Veränderungsbereitschaft auf, das Problemverhalten als solches ist ihnen nicht bewusst. Im Stadium der „contemplation" wird ein Problem zunehmend als solches anerkannt. Es findet eine aktive Auseinandersetzung mit dem Problem statt, ohne dass es zu Verhaltensänderungen kommt. Erst während der „Preparation"-Phase kommt es zur Ausbildung von Handlungsabsichten, in der „Action"-Phase dann schließlich zur konkreten Verhaltensänderung. Das letzte Stadium des Modells stellt die „maintenance" bzw. die Aufrechterhaltung einer Verhaltensänderung dar.

Es kann angenommen werden, dass Klienten die einzelnen Stadien häufig wiederholt durchlaufen, bis es zu einer dauerhaften Verhaltensänderung kommt. Klienten, die sich in der „Precontemplation"-Phase befinden und keine Einsicht in die Problemhaftigkeit ihres Konsums haben, dürften für Achtsamkeitsübungen nur schwer motivierbar sein (Heidenreich et al., 2006). Für Klienten in der „Contemplation"-Phase, in der Vor- und Nachteile einer Verhaltensänderung abgewogen werden, kann achtsames Wahrnehmen des Körpergefühls durchaus zur Klärung der Alternativen beitragen. Dieser Prozess könne laut Heidenreich et al. (2006) durch Achtsamkeitsübungen gezielt vorbereitet und begleitet werden. Die Bereitschaft des Klienten, sich von einer Droge zu lösen, sollte zumindest ansatzweise hergestellt sein, damit sich Achtsamkeit und nicht positives (sich zum Verlangen aufschaukelndes) Drogeninteresse entwickeln kann. Als Vorbereitung für die Cue-Exposure-Therapie könnte Achtsamkeitstraining die bewusste Wahrnehmung und das Nichtreagieren fördern – sowohl in der Expositionssituation selbst als auch später im Alltag. Letztendlich kann Achtsamkeit auch die Lebendigkeit der Alltagserfahrung steigern, indem sie zuvor neutralen Dingen bzw. Situationen größere Bedeutung verleiht. Der Alltag wird als reicher erlebt und Klienten sind möglicherweise nicht mehr so sehr auf den Kick angewiesen.

Inwieweit die Vermittlung und Kultivierung von Achtsamkeit eine sinnvolle Ergänzung zum therapeutischen Vorgehen darstellt und vom jeweiligen Klienten zum gegenwärtigen Zeitpunkt umgesetzt werden kann, muss individuell entschieden werden. In diesem Zusammenhang kann auf die Philosophie der Kurzzeittherapie verwiesen werden: „Wenn du einmal weißt, was funktioniert, mache mehr vom Selben! ... Wenn es nicht funktioniert, laß es sein, mache etwas anderes" (Berg & Miller, 2007, S. 32).

6.3 Eine empirische Untersuchung zur Achtsamkeitsmeditation bei Alkohol- und Drogenproblemen

Heidenreich et al. wiesen bereits 2006 darauf hin, dass es bisher lediglich theoretische Überlegungen zur Anwendung von Achtsamkeit im Suchtbereich und nur wenige empirische Arbeiten gibt. Auch in den letzten Jahren hat sich daran meines Erachtens nicht viel geändert. Es liegen jedoch vereinzelt Arbeiten vor, die die Auswirkungen anderer Meditationsformen auf Alkoholkonsum empirisch überprüften. Beispielsweise konnten Taub, Steiner, Weingarten und Walton (1994) nachweisen, dass Transzendentale Meditation (neben EMG Biofeedback) effektiv zur Behandlung von Alkoholabhängigkeit eingesetzt werden kann. Die Transzendentale Meditation (TM) zählt zu den konzentrationsbasierten Ansätzen, bei denen die Aufmerksamkeit lediglich auf einen einzigen Stimulus (ein Wort bzw. Mantra, ein Geräusch oder ein Objekt) gerichtet ist. In einer randomisierten Studie verglichen Marlatt, Pagano, Rose und Marques (2008) Transzendentale Meditation, Muskelentspannung und tägliches Lesen zur Entspannung bei stark trinkenden College-Studenten. In allen Gruppen zeigte sich eine signifikante Reduktion der Trinkmenge, wobei die TM-Gruppe die konsistentesten Alkoholreduktionen angab. Ermutigt durch diese Ergebnisse starteten Marlatt und Kollegen (vgl. Hsu et al., 2008) den Versuch, auch andere buddhistische Aspekte wie die Achtsamkeitsmeditation in die Suchttherapie zu integrieren. "Until recently the very word meditation tended to evoke raised eyebrows and thoughts about mysticism and hocus-pocus in many people. In part, that was because people did not understand that meditation is really about paying attention" (Kabat-Zinn, 1990, p. 21).

Witkiewitz, Marlatt & Walker (2005) untersuchten Achtsamkeitsmeditation als „Stand- alone"-Behandlung (d. h. es wurden keine weiteren therapeutischen Ansätze eingeführt) bei Alkohol- und Drogenproblemen von Gefängnisinsassen in Seattle. Insgesamt wurden 306 Gefangene untersucht, von denen die meisten vor ihrer Aufnahme Alkohol und Drogen konsumierten. Die Teilnehmer absolvierten einen 10-Tageskurs in Vipassana-Meditation (VM) nach Goenka. Dabei handelt es sich um ein standardisiertes Meditationsprogramm, das wesentliche buddhistische Lehrinhalte vermittelt. Bei dieser Meditationsform wird die Aufmerksamkeit auf die Atmung oder Körperempfindungen gelenkt.

Die Experimentalgruppe setzte sich aus Strafgefangenen zusammen, die sich bei der Aufnahme bereit erklärten, an der Behandlung teilzunehmen. Die Kontrollgruppe erhielt „treatment as usual" (TAU), d.h. sie nahm am sonstigen Angebot der Anstalt (u. a. Psychoedukation, Treffen der Anonymen Alkoholiker, Training sozialer Kompetenz) teil. Nur ca. 30 % der Teilnehmer konnten nachuntersucht werden. Als häufigste Begründung für das Herausfallen aus der Studie wurde genannt, dass die Patienten für eine Nachuntersuchung nicht mehr zur Verfügung standen, entlassen worden waren oder sich weigerten, erneut untersucht zu werden. Eine Auswertung mit 29 Klienten der Meditationsgruppe und 59 Teilnehmern der Kontrollgruppe liegt vor. Die beiden Gruppen unterschieden sich dahingehend, dass die Teilnehmer des VM-Kurses zusätzlich mehr Trainingsstunden in psychoedukativen Programmen absolvierten als die Kontrollgruppe. Dieser Unterschied ist jedoch nicht signifikant. Die Ergebnisse beziehen sich auf Unterschiede in der Alkohol- und Drogeneinnahme in den 3 Monaten vor und nach der Aufnahme. Im Prä-Post-Vergleich verbesserten sich beide Gruppen signifikant hinsichtlich Alkohol- und Drogeneinnahme. Die Verbesserung des VM-Kurses gegenüber der TAU-Gruppe wird durch signifikante Zeit-mal-Gruppen-Interaktionen demonstriert: Diese ergaben sich für den Drug Abuse Severity Test, die durchschnittliche wöchentliche Drogeneinnahme sowie den maximalen Marihuana- und Kokaingebrauch. Weitere Untersuchungen mit anderen Gruppen sind geplant.

Aus methodischer Sicht ist diese Studie sicherlich zu kritisieren: Da die Zuteilung nicht randomisiert erfolgte und die VM-Teilnehmer auch insgesamt mehr Zeit in anderen Gruppen verbrachten, ist zu vermuten, dass es sich dabei um die motiviertere Gruppe handelte. Auch ist nicht auszuschließen, dass die höhere Behandlungsdosis einen Teil der Unterschiede erklären kann. Des Weiteren werden keine spezifischen Abhängigkeitsindikatoren berichtet, sodass letztendlich unklar ist, welches Klientel konkret untersucht wurde. Trotz dieser methodischen Einschränkungen liege nach Heidenreich et al. (2009) damit erstmals eine Studie vor, „die sich der interessanten Frage nach der Anwendung von Achtsamkeitsprinzipien auf empirische Weise nähert" (S. 585). Diese und weitere Studienergebnisse motivierten Marlatt und seine Arbeitsgruppe (Hsu et al., 2008), ein achtsamkeitsbasiertes Interventionsprogramm für Menschen mit Abhängigkeitsproblemen zu entwerfen, das im Folgenden skizziert werden soll.

6.4 Die Mindfulness-based relapse prevention

Bei der „Mindfulness-based relapse prevention" (MBRP) handelt es sich um ein manualisiertes, ambulantes Behandlungsprogramm, das neben den kognitiv-behavioralen Strategien der klassischen Rückfallprävention (vgl. Kapitel 3) auch Achtsamkeits-Elemente berücksichtigt (Hsu et al., 2008). Das wesentliche Ziel dieses Programms ist es, Achtsamkeit und Akzeptanz gegenüber Gedanken, Gefühlen und Körperempfindungen (u. a. Entzugserscheinungen) zu entwickeln, um diese Haltung als Bewältigungsstrategie auch in Hochrisikosituationen einsetzen zu können. Analog zur Struktur der MBSR und MBCT werden in acht wöchentlichen Sitzungen von ca. zwei Stunden Dauer grundlegende Prinzipien der Achtsamkeit und der Rückfallprävention vorgestellt und eingeübt. Die in den Gruppen aufgegriffenen Themen sind u.a. Wissensvermittlung über Craving, Vermittlung von Bewältigungsstrategien, Identifikation von Hochrisikosituationen, Erhöhung der Selbstwirksamkeitserwartung, Kultivierung einer akzeptierenden Haltung gegenüber körperlichen (medizinisch nicht bedenklichen) und psychischen Entzugserscheinungen sowie Lernen im gegenwärtigen Moment (statt im Autopilotenmodus) zu leben. Zudem werden die Klienten angehalten, Übungen zur Achtsamkeit und zur Rückfallprävention als Hausaufgabe durchzuführen. Meditations- CDs sollen ihnen helfen, auch außerhalb der Sitzungen regelmäßig Achtsamkeit zu praktizieren. Kontinuierliche Achtsamkeitspraxis soll sie in die Lage versetzen, auf interne und externe Reize weniger automatisiert zu reagieren. Dabei muss es sich nicht ausschließlich um substanzbezogene Erlebnisse handeln, auch die sogenannten „daily hassles" bieten reichlich Gelegenheit, die eigenen Reaktionen achtsam wahrzunehmen (Heidenreich, 2009). Letztendlich führe erhöhte Bewusstheit und Akzeptanz von Gedanken und Empfindungen in Hochrisikosituationen laut Witkiewietz et al. (2005, p. 223) zu adaptiveren Reaktionen auf situationale Hinweisreize und damit zu einer geringeren Rückfallwahrscheinlichkeit. Die wiederholte Erfahrung, Hochrisikosituationen achtsam zu erleben – ohne der Versuchung nachzugeben, die Substanz zu konsumieren oder bei Anwesenheit der Substanz impulsiv zu reagieren – hätte eine erhöhte Selbstwirksamkeitserwartung zur Folge und bewirke eine Gegenkonditionierung der positiven und negativen Verstärker, die mit der Wirkung einer abhängigkeitserzeugenden Substanz verbunden sind.

Mit der „Mindfulness-based relapse prevention" (MBRP) wurden erstmals konkrete Einsatzmöglichkeiten von Achtsamkeit im Suchtbereich vorgelegt. Das Programm wird derzeit evaluiert. Erste Ergebnisse weisen darauf hin, dass die MBRP eine effektive ergänzende Therapie zur Rückfallprävention von

Alkoholabhängigen darstellt (Zgierska et al., 2008). Eine weitere Möglichkeit, Achtsamkeit im Rahmen der (Sucht-)Therapie zu vermitteln, liegt in der eingenommenen therapeutischen Haltung. Der Therapeut könne laut Heidenreich et al. (2007) modellhaft wirksam sein, indem er den Klienten Achtsamkeit direkt vorlebt.

6.5 Die therapeutische Haltung

„Es ist kein Geheimnis, dass wir in der Arbeit mit unseren KlientInnen und PatientInnen vor allem dadurch wirksam sind, wie wir uns verhalten und die gemeinsame Beziehung gestalten und nicht in erster Linie dadurch was wir tun..." (Altner, 2008, S. 387). Entsprechend berichten Lambert und Simon (2008), dass allgemeine Wirkfaktoren wie die therapeutische Beziehung 30 % der Ergebnisvarianz erklären, während der spezifischen therapeutischen Technik nur 15 % zugesprochen werden. Unter verschieden Vertretern achtsamkeitsbasierter Therapieansätze herrscht Einigkeit darüber, dass Therapeuten, die in diesem Bereich tätig werden möchten, auf der Grundlage eigener Erfahrungen mit Achtsamkeit arbeiten sollten (Michalak & Heidenreich, 2009). Solange das Verhältnis des Therapeuten zu Achtsamkeit noch nicht in ausgedehnter persönlicher Praxis verwurzelt sei, hätte die Vermittlung und Anleitung im klinischen Kontext laut Kabat-Zinn (2009) nur Bruchteile der erforderlichen Energie, Authentizität oder der letztendlichen Relevanz:

Wie kann man jemanden bitten, sich auf systematische und disziplinierte Weise einen tiefen Einblick in seinen bzw. ihren eigenen Geist und Körper und die Natur des eigenen Daseins zu verschaffen, wenn man nicht willens ist (oder zu viel zu tun hat oder nicht genügend daran interessiert ist), sich selbst auf dieses große und herausfordernde Abenteuer einzulassen, zumindest in demselben Ausmaß, wie man es von seinen Patienten oder Klienten erwartet? (S. 124)

Auch Bien (2009) sieht das Potential des Achtsamkeitsansatzes nicht ausschließlich auf der Interventionsebene: „Mindfulness, the practice of moment-to-moment, non- judgemental awareness, would seem exactly the kind of attention needed to facilitate empathy and a positive therapeutic relationship" (p. 296). Während der Sitzung sollte der Therapeut unbedingt für den Klienten da sein und Störungen jeglicher Art (z. B. Klingeln des Telefons, Ablenkung, Fantasien) auf ein Minimum reduzieren. In der therapeutischen Situation sollte er aus der eigenen lebendigen Körpererfahrung im Hier-und-Jetzt heraus handeln und versuchen, jedem Klienten gegenüber eine möglichst offene Haltung einzunehmen, indem er Kategorisierungen so weit wie möglich zurückstellt. Die Umsetzung dieser selbstverständlichen therapeutischen Haltungen fällt nicht immer leicht. Achtsamkeit biete Heidenreich et al. (2007) zufolge eine ausgezeichnete Möglichkeit, sie täglich einzuüben.

Untersuchungen deuten darauf hin, dass im psychosozialen Bereich tätige Menschen vermehrt fürsorglich und wertschätzend sowohl sich selbst als auch Klienten gegenüber auftreten, wenn es ihnen gelingt, im Alltag gezielt Achtsamkeit zu praktizieren (Altner, 2008). Die Achtsamkeitspraxis fördere Qualitäten wie Präsenz, Verbundensein, Akzeptanz, Wertschätzung und Gelassenheit. Speziell in der Arbeit mit Abhängigen sind achtsamkeitspraktizierende Therapeuten möglicherweise eher in der Lage, die ständigen Wechsel im Gemütszustand des Klienten sowie die suchtbezogenen Stadien der Veränderungen zu erfassen, in denen er sich befindet (Bien, 2009).

Achtsamkeit kann sich auch positiv auf die Behandlungsergebnisse auswirken. So berichten Grepmair und Nickel (2006) über die Effekte eines Achtsamkeitstrainings, das von angehenden Psychotherapeuten (PiAs) absolviert wurde: Während der Durchführung der Studie haben die PiAs täglich Zen geübt. Darüber hinaus wurden sie angeregt, während der psychotherapeutischen Sitzungen mit ihren Klienten achtsam zu sein. Allein dies führte zu einer beachtlichen Steigerung der therapeutischen Wirksamkeit der Psychotherapeuten. Auch zeigten sich bedeutsame Unterschiede im Vergleich mit einer Gruppe von Klienten, deren Therapeuten keine Achtsamkeitsübungen durchführten. Es wird angenommen, dass das (tiefere) Wohlbefinden von Klienten mit dem (tieferen) Wohlbefinden von Therapeuten verknüpft ist. Therapeuten, die achtsame Selbstfürsorge und achtsamen Umgang mit ihrer Umwelt gelernt haben, können Klienten (aus ihrer eigenen gelebten Erfahrung heraus) wahrscheinlich stärker unterstützen, diese Aspekte auch bei sich zu entwickeln (Heidenreich et al., 2007). Zudem könne das Prinzip der Achtsamkeit den Therapeuten behilflich sein, ihre eigenen Grenzen und Bedürfnisse früher wahrzunehmen. In therapeutischen und psychosozialen Berufen bestehe laut Altner (2008) meist ein hohes emotionales Engagement, das unter bestimmten Bedingungen zu starken Belastungen bis hin zum Burnout führen kann. Die Kultivierung einer achtsamen, selbstfürsorglichen Haltung (z. B. durch Meditation oder Yoga) könne in diesem Zusammenhang zum Erhalt von Gesundheit und Lebensfreude beitragen.

Letztendlich wirkt sich Achtsamkeit nicht nur positiv auf Klient, Therapeut und deren therapeutische Beziehung aus, auch im Forschungsprozess kann sie eine wichtige Rolle spielen: Dem von Koch-Göppert (2006) vorgeschlagenen Modell zufolge geschehe achtsames Forschen in einer Bewusstheit des unmittelbaren Erlebens dessen, was im jeweiligen Moment des Forschens im Bewusstseinsstrom der Forscher-Person und ihres Forschungsgegenstandes in Erscheinung tritt und auch wieder weiter fließt. Achtsames Forschen ermögliche, fördere und führe zu mehr Authentizität. "The continued systematic investigation of mindfulness has the potential to weave together theory, research, and practice, building an integrated and unified model of how mindfulness can best support greater health..." (Shapiro, 2009, p. 559).

6.6 Ausblick

Heidenreich et al. (2009) halten die Einordung des Achtsamkeitsprinzips in bestehende psychologische Theorien „für eine vordringliche Aufgabe" (S. 586). Insbesondere im Bereich der Abhängigkeitsstörungen würden bisher kaum überzeugende Ansätze zur Bedeutung von Achtsamkeit vorliegen. Andererseits sei die Integration achtsamkeitsbasierter Ansätze in die wissenschaftliche Psychologie nicht unproblematisch. Letztendlich unterscheiden sich die wissenschaftliche und meditative Tradition u.a. bezüglich des Menschenbildes, der Auffassung von Empirie und der Rolle persönlicher Erfahrungen. Der wissenschaftlichen Forderung nach Objektivität, Reliabilität, Explikation und Operationalisierung stünde eine Auffassung gegenüber, die der unmittelbaren, persönlichen achtsamen Erfahrung einen großen Stellenwert einräumt. Eine Herausforderung wird es sein, einen Weg zu finden, der beide Perspektiven berücksichtigt und respektiert. Trotz (oder gerade wegen) dieses Spannungsverhältnisses ist davon auszugehen, dass das Prinzip der Achtsamkeit interessante Impulse zur Weiterentwicklung der Psychotherapie liefern kann.

Für die weitere Beschäftigung mit dem Thema „Achtsamkeit" im Kontext von Abhängigkeitsstörungen sei es zunächst erforderlich, in empirischen Studien zu überprüfen, inwiefern Interventionen, die zusätzlich Achtsamkeitsansätze berücksichtigen, zu einer Erhöhung der Wirksamkeit führen (Heidenreich et al., 2007, 2009). Hierzu sollten Studien mit stärkeren Untersuchungsdesigns durchgeführt werden, die auch Fragen der differentiellen Indikation aufgreifen. So wäre es beispielsweise denkbar, dass einige Klienten von achtsamkeitsbasierten Ansätzen profitieren, während bei anderen keine Veränderung erfolgt.

Des Weiteren sind mögliche Wirkprinzipien der Achtsamkeit sowie die Relevanz einer achtsamen Haltung des Therapeuten für seine Gesundheit und die Effektivität von Behandlungen eingehender zu untersuchen. Das langfristig wichtigste Anwendungsgebiet sehen Heidenreich et al. (2009) jedoch „im gesellschaftlich äußerst relevanten Bereich des Umgangs mit riskantem und schädlichem Konsum" (S. 586). Demzufolge ist es wünschenswert, den Blick zukünftig mehr auf den präventiven Bereich zu lenken und der Frage nachzugehen, inwiefern achtsamkeitsbasierte Prinzipien dazu beitragen können, das Auftreten von (Abhängigkeits-) Störungen zu reduzieren (vgl. Altner, 2009). Immerhin habe die Weltgesundheitsorganisation mit Einführung der ICF (Internationale Klassifikation der Funktionsfähigkeit, Behinderung und Gesundheit) laut Stachowske (2008) bereits einen Paradigmenwechsel im internationalen System der Definitionen von Krankheit versus Gesundheit eingeleitet: Das dynamische, ressourcenorientierte ICF-Modell stellt eine Ergänzung zur individualzentrierten, symptom- bzw. defizitorientierten Sichtweise der ICD-10 dar und „eröffnet die Chance, bei der Diagnose und Therapie von Störungen der Gesundheit ... neue, erweiterte Ansätze zu nutzen" (S. 21).

7 Achtsamkeit, Spiritualität und Psychotherapie

Trotz der entgegengesetzten Grundhaltung von achtsamkeitsbasierten Ansätzen und veränderungsorientierter Therapie zeigen (Verhaltens-) Therapeuten eine hohe Bereitschaft, sich mit diesen Ansätzen auseinander zu setzen und sie in ihre therapeutische Praxis zu integrieren. Bohus (2006) zieht zur Begründung u. a. die Bedeutung und Kraft spiritueller Aspekte heran, die durch Achtsamkeitsübungen vermittelt werden: „Vielleicht liegt ja genau darin der Reiz der achtsamkeitsbasierten Psychotherapie, dass quasi durch die Hintertüre des wissenschaftlichen Wirksamkeitsnachweises auch spirituelle Aspekte der Psychotherapie diskursfähig werden" (S. 229).

7.1 (Sehn-)Sucht

Obwohl das Wort „Sucht" nicht auf suchen zurück geht (Mackensen, 2006), sondern im Deutschen etymologisch von „siech" (gleichzusetzen mit körperlicher Krankheit) abgeleitet ist, wird Abhängigkeit oft mit dem Bild eines Suchenden assoziiert. Chopra (2005) sieht den Süchtigen beispielsweise als einen Menschen auf der Suche nach Lebensfreude – nur suche er am falschen Ort. Ein Ausweg eröffne sich erst, wenn der Süchtige Zugang zu einer Ebene tieferer Befriedigung findet, die ein selbstzerstörerisches

Verhalten ihm nicht verschaffen kann: „Joy does not induce a craving for more, because it is enough" (Johnson, 1989, Epilogue). Dabei unterscheidet Chopra (2005) zwischen Glück als einem Gefühl, das von einer äußerlichen Erfahrung ausgelöst wird (z. B. Finden eines Geldscheins auf der Straße) und Freude, die im Wesentlichen von innen kommt. Freude sei die Rückkehr zu der tiefen inneren Harmonie zwischen Körper, Geist und Seele, die schon bei der Geburt bestehe und jederzeit wiederhergestellt werden könne. Die Fähigkeit, sich echte Freude im Leben zu verschaffen, der natürliche Impuls, glücklich und gesund zu sein, sei immer gegenwärtig. Auch Trungpa (2006) zufolge sei „jeder Mensch ... von grundlegender geistiger Gesundheit, egal wie gestört er oder sie wirken mag" (S. 197). Der Körper sende als hochsensibler Mechanismus ständig Signale: „Wenn wir alle Möglichkeiten verpasst haben, auf diese Signale zu hören, sind wir irgendwann krank. Unser Körper zwingt uns dazu, auf der Stelle achtsam zu sein" (S. 201). Daher sei es wichtig, nicht die Krankheit (in diesem Fall die Abhängigkeitsstörung bzw. Rückfälle) bekämpfen zu wollen, sondern ihre Botschaft zu verstehen. Die überwiegende Mehrheit der Problemtrinker, die in der Therapie „trocken" werden, erleidet früher oder später einen Rückfall. Laut Röhr (2008) gelinge es den Betroffenen oftmals nicht, eine zufriedene Abstinenz zu erreichen. Sie fänden keinen Sinn in ihrem Leben, außer der Aufgabe, den angerichteten Schaden mit aller Macht wieder gutzumachen. Die Suchtkrankheit zwinge zu einer gründlichen Bilanzierung des bisherigen Lebens. Abstinenz allein ergebe keinen Sinn, es ginge vielmehr darum, wie das abstinente Leben gestaltet werden soll: Wofür will ich leben? Wofür lohnt es sich zu leben? Wenn man sich diese Fragen ernsthaft stellt, dann werden nicht selten merkwürdige Dinge offensichtlich: Ein Leben für einen Fußballverein, für eine Automarke, für Konsum, für Reisen, für Kleidung usw. – reicht das? (Röhr, 2008, S. 50)

Saint-Exupéry (2008) weist in seiner Erzählung „Der Kleine Prinz" darauf hin, dass das Wesentliche für die Augen unsichtbar sei – vielleicht hat er Recht. Abhängigkeit wird in diesem Zusammenhang oft als missglückter Versuch verstanden, tieferliegendere Sehnsüchte zu stillen (Altner, 2002; Chopra, 2005). Der Aufwand, der für eine Befreiung aus der Sucht zu investieren sei, bestehe letztendlich in der Bereitschaft, sich mit eben diesen Sehnsüchten und Bedürfnissen auseinanderzusetzen. (Achtsamkeits-) Meditation könne hierbei unterstützend wirken:

Ob es sich um ein Pulver, eine Flüssigkeit oder ein Gerät handelt – Sie wurden jedenfalls nicht damit geboren, sondern müssen es suchen, kaufen, trinken oder schlucken. Im Gegensatz dazu kommt Meditation ausschließlich von innen. Sie besitzen bereits alles, was Sie zum Meditieren brauchen. Sie hatten es bereits, als Sie zur Welt kamen. Niemand kann es Ihnen verkaufen, und niemand kann es Ihnen wegnehmen. Meditation ist das Gegenteil, die Antithese allen Suchtverhaltens.... (Chopra, 2005, S. 137)

Die meisten Menschen würden keinen einzigen Moment innerer Ruhe kennen, sich möglicherweise sogar vor einem Innehalten des Bewusstseinsstroms fürchten (Chopra, 2005). Sobald jedoch die Erfahrung im Meditieren wachse, wird der Geist ruhig und der Meditierende könne den Zustand der „ruhevollen Wachheit" erfahren, der jedem Gedanken vorausgeht. Das Suchtverhalten würde auf natürliche Weise abnehmen, da sich eine neue Quelle des Friedens, der Freude und innerer Stärke erschlossen hätte.

7.2 Spiritualität

Während das einst tabuisierte Thema der Sexualität mittlerweile Eingang in die Psychotherapie gefunden hat, scheint Spiritualität laut Quekelberghe (2007) noch immer ungern angesprochen zu werden.

Gemäß Chopra (2005) ist „eine genaue Definition ... nicht leicht, aber Sie werden intuitiv den Unterschied erkennen zwischen einem Gedanken, der Sie in den Bereich der Spiritualität trägt, und einem Gedanken, der ohne jede spirituelle Bedeutung ist" (S. 105). Beispielsweise beschreibt er seine Methode, die einen Ausweg aus der Sucht ermögliche als spirituell: Sie basiert auf bewusster Aufmerksamkeit in Verbindung mit Wohlbefinden. Michalak und Heidenreich (2009) zufolge dürfte eine gelungene Verinnerlichung des Achtsamkeitsprinzips „in dem Sinn spirituell sein, als dass sie zu einer ganzheitlichen Veränderung des Lebens-Gefühls einer Person führt – zur Entdeckung des Wertes des gegenwärtigen Augenblicks in seiner Tiefe und Weite sowie des Wertes des Erlebens dieser Gegenwart" (S. 807). Auch Trungpa (2006) beschreibt Achtsamkeit als eine Vorgehensweise auf dem spirituellen Weg. Unter Spiritualität könne dabei vieles verstanden werden: Manche Menschen würden sie als einen Weg beschreiben, eine höhere Art von Glück zu erlangen. Andere betrachten sie als einen menschenfreundlichen Weg, Macht über andere zu bekommen, und wieder andere sehen den Sinn der Spiritualität darin, magische Kräfte zu erlangen, um die schlechte Welt verwandeln oder durch Wundertaten läutern zu können. All diese Ansichten seien im buddhistischen Kontext belanglos. Dort bedeute Spiritualität letztendlich, „sich mit der Arbeitsgrundlage der eigenen Existenz zu beschäftigen, dem eigenen Geisteszustand" (S. 99).

Indem wir meditieren befassen wir uns genau mit dem Geist, der unsere Brille entworfen und die Gläser in das Gestell eingesetzt hat, und mit genau dem Geist, der dieses Zelt hier aufgestellt hat... Wir haben also eine lebendige Welt, eine Welt des Geistes. Wenn wir das erkennen, ist die Arbeit mit dem Geist keine mysteriöse oder abgehobene Sache mehr. Es geht nicht mehr um irgendetwas, das verborgen wäre oder irgendwo anders. Geist ist genau hier. Geist ist überall zu greifen. Er ist ein offenes Geheimnis. (Trungpa, 2006, S. 104 f.)

Wo die westliche klinische Psychologie mit der Untersuchung oft im Stadium voll entwickelter Gedanken, Emotionen und Gemütszustände ansetzt, beginnt der buddhistische Ansatz auf einem fundamentaleren Niveau. Um mit dem Geist arbeiten zu können, wäre eine Disziplin mit einem ebenso weiten Horizont wünschenswert: Mit dem Fortschritt auf materiell-technischer Ebene sollte idealerweise auch ein Fortschritt auf spiritueller Ebene einhergehen (Trungpa, 2006). Diese aufgeschlossene Sichtweise könnte meines Erachtens das Verhältnis zwischen Spiritualität und „wissenschaftlicher" Psychologie lockern und dazu beitragen, dass „spirituell" orientierte Ansätze – wie das im Folgenden vorgestellte Zwölf-Schritte-Programm der Anonymen Alkoholiker – mehr Beachtung in der (Sucht-) Therapie finden.

7.3 Die „Zwölf Schritte" der Anonymen Alkoholiker

Von zwei ehemaligen Alkoholikern gegründet propagiert die größte und bekannteste Selbsthilfegruppe der Welt – die Anonymen Alkoholiker (AA) – bereits seit 1935 Genesung durch Spiritualität. Der Einfluss, den das Zwölf-Schritte-Programm der AA (Tabelle 3) insbesondere in den Vereinigten Staaten habe, sei laut Murken (2008, S. 59) „kaum zu überschätzen". So gibt es mittlerweile zahlreiche Gruppen mit Millionen Mitgliedern in mehr als 100 Ländern der Erde.

1. Wir gaben zu, dass wir dem Alkohol gegenüber machtlos sind – und unser Leben nicht mehr meistern konnten.
2. Wir kamen zu dem Glauben, dass nur eine Macht, größer als wir selbst, uns unsere geistige Gesundheit wiedergeben kann.
3. Wir fassten den Entschluss, unseren Willen und unser Leben der Sorge Gottes – wie wir ihn verstanden – anzuvertrauen.
4. Wir machten eine gründliche und furchtlose Inventur in unserem Inneren.
5. Wir gaben Gott, uns selbst und einem anderen Menschen gegenüber unverhüllt unsere Fehler zu.
6. Wir waren völlig bereit, all diese Charaktermängel von Gott beseitigen zu lassen.
7. Demütig baten wir ihn, unsere Mängel von uns zu nehmen.
8. Wir machten eine Liste aller Personen, denen wir Schaden zugefügt hatten, und wurden willig, ihn bei allen wieder gut zu machen.
9. Wir machten bei diesen Menschen alles wieder gut – wo immer es möglich war – es sei denn, wir hätten dadurch sie oder andere verletzt.
10. Wir setzten die Inventur bei uns fort, und wenn wir Unrecht hatten, gaben wir es sofort zu.
11. Wir suchten durch Gebet und Besinnung die bewusste Verbindung zu Gott – wie wir ihn verstanden – zu vertiefen. Wir baten ihn nur, uns seinen Willen erkennbar werden zu lassen und uns die Kraft zu geben, ihn auszuführen.
12. Nachdem wir durch diese Schritte ein spirituelles Erwachen erlebt hatten, versuchten wir, diese Botschaft an Alkoholiker weiterzugeben und unser tägliches Leben nach diesen Grundsätzen auszurichten.

Tabelle 3: Die „Zwölf Schritte" der Anonymen Alkoholiker
(vgl. Davison et al., 2007)

AA-Gruppen treffen sich häufig und regelmäßig (Davison et al., 2007). Neue Mitglieder bekennen, dass sie Alkoholiker sind, ältere „trockene" Mitglieder erzählen die Geschichte ihrer Alkoholabhängigkeit und berichten von ihrem nunmehr besseren Leben. Jedes AA- Mitglied wird davon überzeugt, dass Alkoholismus unheilbar und ständige Wachsamkeit notwendig sei, um nicht wieder dem unkontrollierten Trinken zu verfallen. Die Gruppe bietet emotionale Unterstützung, Verständnis, Rat und Geselligkeit.

Wie in den zwölf Schritten zu erkennen, wird dem spirituellen Aspekt große Bedeutung beigemessen: Abhängige greifen oft zu Drogen, um eine emotionale oder spirituelle Leere zu füllen (Lüttich, 2008). In materiellen Dingen oder Substanzen ließe sich jedoch keine tiefe Erfüllung innerer Sehnsüchte finden. Zur Befreiung aus der Abhängigkeit sollen sich die Teilnehmer der AA-Programme daher der Liebe und Führung einer höheren Macht anvertrauen. Es wird offengelassen, wer oder was unter dieser höheren Macht zu verstehen ist (Schritt 3), sodass die Teilnehmer selbst entscheiden können, welcher spirituellen Praxis sie folgen möchten. Empirische Ergebnisse zur Konzeptualisierung der „höheren Macht" zeigen, dass diese sehr individuell interpretiert und erlebt wird (Murken, 2008).

Die AA berufen sich auf C. G. Jung als Mentor ihres spirituellen Programms (Quekelberghe, 2007). Jung hatte 1931 einen Freund des späteren AA-Gründers Bill Wilson behandelt und nach etlichen vergeblichen Versuchen aufgegeben. Nur eine tiefe geistige Erfahrung könne ihn vom Alkohol befreien. Jahre später, in einem Briefwechsel mit Bill Wilson, verkürzte Jung seinen Therapievorschlag auf die Formel: „spiritus contra spiritum" – spirituller Geist gegen Weingeist (vgl. Anhang B). Nicht selten erfahren Menschen (so auch der Gründer der AA), die in der chronischen Phase der Abhängigkeit einen Tiefpunkt erreicht haben und völlig verzweifelt eine höhere Macht um Hilfe bitten, unerwartet eine neue spirituelle Bewusstheit (Murken, 2008). Auf dieser spirituellen Basis könne der Süchtige – nachdem er seine Abhängigkeit akzeptiert hat – die praktischen, für eine echte Wandlung notwendigen Veränderungen in seinem Leben vornehmen (Chopra, 2005).

Bemerkenswert an diesem Ansatz ist, dass nur der erste der zwölf Schritte den Begriff Alkohol erwähnt. Dies würde laut Chopra (2005, S. 71) zu der Erkenntnis verhelfen, dass es bei Alkoholabhängigkeit nicht nur darum ginge, was im Glas ist, sondern auch um das, „was sich im Kopf und im Herzen" abspiele. Zudem bestehe dadurch die Möglichkeit, Trinken nicht nur als „Heimsuchung" sondern auch als Chance zu verstehen – als erste Sprosse auf einer Leiter der Selbstverwirklichung, die zu echter spiritueller Erfüllung führen könne. Auch Lüttich (2008) betrachtet die zwölf Schritte der AA nicht lediglich als ein Programm zur Suchtüberwindung. Den Vorteil dieses Ansatzes sieht er darin, dass es dem Einzelnen überlassen wird, auf welche Weise er mit der praktischen Umsetzung beginnen möchte. Ein Nachteil sei es jedoch, dass Hilfesuchende keine konkreten „Werkzeuge" erhalten. Auch wird das AA-Programm oft wegen der übermäßigen Betonung der „gelernten Hilflosigkeit" sowie der niedrigen Selbsteinschätzung in Bezug auf Gott kritisiert (Quekelberghe, 2007). Während der Alkoholiker auf dem schmalen Grat zwischen dem „bösen Alkohol" auf der einen Seite und der „rettenden Gnade einer höheren spirituellen Macht" auf der anderen wandle, finde das eigentliche innere Wesen des Abhängigen laut Chopra (2005, S. 71) keine Beachtung. Hsu et al. (2008) weisen in diesem Zusammenhang allerdings darauf hin, dass die sich einzugestehende „Machtlosigkeit" von jedem unterschiedlich empfunden werden kann: Einerseits impliziert sie möglicherweise ein Gefühl der Unfähigkeit, (süchtige) Verhaltensweisen und Gedanken ändern zu können, andererseits muss Machtlosigkeit nicht unbedingt mit Hilflosigkeit einhergehen: Abhängige sind vielleicht machtlos gegenüber der Wirkung des Alkohols und der damit verbundenen negativen Konsequenzen, aber die Macht, eigene Denk- und Verhaltensweisen zu ändern, kann dennoch bei ihnen liegen. Demonstrieren Abhängige nicht bereits eine gewisse Macht, indem sie sich (freiwillig) entscheiden einer AA-Gruppe beizutreten und die Verantwortung für ihre Genesung zu übernehmen?

Trotz aller Kritik gelang es den Anonymen Alkoholikern mit ihrem Programm, Spiritualität als Bewältigungsstrategie systematisch in die Behandlung von Abhängigkeiten einzubinden (Quekelberghe, 2007).

Mit den 12 Schritten und ihren Schriften nahmen die AA vor Jahrzehnten vorweg, was heute zum allgemeinen Trend geworden ist: Die Wichtigkeit des Transzendenzbezugs zu betonen und gleichzeitig die inhaltliche Ausgestaltung dieser Transzendenz völlig offen zu lassen. ‚Gott, wie wir ihn verstanden' (Schritt 3) wird zur Metapher eines haltenden Gegenübers, das dazu beiträgt, die labile Balance zwischen Selbstverantwortung und Hilfsbedürftigkeit auszutarieren. (Murken, 2008, S. 60)

Programme nach dem Modell der AA gibt es auch für andere Abhängigkeits-störungen (z. B. Gamblers Anonymous, Overeaters Anonymous, Narcotics Anonymous). Die meisten haben die zwölf Schritte der AA übernommen und lediglich den Begriff Alkohol bzw. Alkoholiker in den Schritten 1 und 12 durch das jeweilige Problem ersetzt (Murken, 2008). In den USA sind Zwölf-Schritte-Programme inzwischen bekannte Selbsthilfeangebote für Personen, die (zunächst) nach einer nicht professionellen, preiswerten Lösung ihres Suchtverhaltens suchen. Die Tatsache, dass sich das AA-Programm weltweit etablieren konnte, zeigt, dass eine spirituell orientierte Selbstbehandlungspraxis (weit über soziokulturelle und religiöse Kontexte hinweg) positive Resonanz finden kann (Quekelberghe, 2007).

Die Wirksamkeit des AA-Genesungsprogramms wurde in empirischen Studien nachgewiesen (Longabaugh, Wirtz, Zweben & Stout, 1998; Ouimette, Finney & Moos, 1997). Für einige Klienten kann die aktive Teilnahme an derartigen Programmen daher durchaus als Ergänzung zu einer professionellen Therapie in Betracht gezogen werden. Letztendlich bleibt wie bei jeder Form der Intervention zu klären, für wen diese Vorgehensweise geeignet ist. In Anbetracht dessen, dass einige Klienten bereits Erfahrungen mit den AA gemacht haben könnten, sei es Hsu et al. (2008) zufolge lohnenswert zu prüfen, wie eine mögliche Integration von Zwölf-Schritte-Programmen und achtsamkeitsbasierten Ansätzen im Suchtbereich aussehen könnte. Therapeuten ist zu empfehlen, sich zumindest über die AA-Prinzipien und deren Hintergründe zu informieren um dort ansetzen und davon profitieren zu können, womit der Klient bereits vertraut ist.

Für eine stärkere Berücksichtigung dieses spirituell orientierten Programms sprechen letztendlich auch die Parallelen zu dem vorgestellten Achtsamkeitsprinzip. Die akzeptierende Haltung findet sich beispielsweise in dem Gedanken der AA wieder, die Dinge anzunehmen, die man selbst nicht ändern kann. In ähnlicher Weise wie die Kultivierung einer achtsamen Haltung ständige Besinnung erfordert, soll auch die spirituelle Praxis der AA täglich erneuert und vertieft werden. Der Wille abstinent zu bleiben kann jederzeit verlorengehen, sodass der Entschluss zur Abstinenz permanent neu getroffen werden muss. Letztendlich kommt die Maxime der AA, sich auf den jeweils aktuellen Tag zu beziehen dem Anspruch des Achtsamkeitsprinzips (im gegenwärtigen Moment des Hier und Jetzt zu leben) schon recht nahe. An dieser Stelle sollte auch erwähnt werden, dass Lüttich (2008) etliche Gemeinsamkeiten zwischen den zwölf Schritten der AA und den Ansichten des Yoga aufzeigen konnte, dessen Wert für die Bewältigung von Abhängigkeiten mehrfach nachgewiesen worden sei: „Die Ergebnisse konventioneller Suchttherapie können nicht zufrieden stellen. Angesichts von Rückfallquoten zwischen 50 und 90 Prozent besteht Veranlassung genug, Veränderungen vorzunehmen und spirituellen bzw.

meditativen Wegen wie [beispielsweise] dem Yoga die Tür in Kliniken und Therapiezentren zu öffnen" (S. 47). Meines Erachtens können achtsamkeitsbasierte Ansätze hierfür den Grundstein legen und zur Entwicklung eines größeren Bewusstseins für die spirituelle Dimension des Lebens beitragen. Da eine häufig beschriebene Konsequenz einer achtsamen Haltung in stärkerer Gelassenheit liegt (Heidenreich et al., 2007), soll das anfangs zitierte Gelassenheitsgebet – in abgewandelter Form – als Schlusswort dienen. Im Zusammenhang mit dem spirituell orientierten Zwölf-Schritte-Programm der AA könnte Achtsamkeitspraxis folgende Modifikation bewirken:

"God grants me the serenity to accept the things I cannot change, the courage to change the things I can, and the wisdom to know the difference".

Literaturverzeichnis

Altner, N. (2002). Zwischen Sucht und Sehnsucht: Achtsamkeitsmeditation als Weg zur Raucherentwöhnung. In W. Belschner, J. Galuska, H. Walach & E. Zundel (Hrsg.), Transpersonale Forschung im Kontext: Jahresband 2 des DKTP (S. 337-350). Oldenburg: BIS-Verlag.

Altner, N. (2008). Der Wunsch nach Verbundensein – Achtsamkeitspraxis und die Entwicklung beraterischer Qualitäten. Gruppendynamik und Organisationsberatung, 39 (4), 376-390.

Altner, N. (2009). Achtsamkeitspraxis als Weg zu einer integralen Salutogenese. In T. Heidenreich & J. Michalak (Hrsg.), Achtsamkeit und Akzeptanz in der Psychotherapie: Ein Handbuch (3. überarbeitete und erweiterte Aufl., S. 619-653). Tübingen: Dgvt- Verlag.

Batten, S. V. & Hayes, S. C. (2005). Acceptance and commitment therapy in the treatment of comorbid substance abuse and post-traumatic stress disorder: A case study. Clinical Case Studies, 4 (3), 246-262.

Berg, I. K. & Miller, S. D. (2007). Kurzzeittherapie bei Alkoholproblemen: Ein lösungs- orientierter Ansatz (6. Aufl.). Heidelberg: Carl-Auer.

Bien, T. (2009). Paradise Lost: Mindfulness and addictive behavior. In F. Didonna (Ed.), Clinical handbook of mindfulness (pp. 289-297). New York: Springer.

Bilitza, K. W. & Schuhler, P. (2007). Sucht. In W. Senf & M. Broda (Hrsg.), Praxis der Psychotherapie: Ein integratives Lehrbuch (4. aktualisierte Aufl., S. 701-718). Stuttgart: Thieme.

Bishop, S. R., Lau, M., Shapiro, S., Carlson, L., Anderson, N., Carmody, J., Segal, Z., Abbey, S., Speca, M., Velting, D. & Devins, G. (2004). Mindfulness: A proposed operational definition. Clinical Psychology: Science and Practice, 11 (3), 230–241.

Bohus, M. (2006). Editorial: Achtsamkeitsbasierte Psychotherapie – Die dritte Welle in der Evolution der Verhaltenstherapie? Zeitschrift für Psychiatrie, Psychologie und Psychotherapie, 54 (4), 229.

Bowen, S., Witkiewitz, K., Dillworth, T. M. & Marlatt, G. A. (2007). The role of thought suppression in the relationship between mindfulness meditation and alcohol use. Addictive Behaviors, 32 (10), 2324-2328.

Breslin, F. C., Zack, M. & McMain, S. (2002). An information-processing analysis of mindfulness: Implications for relapse prevention in the treatment of substance abuse. Clinical Psychology: Science and Practice, 9 (3), 275-299.

Bühringer, G. (2006). Störungen durch Substanzkonsum: Eine Einführung. In H.-U. Wittchen & J. Hoyer (Hrsg)., Klinische Psychologie & Psychotherapie (S. 603-612). Heidelberg: Springer.

Carroll, K. M. (1996). Relapse prevention as a psychosocial treatment: A review of controlled clinical trials. Experimental and Clinical Psychopharmacology, 4 (1), 46–54. Chopra, D. (2005). Wege aus der Sucht (2. Aufl.). München: Dtv.

Daley, D. C. & Marlatt, G. A. (2006). Overcoming your alcohol or drug problem: Effective recovery strategies: Therapist guide (2nd ed.). Oxford: University Press.

Davison, G. C., Neale, J. M. & Hautzinger, M. (2007). Klinische Psychologie (7. vollständig überarbeitete und erweiterte Aufl.). Weinheim: Beltz PVU.

Deutsche Hauptstelle für Suchtfragen e. V. (Hrsg). (2009). Jahrbuch Sucht 2009. Geesthacht: Neuland.

DiClemente, C. C. (2006). Addiction and change: How addictions develop and addicted people recover. New York: Guilford Press.

Dilling, H. & Freyberger, H. J. (Hrsg.). (2006). Taschenführer zur ICD-10-Klassifikation psychischer Störungen: Mit Glossar und Diagnostischen Kriterien ICD-10: DCR-10 (3. vollständig überarbeitete und erweiterte Aufl.). Bern: Huber.

Dimeff, L. A. & Linehan M. M. (2008). Dialectical behavior therapy for substance abusers. Addiction Science & Clinical Practice, 4 (2), pp. 39-47.

Field, M., Munafò, M. R. & Franken, I. H. A. (2009). A meta-analytic investigation of the relationship between attentional bias and subjective craving in substance abuse. Psychological Bulletin, 135 (4), 589–607.

Frank, E., Wade, A., Noyon, A. & Heidenreich, T. (2009). Achtsamkeit und Akzeptanz bei der Behandlung sexueller Funktionsstörungen. Verhaltenstherapie und Verhaltensmedizin, 30 (2), 223-244.

Giddens, A. (1999). Soziologie (2. überarbeitete Aufl.). Graz: Nausner & Nausner. Glasser, W. (1985). Positive addiction. New York: Harper colophon books. Grepmair, L. J. & Nickel, M. K. (2007). Achtsamkeit des Psychotherapeuten. Wien: Springer.

Groves, P. & Farmer, R. (1994). Buddhism and addictions. Addiction Research & Theory, 2 (2), pp. 183-194.

Hanh, T. N. (2001). Das Wunder der Achtsamkeit. Berlin: Theseus.

Hayes, S. C. (2004). Acceptance and commitment therapy and the new behavior therapies: Mindfulness, acceptance and relationship. In S. C. Hayes, V. M. Follette & M. M. Linehan (Eds.), Mindfulness and acceptance: Expanding the cognitive-behavioral tradition (pp. 1–29). New York: Guilford.

Heidenreich, T., Junghanns-Royack, K. & Michalak, J. (2007). Mindfulnessbased therapy: Achtsamkeit vermitteln. In R. Frank (Hrsg.), Therapieziel Wohlbefinden: Ressourcen aktivieren in der Psychotherapie (S. 69-81). Heidelberg: Springer.

Heidenreich, T. & Michalak, J. (Hrsg.). (2006). Achtsamkeit und Akzeptanz [Themenheft]. Psychotherapie im Dialog, 7 (3).

Heidenreich, T. & Michalak, J. (2007). Achtsamkeit und Akzeptanz: Opium für das Volk? Eine Antwort auf den Kommentar von Herrn Dr. med. Willy Herbold (PiD Heft 4, Dezember 2006). Psychotherapie im Dialog, 8 (2), 194-195.

Heidenreich, T. & Michalak, J. (2009a). Achtsamkeit. In J. Margraf & S. Schneider (Hrsg.), Lehrbuch der Verhaltenstherapie Band 1: Grundlagen, Diagnostik, Verfahren und Rahmenbedingungen (3. vollständig bearbeitete und erweiterte Aufl., S. 569-578). Heidelberg: Springer.

Heidenreich, T. & Michalak, J. (2009b). Achtsamkeit und Akzeptanz in der Psychotherapie – Eine Einführung. In T. Heidenreich & J. Michalak (Hrsg.), Achtsamkeit und Akzeptanz in der Psychotherapie: Ein Handbuch (3. überarbeitete und erweiterte Aufl., S. 11-24). Tübingen: Dgvt-Verlag.

Heidenreich, T., Schneider, R. & Michalak, J. (2006). Achtsamkeit: Ein neuer Ansatz zur Psychotherapie süchtigen Verhaltens. Sucht, 52 (2), 140-149.

Heidenreich, T., Schneider, R. & Michalak, J. (2009). Achtsamkeit und Akzeptanz bei Suchterkrankungen. In T. Heidenreich & J. Michalak (Hrsg.), Achtsamkeit und Akzeptanz in der Psychotherapie: Ein Handbuch (3. überarbeitete und erweiterte Aufl., S. 557-592). Tübingen: Dgvt-Verlag.

Hoyer, J. & Beesdo, K. (2009). Sorge dich nicht – erlebe! Akzeptanzbasierte Verhaltens- therapie und Sorgenexposition bei der Generalisierten Angststörung. In T. Heidenreich & J. Michalak (Hrsg.), Achtsamkeit und Akzeptanz in der Psychotherapie: Ein Handbuch (3. überarbeitete und erweiterte Aufl., S. 531-555). Tübingen: Dgvt-Verlag. Hsu, S. H., Grow, J. & Marlatt G. A.

(2008). Mindfulness and addiction. In M. Galanter & L. A. Kaskutas (Eds.), Recent developments in alcoholism, Vol. 18: Research on alcoholics anonymous and spirituality in addiction recovery (pp. 229-250). Berlin: Springer.

Irvin, J. E., Bowers, C. A., Dunn, M. E. & Wang, M. C. (1999). Efficacy of relapse prevention: A meta-analytic review. Journal of Consulting and Clinical Psychology, 67 (4), 563–570.

Johnson, R. A. (1989). Ecstasy: Understanding the psychology of joy. New York: HarperOne.

Kabat-Zinn, J. (1990). Full catastrophe living: Using the wisdom of your body and mind to face stress, pain, and illness. New York: Delta.

Kabat-Zinn, J. (2009). Achtsamkeitsbasierte Interventionen im Kontext: Vergangenheit, Gegenwart und Zukunft. In T. Heidenreich & J. Michalak (Hrsg.), Achtsamkeit und Akzeptanz in der Psychotherapie: Ein Handbuch (3. überarbeitete und erweiterte Aufl., S. 103-139). Tübingen: Dgvt-Verlag.

Kanfer, F. H., Reinecker, H. & Schmelzer, D. (2006). Selbstmanagement-Therapie: Ein Lehrbuch für die klinische Praxis (4. durchgesehene Aufl.). Heidelberg: Springer. Kienast, T., Hoerner, H. von, Reiske, S., Renneberg, B., Wrase, J. & Heinz, A. (2009). Dialectical behavioral therapy for inpatients with borderline personality disorder and alcohol dependence as comorbidity: First preliminary results. European Psychiatry, 24 (1), 92.

Koch-Göppert, G. (2006). Achtsames Forschen – Die Dimension des Bewusstseins im Forschungsprozess. In Abteilung für Gesundheits- & Klinische Psychologie der Carl von Ossietzky Universität Oldenburg (Hrsg.), Impulse für Gesundheitspsychologie und Public Health: Achtsamkeit als Lebensform und Leitbild (231-241). Tübingen: Dgvt- Verlag.

Kristeller, J. L. & Hallett, C. B. (1999). An exploratory study of a meditation-based intervention for binge eating disorder. Journal of Health Psychology, 4 (3), 357-363.

Lambert, M. & Simon, W. (2008). The therapeutic relationship: central and essential in psychotherapy outcome. In S. F. Hick & T. Bien (Eds.), Mindfulness and the therapeutic relationship (pp. 19-33). New York: Guilford Press.

Lindenmeyer, J. (2006). Alkoholmissbrauch und -abhängigkeit. In H.-U. Wittchen & J. Hoyer (Hrsg)., Klinische Psychologie & Psychotherapie (S. 637-660). Heidelberg: Springer.

Linehan, M. M. (2007). Trainingsmanual zur Dialektisch-Behavioralen Therapie der Borderline-Persönlichkeitsstörung (Nachdruck). München: CIP-Medien.

Linehan, M. M., Dimeff, L. A., Reynolds, S. K., Comtois, K. A., Welch, S. S., Heagerty, P. & Kivlahan, D. R. (2002). Dialectical behavior therapy versus comprehensive validation therapy plus 12-step for the treatment of opioid dependent women meeting criteria for borderline personality disorder. Drug and Alcohol Dependence, 67 (1), 13-26.

Longabaugh, R., Wirtz, P. W., Zweben, A. & Stout, R. L. (1998). Network support for drinking, Alcoholics Anonymous and long-term matching effects. Addiction, 93 (9), 1313-1333.

Luciano, C., Gómez, S., Hernández, M. & Cabello, F. (2001). Alcoholism, experiential avoidance, and acceptance and commitment therapy (ACT). Análisis y Modificación de Conducta, 27 (113), 333-372.

Lüttich, H. (2008). Patanjalis Yoga und die 12 Schritte der Anonymen Alkoholiker – ein theologisch-psychologischer Vergleich. Transpersonale Psychologie und Psychotherapie, 14 (1), 36-47.

Mackensen, L. (2006). Deutsches Wörterbuch: Rechtschreibung, Grammatik, Stil, Worterklärungen, Abkürzungen, Aussprache, Geschichte des deutschen Wortschatzes (13. Aufl.). Waltrop: Manuscriptum.

Marlatt, G. A. (2002). Buddhist philosophy and the treatment of addictive behavior.Cognitive and Behavioral Practice, 9 (1), 44-50.

Marlatt, G. A. (2005). Mindfulness for addiction problems (APA psychotherapy videotape series). Washington, DC: American Psychological Association.

Marlatt, G. A. & Chawla, N. (2007). Meditation and alcohol use. Southern Medical Journal, 100 (4), 451-453.

Marlatt, G. A., Pagano, R. R., Rose, R. M. & Marques, J. K. (2008). Effects of meditation and relaxation training upon alcohol use in male social drinkers. In D. H. Shapiro, Jr. & R. N. Walsh (Eds.), Meditation: Classic and contemporary perspectives (pp. 105-120). New York: Aldine.

Marlatt, G. A. & Witkiewitz, K. (2008). Relapse prevention for alcohol and drug problems. In G. A. Marlatt & D. M. Donovan (Eds.), Relapse prevention: Maintenance strategies in the treatment of addictive behaviors (2nd ed., pp. 1-44). New York: Guilford Press.

McCusker, C. G. & Gettings, B. (1997). Automaticity of cognitive biases in addictive behaviours: Further evidence with gamblers. British Journal of Clinical Psychology, 36 (4), 543-554.

Michalak, J. & Heidenreich, T. (2009). Achtsamkeit und Akzeptanz in der Psychotherapie: Resümee. In T. Heidenreich & J. Michalak (Hrsg.), Achtsamkeit und Akzeptanz in der Psychotherapie: Ein Handbuch (3. überarbeitete und erweiterte Aufl., S. 801-812). Tübingen: Dgvt-Verlag.

Murken, S. (2008). Das Konzept der Zwölf Schritte und der „Höheren Macht". Zum Genesungsprogramm der Anonymen Alkoholiker. Prävention, 31 (2), 57-60. Ouimette, P. C., Finney, J. W. & Moos, R. H. (1997). Twelve-step and cognitive-behavioral treatment for substance abuse: A comparison of treatment effectiveness. Journal of Consulting and Clinical Psychology, 65 (2), 230-240.

Quekelberghe, R. van (2007). Grundzüge der spirituellen Psychotherapie. Eschborn: Klotz.

Röhr, H.-P. (2008). Sucht – Hintergründe und Heilung: Abhängigkeit verstehen und überwinden. Düsseldorf: Patmos.

Rohsenow, D. J., Monti, P. M., Rubonis, A. V., Sirota, A. D., Niaura, R. S., Colby, S. M., Wunschel, S. M. & Abrams, D. B. (1994). Cue reactivity as a predictor of drinking among male alcoholics. Journal of Consulting and Clinical Psychology, 62 (3), 620-626.

Saint-Exupéry, A. de (2008). Der Kleine Prinz (65. Aufl.). Düsseldorf: Karl Rauch Verlag. Segal, Z., Williams, M. & Teasdale, J. (2002). Mindfulness-based cognitive therapy for depression: A new approach to preventing relapse. New York: Guilford.

Sendera, A. & Sendera, M. (2007). Skills-Training bei Borderline- und Posttraumatischer Belastungsstörung (2. erweiterte Aufl). Wien: Springer.

Shapiro, S. L. (2009). The integration of mindfulness and psychology. Journal of Clinical Psychology, 65 (6), 555-560.

Stachowske, R. (2008). Sucht und Drogen im ICF-Modell: Genogramm-Analysen in der Therapie von Abhängigkeit. Kröning: Asanger.

Stepien, J. & Lerch, J. (2009). Achtsamkeit und Akzeptanz in der Krebsbehandlung. In T. Heidenreich & J. Michalak (Hrsg.), Achtsamkeit und Akzeptanz in der Psychotherapie: Ein Handbuch (3. überarbeitete und erweiterte Aufl., S. 655-698). Tübingen: Dgvt- Verlag.

Stetter, F., Ackermann, K., Bizer, A., Straube, E. R. & Mann, K. (1995). Effects of disease- related cues in alcoholic inpatients: Results of a controlled „alcohol stroop" study. Alcoholism: Clinical and Experimental Research, 19 (3), 593-599.

Stormark, K. M., Laberg, J. C., Nordby, H. & Hugdahl, K. (1998). Heart rate responses indicate locked-in attention in alcoholics immediately prior to drinking. Addictive Behaviors, 23 (2), 251-255.

Taub, E., Steiner, S. S., Weingarten, E. & Walton, K. G. (1994). Effectiveness of broad spectrum approaches to relapse prevention in severe alcoholism: A longterm, randomized, controlled trial of transcendental meditation, EMG biofeedback and electronic neurotherapy. Alcoholism Treatment Quarterly, 11 (1-2), 187-220.

Trungpa, C. (2006). Achtsamkeit, Meditation & Psychotherapie: Einführung in die buddhistische Psychologie. Freiamt: Arbor.

United Nations Office on Drugs and Crime. (2009). World drug report 2009. New York: United Nations. Online im Internet: URL: http://www.unodc.org/documents/wdr/ WDR_2009/WDR2009_eng_web.pdf [PDF-Datei]. (Zugriff am 21.07.2009).

Vallejo, Z. & Amaro, H. (2009). Adaptation of mindfulness-based stress reduction program for addiction relapse prevention. Humanistic Psychologist, 37 (2), 192-206.

Wisniewski, L. & Kelly, E. (2003). The application of dialectical behavioral therapy to the treatment of eating disorders. Cognitive and Behavioral Practice, 10 (2), 131-138.

Witkiewitz, K. & Marlatt, G. A. (2004). Relapse prevention for alcohol and drug problems: That was zen, this is tao. American Psychologist, 59 (4), 224-235.

Witkiewitz, K., Marlatt, G. A. & Walker, D. (2005). Mindfulness-based relapse prevention for alcohol and substance use disorders. Journal of Cognitive Psychotherapy: An International Quarterly, 19 (3), 211-228.

Zgierska, A., Rabago, D., Zuelsdorff, M., Coe, C., Miller, M. & Fleming, M. (2008). Mindfulness meditation for alcohol relapse prevention: A feasibility pilot study. Journal of Addiction Medicine, 2 (3), 165-173.

Anhang

Anhang A: Beispiele für formelle und informelle Achtsamkeitsübungen

Formelle Achtsamkeitsübungen
Instruktion für die Body-Scan-Meditation (vgl. Heidenreich & Michalak, 2009a, S. 573 f.)

1. Legen Sie sich auf den Rücken, und machen Sie es sich bequem. Sie liegen auf einer Matte oder einem Teppich auf dem Boden oder auch auf Ihrem Bett, jedenfalls an einem Ort, an dem es warm ist und Sie ungestört sind. Lassen Sie zu, dass Ihre Augen sich sanft schließen.

2. Nehmen Sie sich ein paar Augenblicke Zeit und nehmen Sie Kontakt zu den Bewegungen Ihres Atems und zu den Empfindungen in Ihrem Körper auf. Wenn Sie soweit sind, richten Sie Ihre Aufmerksamkeit auf die Empfindungen in Ihrem Körper, vor allem die Empfindungen von Berührung und Druck, dort wo Ihr Körper Kontakt zur Matte bzw. zum Bett hat. Erlauben Sie sich, bei jedem Ausatmen loszulassen und ein bisschen tiefer in den Boden oder das Bett zu sinken.

3. Erinnern Sie sich noch einmal daran, worum es bei diesen Übungen geht. Das Ziel besteht nicht darin, ein anderes Gefühl zu entwickeln, sich zu entspannen oder sich zu beruhigen, das kann entweder vorkommen oder auch nicht. Stattdessen besteht das Ziel der Übungen darin, so gut Sie es vermögen, Ihre Aufmerksamkeit auf die Empfindungen zu lenken, die Sie entdecken, während Sie Ihre Aufmerksamkeit abwechselnd auf verschiedene Teile des Körpers richten.

4. Nun richten Sie Ihre Aufmerksamkeit auf die körperlichen Empfindungen im unteren Bauchraum. Während Sie einatmen und wieder ausatmen, werden Ihnen die sich verändernden Muster von Empfindungen in der Bauchwand bewusst. Nehmen Sie sich ein paar Minuten Zeit, um diesen Empfindungen nachzuspüren, während Sie weiter ein- und ausatmen.

5. Nachdem Sie eine Verbindung zu den Empfindungen im Bauchraum hergestellt haben, lassen Sie den Fokus Ihrer Aufmerksamkeit das linke Bein hinunter wandern, bis hinein in den linken Fuß und zu den Zehen des linken Fußes. Richten Sie die Aufmerksamkeit abwechselnd auf jeden einzelnen Zeh

des linken Fußes und bringen Sie behutsames Interesse mit, während sie die Qualität der Empfindungen erforschen, die Sie dort vorfinden; vielleicht spüren Sie den Kontakt zwischen Ihren Zehen, ein Gefühl des Kitzelns, Wärme oder auch gar keine bestimmte Empfindung.

6. Wenn Sie dazu bereit sind, können Sie sich einatmend vorstellen oder spüren, wie der Atem in die Lungen eintritt und dann in den Bauchraum hinunterwandert, bis ins linke Bein, in den linken Fuß, und zu den Zehen des linken Fußes wieder hinaus. Ausatmend können Sie spüren oder sich vorstellen, wie der Atem den ganzen Weg wieder zurückkommt, in den Fuß, in das Bein, in den Bauchraum hinauf, durch die Brust und durch die Nase wieder heraus. Setzen Sie dies ein paar Atemzuge hindurch fort, so gut Sie können, atmen Sie bis in die Zehen hinunter und wieder hinaus. Es kann zunächst schwierig sein, dafür ein Gefühl zu entwickeln – üben Sie einfach dieses „Hineinatmen", so gut Sie können und gehen Sie spielerisch damit um.

7. Wenn Sie dazu bereit sind, lösen Sie beim Ausatmen die Aufmerksamkeit von Ihren Zehen und richten Sie sie auf die Empfindungen an Ihrer linken Fußsohle – bringen Sie Ihre behutsame, interessierte Aufmerksamkeit der Fußsohle, dem Spann, der Ferse entgegen. Experimentieren Sie damit, mit den Empfindungen „mitzuatmen" – seien Sie sich des Atems im Hintergrund bewusst, während Sie im Vordergrund die Empfindungen im unteren Fußbereich erforschen.

8. Nun erlauben Sie Ihrem Bewusstsein, sich auf den Rest des Fußes auszudehnen – auf das Fußgelenk, die Oberseite des Fußes, bis hin zu den Knochen und Gelenken. Dann atmen Sie etwas tiefer ein und richten den Atem auf den ganzen linken Fuß, und während Sie ausatmend den Atem loslassen, lassen Sie auch den Fuß vollständig los und erlauben dem Fokus Ihrer Aufmerksamkeit, sich in den unteren Bereich des linken Beins zu bewegen – in die Wade, das Schienbein, das Knie usw., immer nacheinander.

9. Bringen Sie weiterhin den körperlichen Empfindungen in jedem Bereich des restlichen Körpers abwechselnd Ihre Aufmerksamkeit entgegen – hin zum oberen Bereich des linken Beins, zu den rechten Zehen, zum rechten Fuß, zum rechten Bein, zur Hüftgegend, zum Rücken, zur Bauchgegend, zur Brust, zu den Fingern, zu den Händen, zu den Armen, zu den Schultern, zum Nacken, zum Kopf und zum Gesicht. Bringen Sie den gegenwärtigen körperlichen Empfindungen in jedem Bereich, so gut Sie es können, dasselbe Niveau der Aufmerksamkeit und des behutsamen Interesses entgegen.

10. Wenn Ihnen Anspannung oder andere intensive Empfindungen in einem bestimmten Bereich des Körpers bewusst werden, können Sie in diese „hineinatmen" – indem Sie das Einatmen behutsam dazu einsetzen, Ihre Aufmerksamkeit direkt auf diese Empfindungen zu lenken und ausatmend das Gefühl bekommen, sie zu lösen oder loszulassen.

11. Von Zeit zu Zeit werden Sie unweigerlich geistig von Ihrem Atem und Ihrem Körper abschweifen. Das ist vollkommen normal. Unser Geist tut so etwas nun einmal. Wenn Sie so etwas bemerken, lassen Sie es behutsam zu, beobachten Sie, wohin der Geist abgeschweift ist, und lenken Sie Ihre Aufmerksamkeit dann wieder sanft zu dem Körperteil, auf welchen Sie diese richten wollten.

12. Nachdem Sie auf diese Art den ganzen Körper „abgetastet" haben, verbringen Sie ein paar Minuten damit, sich Ihres Körpergefühls als Ganzem bewusst zu werden. Der Atem fließt dabei frei durch den Körper hinein und hinaus.

13. Wenn Sie merken, dass Sie schläfrig werden, finden Sie es vielleicht hilfreich, den Kopf mit einem Kissen abzustützen, die Augen zu öffnen oder die Übung im Sitzen anstatt im Liegen durchzuführen.

Instruktion für die Atemmeditation (vgl. Heidenreich & Michalak, 2009a, S. 575)

1. Lassen Sie sich in einer bequemen Sitzhaltung nieder, entweder auf einem Stuhl mit gerader Lehne oder auf einer weichen Unterlage auf dem Boden, wobei Sie ihr Gesäß mit einem Kissen oder einem Meditationsbänkchen abstützen können. Wenn Sie einen Stuhl benutzen, ist es sehr hilfreich, sich nicht anzulehnen, damit Ihr Rücken sich selbst stützen kann. Falls Sie auf dem Boden sitzen, ist es hilfreich, wenn Ihre Knie tatsächlich den Boden berühren. Experimentieren Sie solange mit der Höhe des Kissens, Bänkchens oder des Stuhls, bis Sie das Gefühl haben, bequem und gut gestützt zu sitzen.

2. Erlauben Sie Ihrem Rücken, eine aufrechte, würdevolle und bequeme Haltung einzunehmen. Wenn Sie auf einem Stuhl sitzen, stellen Sie Ihre Füße flach auf den Boden und verschränken Sie Ihre Beine nicht. Schließen Sie sanft die Augen.

3. Lenken Sie Ihr Bewusstsein auf Ihre körperlichen Empfindungen, indem Sie Ihre Aufmerksamkeit auf die Empfindung der Berührung und des Drucks an den Stellen richten, wo ihr Körper Kontakt zum Boden bzw. Ihr Gesäß Kontakt zur Sitzunterlage hat. Verbringen Sie ein oder zwei Minuten damit, diese Empfindungen zu erforschen, genau wie im Body-Scan.

4. Lenken Sie Ihr Bewusstsein nun auf die sich verändernden Muster der körperlichen Empfindungen im unteren Bauchraum, während der Atem in ihren Körper hinein- und wieder hinausströmt. Wenn Sie diese Übung zum ersten Mal machen, kann es hilfreich sein, die Hand auf den unteren Bauchraum zu legen und die Aufmerksamkeit dort auf die sich verändernden Empfindungsmuster zu richten, wo Ihre Hand diesen Bereich berührt. Nachdem Sie sich dadurch auf die körperlichen Empfindungen in diesem Bereich eingestellt haben, können Sie Ihre Hand wieder wegnehmen und sich dabei weiterhin auf die Empfindungen in der Bauchwand fokussieren.

5. Lenken Sie Ihre Aufmerksamkeit auf das Gefühl der leichten Dehnung, während sich die Bauchwand mit jedem Einatmen hebt und der leichten Senkung der Bauchwand, wenn Sie ausatmen. Folgen Sie mit Ihrer Aufmerksamkeit diesen sich verändernden körperlichen Empfindungen in der unteren Bauchgegend, so gut Sie es vermögen. Folgen Sie diesen Empfindungen unablässig, während der Atem beim Einatmen in den Körper eintritt, und bleiben Sie solange bei ihm, bis er ihn beim Ausatmen wieder verlässt. Unter Umständen fällt Ihnen dabei die kleine Pause auf, die zwischen dem Einatmen und dem

darauffolgenden Ausatmen liegt, sowie zwischen dem Ausatmen und dem darauffolgenden Einatmen.

6. Es ist nicht notwendig, die Atmung auf irgendeine Weise zu kontrollieren – überlassen Sie den Atem einfach sich selbst. Bringen Sie diese Haltung des Zulassens, so gut Sie es vermögen können, auch dem Rest Ihrer Erfahrungen entgegen. Es geht nicht darum, irgendetwas zu korrigieren, und Sie sollen keinen bestimmten Zustand erreichen. Lassen Sie Ihre Erfahrungen einfach nur Ihre Erfahrungen sein, so gut Sie es vermögen, ohne dabei zu erwarten, dass etwas anders sein sollte als es ist.

7. Früher oder später (im Allgemeinen eher früher) wird Ihr Geist vom Fokus auf den Atem in der unteren Bauchgegend abschweifen und sich Gedanken, Plänen oder Tagträumen zuwenden bzw. sich treiben lassen. Das ist vollkommen in Ordnung – unser Geist tut das nun einmal. Es handelt sich dabei keinesfalls um einen Fehler oder ein Versagen. Seien Sie sich einmal mehr Ihrer Erfahrungen bewusst! Sobald Sie merken, dass Ihre Aufmerksamkeit sich nicht mehr beim Atem befindet, lassen Sie es behutsam zu und beobachten Sie, wohin der Geist abgeschweift ist („Aha, ich habe wieder einen Gedanken"). Dann leiten Sie Ihre Aufmerksamkeit behutsam zum Fokus auf die sich verändernden Muster in der unteren Bauchgegend zurück und erneuern Ihre Absicht, ihre Aufmerksamkeit auf das fortwährende Einatmen und Ausatmen zu richten, je nachdem welches von beiden Sie gerade vorfinden.

8. Egal wie häufig Sie bemerken, dass Ihr Geist abgeschweift ist (das wird vermutlich wieder und wieder vorkommen), registrieren Sie diese Erfahrung des Abschweifens Ihrer Gedanken, und sobald Sie wieder eine Verbindung zu den Erfahrungen des Augenblicks hergestellt haben, lenken Sie Ihre Aufmerksamkeit, so gut Sie es vermögen, behutsam wieder auf die Atmung zurück. Dann fahren Sie einfach damit fort, Ihre Aufmerksamkeit auf die sich verändernden Muster der körperlichen Empfindungen zu lenken, die mit jedem Ein- und Ausatmen verbunden sind.

9. Bringen Sie Ihrer Aufmerksamkeit, so gut Sie es vermögen, eine aufgeschlossene Haltung entgegen, vielleicht indem Sie das wiederholte Abschweifen des Verstandes als Gelegenheiten betrachten, wie Sie Ihren Erfahrungen Geduld und behutsames Interesse entgegenbringen können.

10. Setzen Sie diese Übung 10 Minuten lang fort, wenn Sie möchten auch länger, und erinnern Sie sich von Zeit zu Zeit daran, dass die Absicht darin besteht, sich einfach nur seiner Erfahrungen im jeweiligen Augenblick bewusst

zu werden, so gut man es vermag. Setzen Sie dabei Ihren Atem als einen Anker ein, mit dessen Hilfe Sie immer wieder aufs Neue eine Verbindung zum Hier und Jetzt herstellen können, sobald Sie bemerken, dass Ihr Geist abschweift und sich nun nicht länger im unteren Bauchraum befindet und dem Atem folgt.

Informelle Achtsamkeitsübungen (vgl. Hanh, 2001, S. 105 ff.)

Halblächeln beim Erwachen am Morgen

Sie können sich einen Zweig oder irgendein anderes Zeichen, vielleicht sogar ein Blatt mit dem Wort „Lächeln" an der Decke oder Wand befestigen, damit Sie es sofort sehen, wenn Sie ihre Augen öffnen. Dieses Zeichen soll Ihnen als Erinnerung dienen. Nutzen Sie die Sekunden vor dem Aufstehen und spüren Sie Ihren Atem. Atmen Sie dreimal sanft ein und aus und behalten Sie Ihr Halblächeln bei. Folgen Sie Ihrem Atem.

Achtsamkeit für die Körperhaltung

Diese Übung können Sie überall und jederzeit durchführen. Fangen Sie damit an, die Aufmerksamkeit auf den Atem zu richten. Atmen Sie ruhig und etwas tiefer als gewöhnlich. Seien Sie sich der Haltung Ihres Körpers bewusst, ob Sie gehen, stehen, liegen oder sitzen. Seien Sie sich auch über den Zweck ihrer Körperhaltung im Klaren. Wenn Sie zum Beispiel auf einem grünen Hügel stehen, dann wissen Sie, Sie wollen sich ein wenig erholen, den Atem betrachten oder einfach eine Weile dort stehen. Wenn es keinen bestimmten Zweck gibt, dann seien Sie sich dessen bewusst, dass es ohne Zweck geschieht.

Ein Bad in Zeitlupe

Nehmen Sie sich eine halbe bis dreiviertel Stunde Zeit für ein Bad. Tun Sie alles ohne Eile. Jede ihrer Bewegungen sollte leicht und langsam sein, angefangen mit dem Einlassen des Badewassers bis zum Anziehen der neuen sauberen Kleidung. Achten Sie auf jede Ihrer Bewegungen. Richten Sie Ihre Aufmerksamkeit auf jeden Teil des Körpers, ohne Unterscheidung und ohne Scheu. Spüren Sie bewusst jeden Wasserstrahl auf Ihrem Körper. Nach dem Baden sollte sich Ihr Geist so friedvoll und leicht anfühlen wie Ihr Körper. Folgen Sie Ihrem Atem. Stellen Sie sich vor, Sie befänden sich inmitten eines klaren, duftenden Lotosteiches im Sommer.

Anhang B: Prof. Dr. C. G. Jung's Letter to Bill Wilson

Online im Internet: URL: http://www.barefootsworld.net/jungletter.html (Zugriff am 21.09.09)

PROF. DR. C. G. JUNG　　　　　　　　　　　　　KÜSNACHT-ZÜRICH
　　　　　　　　　　　　　　　　　　　　　　　SEESTRASSE 228

　　　　　　　　　　　　　　　　　　　　　　　January 30, 1961

Mr. William G. Wilson
Alcoholics Anonymous
Box 459 Grand Central Station
New York 17, N.Y.

Dear Mr. Wilson,

your letter has been very welcome indeed.
I had no news from Roland H. anymore and often wondered what has been his fate. Our conversation which he has adequately reported to you had an aspect of which he did not know. The reason was, that I could not tell him everything, was that those days I had to be exceedingly careful of what I said. I had found out that I was misunderstood in every possible way. Thus I was very careful when I talked to Roland H. But what I really thought about, was the result of many experiences with men of his kind.
His craving for alcohol was the equivalent on a low level of the spiritual thirst of our being for wholeness, expressed in mediaeval language: the union with God.¹⁾
How could one formulate such an insight in a language that is not misunderstood in our days?
The only right and legitimate way to such an experience is, that it happens to you in reality and it can only happen to you when you walk on a path, which leads you to higher understanding. You might be led to that goal by an act of grace or through a personal and honest contact with friends, or through a higher education of the mind beyond the confines of mere rationalism. I see from your letter that Roland H. has chosen the second way, which was, under the circumstances, obviously the best one.
I am strongly convinced that the evil principle prevailing in this world, leads the unrecognized spiritual need into perdition, if it is not counteracted either by a real religious insight or by the protective wall of human community. An ordinary man, not protected by an action from above and isolated in society cannot resist the power of evil, which is called very aptly the Devil. But the use of such words arouses so many mistakes that one can only keep aloof from them as much as possible.
These are the reasons why I could not give a full and sufficient explanation to Roland H., but I am risking it with you, because I conclude from your very decent and honest letter, that you have acquired a point of view above the misleading platitudes, one usually hears about alcoholism.
You see, Alcohol in Latin is "spiritus" and you use the same word for the highest religious experience as well as for the most depraving poison. The helpful formula therefore is: spiritus contra spiritum.

Thanking you again for your kind letter
　　　　　I remain
　　　　　　　　yours sincerely
　　　　　　　　　　　　　　　　C. G. Jung.

¹⁾ "As the hart panteth after the water brooks, so panteth my soul after thee, O God." (Psalm 42,1)

Durch Achtsamkeit aus der Depression – Achtsamkeitsbasierte Ansätze zur Behandlung von Depressionen von Nicola König

2011

1. Einleitung

Depressive Störungen sind weit verbreitet und gehören weltweit zu den wohl häufigsten Erkrankungen. Nach Schätzungen leiden in Deutschland mindestens 4 Millionen Menschen an dieser Diagnose.

Grob kann gesagt werden, dass sich bei etwa der Hälfte bis zwei Drittel derjenigen, bei denen die Erkrankung ausbricht, der Gesundheitszustand soweit bessert, dass sie wieder ihre Leistungsfähigkeit erreichen und das „alte" Selbst wieder hervortritt, auch wenn einzelne Beschwerden oft weiter bestehen bleiben. Doch ist die Literatur zur Prognose der Krankheit uneinheitlich und es kann wegen der sehr heterogenen und methodisch wenig vergleichbaren Befundlage zu keiner klaren Aussage kommen, was den Ausgang der Depression betrifft. *(Vgl. Mayer 2009)* Dennoch gilt die Krankheit in der Regel als gut behandelbar und oft auch heilbar.

Der Behandlungsschwerpunkt liegt meist auf einer konstanten medikamentösen und psychotherapeutischen Ebene, welche derzeit die wichtigsten Säulen zur erfolgreichen Behandlung von Depressionen darstellen. *(Vgl. Mayer 2009, Eberhardt-Metzger 2006)* Doch gewinnt die Forschung immer neue Erkenntnisse über die Entstehung psychischer Erkrankungen und entwickelt damit auch neue Formen der Behandlung. So entstehen immer mehr alternative Behandlungsformen, die nicht alleine auf die medikamentöse Therapie abzielen, wie beispielsweise achtsamkeitsbasierte Ansätze.

Im Rahmen dieser Arbeit möchte ich der Frage nachgehen, inwieweit die aus der buddhistischen Tradition kommende Methode der Achtsamkeit als eine Behandlungsform bei Depressionen eine Rolle spielen und ob sie eine medikamentöse Therapie ersetzen kann.

Dazu werde ich darauf eingehen, welche Auswirkungen Achtsamkeit auf das psychische Wohlbefinden von Menschen hat und wie depressive Menschen im Hinblick auf ihre Gesundheit von ihr profitieren können. Studien, die sich mit dem Zusammenhang von Achtsamkeit und seelischer Gesundheit von Menschen mit depressiven Störungen beschäftigen, sollen die Relevanz dieser alternativen Behandlungsform zeigen. Anschließend werde ich Möglichkeiten aufzeigen, wie die Soziale Arbeit sich dieser alternativen Methode in der Praxis bedienen kann und mit einem kurzen Fazit schließen.

Zunächst werde ich jedoch sowohl kurz in das Krankheitsbild Depression als auch in den Begriff der Achtsamkeit einführen.

2. Einführung in die Begrifflichkeiten

2.1 Einführung in das Krankheitsbild Depression

Über Depressionen gibt es zahlreiche Literatur. Diese reichen von Theorien zur Entstehung über die Symptome bis hin zu den verschiedensten Auswirkungen der Krankheit oder der Prognose für Betroffene. Da ich jedoch der Frage nachgehen möchte, welche Rolle Achtsamkeit bei der Behandlung von Depressionen spielen kann, möchte ich mich im Rahmen dieser Arbeit kurz halten und lediglich Basiswissen vermitteln: ich werde mich auf die Symptome beschränken, kurz auf deren Auswirkungen eingehen und einen Überblick geben, wie weit diese Erkrankung verbreitet ist.

2.1.1 Definition, Symptome und Auswirkungen

Allgemein beschreibt Wolfersdorf (2001) Depression *„als eine affektive Störung von Krankheitswert, die durch eine typische Symptomatik [...] gekennzeichnet ist, die auf der Basis einer psycho-sozio-biologischen Disposition einer Person entsteht und durch innerseelische und/oder äußere Auslöser [...] ausgelöst und aufrechterhalten wird."* (Wolfersdorf 2001, S.18) Diese Disposition, die durch Auslöser eine typische Symptomatik verursacht und aufrechterhält, ist eine bekannte Theorie zur Entstehung von Depressionen. Aufgrund der Begrenzung dieser Arbeit werde ich darauf allerdings nicht näher eingehen.

Diese affektiven Störungen sind im ICD-10 näher beschrieben, der „Internationalen statistischen Klassifikation der Krankheiten und verwandter Gesundheitsprobleme" (ICD-10), die wohl die gebräuchlichste und bekannteste Form ist, psychische Erkrankungen zu definieren. Hiernach sind affektive Störungen diejenigen, deren Hauptsymptome in einer Veränderung der Stimmung oder der Affektivität entweder zur Depression oder zur gehobenen Stimmung (Manie) bestehen, die meist mit einer veränderten Aktivität einhergehen. Dazu gehören die manische Episode, die bipolare affektive Störung, die depressive Episode, die rezidivierende depressive Störung und die anhaltende affektive Störung. *(Vgl. Deutsches Institut für Medizinische Dokumentation und Information 2011)* Insgesamt gibt es also nach dieser Einteilung affektive Störungen, die es unipolar (nur depressive oder manische Episoden) und bipolar (Wechsel zwischen diesen) gibt. *(Vgl. Bischkopf 2005, S. 10)* Ich möchte mich in meiner Arbeit auf die häufiger vorkommenden depressiven Episoden beschränken, weswegen ich auch nur diese näher beschreiben werde. Jedoch werde ich im Folgenden von Depressionen sprechen, um die Lesbarkeit zu erleichtern.

Der Vorteil des ICD-10 ist, dass Depressionen nur anhand von Symptomen beschrieben werden, die auch nach Wolfersdorf kennzeichnend für eine Depression sind, ohne deren Entstehung zu berücksichtigen.

Nach der medizinischen Definition des ICD-10 leiden Betroffene bei depressiven Episoden unter einer gedrückten Stimmung, die sich wenig verändert und nicht auf Lebensumstände reagiert. Diese wird begleitet von dem Verlust der Fähigkeit, Freude oder Interesse zu empfinden und zum Ausdruck zu bringen. Auch Konzentration, Aufmerksamkeit und Antrieb sind vermindert. Diese verminderte Energie führt oft zu erhöhter Ermüdbarkeit und einer Einschränkung der Aktivität. Nach jeder geringen Anstrengung kann eine ausgeprägte Müdigkeit auftreten. Fast immer sind sogar Selbstwertgefühl und Selbstvertrauen beeinträchtigt. Betroffene werden von Schuldgefühlen und Gedanken über die eigene Wertlosigkeit geplagt.

Meist gehen diese Empfindungen mit Schlafstörungen, Früherwachen und Morgentief, Appetitverlust und Gewichtsverlust einher. *(Vgl. Deutsches Institut für Medizinische Dokumentation und Information 2011)*

Ebenso führen andere Quellen diese Symptome als Hauptsymptome von Depressionen auf (Kornbichler 2004, Wolfersdorf 2001), die sich alle insgesamt an der medizinschen Definition des ICD-10 orientieren. Auch Bischkopf (2005) zeigt diese Symptomatik auf und untermauert sie zusätzlich mit Zitaten von Betroffenen, um die depressive Stimmung zu beschreiben, die zu den sogenannten Hauptsymptomen einer Depression gehört: *„Am liebsten würde ich morgens im Bett liegen bleiben und mir die Decke über den Kopf ziehen. Das Aufstehen am Morgen ist das Schlimmste. Es hat doch sowieso alles keinen Sinn. Wozu soll ich duschen, Zähne putzen, mich anziehen? Manchmal ertappe ich mich, wie ich einfach nur dasitze. Jede Bewegung wird mir zuviel. Wenn Freunde mich ins Kino abholen wollen, täusche ich Kopfweh oder Arbeit vor. Was soll ich denn da?"* (Niklewski/Riecke-Niklewski in Bischkopf 2005, S.13) (Weitere Zitate von Betroffenen in Bischkopf 2005 und Wolfersdorf 2011)

Von einer depressiven Episode sprechen wir, wenn mehrere dieser genannten Merkmale über mehr als zwei Wochen fast ständig vorliegen.

Kornbichler (2004) weist zusätzlich darauf hin, dass diese Symptome zwar charakteristisch für depressive Verstimmungen sind, doch weiterhin eine Individualität bei den Störungsbildern herrscht. Auch die Dauer der depressiven Episoden könne sehr unterschiedlich sein. Sie reiche von tageweisen Einbrüchen bis hin zu jahrelangen Beeinträchtigungen.

Abhängig von Dauer, Anzahl und Schwere der Symptome ist eine depressive Episode als leicht, mittelgradig oder schwer zu bezeichnen. Je nachdem hat dies auch unterschiedliche Auswirkungen auf die betroffenen Personen und deren Lebensführung. Nach Erfahrungsberichten sind von Depressionen betroffene Menschen unfähig, ihre trüben Gedanken abzuschütteln, weswegen diese Stimmung oft auf alle Wahrnehmungen abfärbt. Die Krankheit verändere dadurch Gedanken, Gefühle und Verhaltensweisen der Person. Es sei schon eine Schwierigkeit, sich bei einfachsten Situationen zu entscheiden oder einfache Arbeiten im Haushalt oder Beruf zu erledigen. Manchmal sei es Schilderungen nach so schlimm, dass Betroffene gar nicht erst aufstehen können. Durch diese gedrückte Stimmung und den damit oft zusammenhängend geminderten Antrieb und die geminderte Aktivität, durch fehlende Freunde und Interesse und oft auch durch vermindertes Selbstwertgefühl und Selbstvertrauen sei eine normale Lebensführung oft nicht oder nur noch mit größten Anstrengungen möglich. *(Vgl. Wittchen 2005, S.5)* Verschiedene Quellen, wie beispielsweise Kornbichler (2004), weisen zusätzlich darauf hin, dass depressive Episoden oft auch mit mehr oder weniger starken psychosomatischen Beschwerden einhergehen, beispielsweise mit Kopfschmerzen, Verspannungen, Herzbeschwerden, Magenbeschwerden oder Gelenkschmerzen. *(Vgl. Kornbichler 2004, S.66)* Diese können zusätzliche Schwierigkeiten bei der Bewältigung des Alltags mit sich bringen.

2.1.2 Epidemiologie

Häufig werden Depressionen weder erkannt noch diagnostiziert oder behandelt. Aus diesem Grund gibt es häufig keine einheitlichen oder aktuellen Daten über die Verbreitung dieser Erkrankung. Doch ist dies nicht der einzige Nachteil, denn viele Betroffene können aus diesem Grund nicht richtig behandelt werden. Nach Eberhardt-Metzger (2006) gibt es nur wenige seelische Krankheiten, die so selten richtig behandelt werden wie Depressionen.

Die Weltgesundheitsorganisation schätzt trotz gewisser Dunkelziffer jedoch, dass zwei bis sieben Prozent der Weltbevölkerung und mindestens vier Millionen Menschen in Deutschland an einer Depression leiden. Wittchen und Jacobi (2005) sehen aus dem oben genannten Grund Stichprobenuntersuchungen in der Allgemeinbevölkerung als aussagekräftigste Studienform an, von denen seit 1980 30 durchgeführt wurden. So kann nach den Berechnungen von Wittchen und Jacobi (2005) bezogen auf die erwachsene

Durchschnittsbevölkerung im Alter von 18 bis 65 Jahren für die europäischen Länder davon ausgegangen werden, dass in Deutschland etwa 5 bis 6 Millionen Menschen pro Jahr von einer Depression betroffen sind. *(Vgl. Wittchen/Jacobi 2005, S. 17)*

2.2 Einführungen in den Begriff der Achtsamkeit

2.2.1 Was ist Achtsamkeit?

Normalerweise sei nach Kabat-Zinn die alltägliche Verfassung unserer Aufmerksamkeit dadurch gekennzeichnet, dass durch Abschweifungen die Umgebung und vor allem aktuelle Empfindungen kaum zur Kenntnis genommen werden und das Handeln dadurch nicht bewusst abläuft. Das achtsame Erleben einer Situation unterscheidet sich jedoch deutlich von dieser Verfassung.

In meinen Ausführungen, was Achtsamkeit bedeutet und wie sie praktiziert werden kann, berufe ich mich im Folgenden hauptsächlich auf Kabat-Zinn (1990, 2000, 2006), einem Professor für Medizin an der Universität Massachusetts, zu dessen Markenzeichen sein therapeutisches Programm zur Anwendung der Achtsamkeit im Gesundheitswesen gehört. Er gründete außerdem die Stress Reduction Clinic und leitete diese Einrichtung viele Jahre. Hier werden Menschen mit Verfahren behandelt, die auf dem Konzept der Achtsamkeit aufbauen. *(Vgl. Hacker 2006)*

Kabat-Zinn (1990) bezeichnet Achtsamkeit als eine Aufmerksamkeit, die absichtsvoll auf den gegenwärtigen Moment gelenkt wird. Diese Aufmerksamkeit soll wertfrei stattfinden und Ereignisse nicht vorschnell in Kategorien wie erwünscht/unerwünscht oder angenehm/unangenehm einordnen. Dadurch soll Kontakt mit dem gegenwärtigen Augenblick hergestellt und Körper und Geist in Einklang gebracht werden. Achtsamkeit bedeutet demnach also *„die eigene Aufmerksamkeit absichtsvoll und nicht-wertend auf das bewusste Erleben des augenblicklichen Moments zu richten." (Kabat-Zinn 1990 in Frank 2007, S. 70)* Auch Anderssen-Reuster (2011) benutzt ebendiese Definition von Achtsamkeit.

Indem man absichtsvoll seine Aufmerksamkeit lenkt, besinne man sich immer wieder darauf, in allen Lebenslagen eine achtsame Haltung einzunehmen und den gegenwärtigen Moment bewusst zu erleben. Denn nach der These von Kabat-Zinn lehrt uns jeder Moment etwas.

Der Kern der Achtsamkeitstheorie ist also das Sich-Zuwenden. Damit ist gemeint, einer Sache oder einer Person volle Aufmerksamkeit zu schenken. *„Es geht also darum, präsent, wach, auf etwas konzentriert zu sein – es geht darum, durch eine liebevolle und zugewandte innere Haltung eine wirkliche Verbindung herzustellen."* (Kabat-Zinn 2000, S.52)

Menschen mit depressiver Erkrankung können demnach lernen, sich um sich selbst zu kümmern, indem sie sich selbst Aufmerksamkeit schenken. Dadurch stellen sie eine Verbindung zu sich selbst her und können wahrnehmen, was im gegenwärtigen Moment in ihnen und um sie herum geschieht (beispielsweise eigene Wünsche, Bedürfnisse und Empfindungen). Ich denke, dass diese verstärkte Eigen- und Fremdwahrnehmung Sicherheit und Struktur vermitteln kann. Entscheidungen bzw. Verhaltensweisen können auf dieser Grundlage sicherer und nachhaltiger getroffen bzw. gezielter gesteuert werden. So kann das eigene Wohlbefinden gesteigert werden, worauf ich unter 3.1. noch näher eingehen werde.

Diese Achtsamkeitspraxis gilt als Kern der buddhistischen Tradition, die im Laufe der Geschichte die verschiedensten Formen hervorgebracht hat. Jedoch wird in den verschiedensten Quellen ebenso darauf hingewiesen, dass das Prinzip der Achtsamkeit nicht nur Menschen mit buddhistischem oder spirituellem Hintergrund praktizieren können. Denn Achtsamkeit ist eine Fertigkeit, die von allen Menschen ausgeübt werden kann. Wichtig ist nur, dass man sich darauf einlässt und sie in das eigene Leben zu integrieren versucht. *(ebd.)* Wie dies geschehen kann, möchte ich im Folgenden verdeutlichen.

2.2.2 Achtsamkeit in unser Leben einbeziehen

Auch hier möchte ich bewusst die Möglichkeiten nach Kabat-Zinn (1990, 2000) vorstellen, die er in seiner Literatur beschreibt, wie Achtsamkeit in unserem Leben kultiviert werden kann.

Die Entwicklung von Achtsamkeit könne durch formelle und informelle Übungen am besten in einem geschützten Raum unterstützt werden. Zu formellen Achtsamkeitsübungen gehören beispielsweise die Sitzmeditation oder die Gehmeditation. Zwar gibt es je nach Kontext verschiedene Definitionen von Meditation, doch möchte ich eine bestimmte hier aufgreifen. Nach Walsh und Shapiro (2006) ist sie eine Praktik, die Aufmerksamkeit und Bewusstsein trainiert, *„um mentale Prozesse unter stärkere freiwillige Kontrolle zu bekommen und damit allgemeines Wohlbefinden und Entwicklung und spezifische Fertigkeiten wie Ruhe, Klarheit und Konzentration zu fördern."*

(Frank 2007, S. 70) Hier wird die Entwicklung von Ruhe und Klarheit durch Meditation angesprochen, die Achtsamkeit zum Ziel hat. Somit kann sie als Methode angewendet werden, um Achtsamkeit zu kultivieren. Sogar die Förderung des Wohlbefindens wird in diesem Zitat bereits angedeutet. Auch Kabat-Zinn sieht Meditation als eine Methode, die angewandt wird, um tief ins eigene Innere zu schauen, um sich selbst und die Art unseres Bestehens zu erforschen. Vor allem bei der sitzenden Meditation können wir die ursprünglichste und intensivste Erfahrung mit Achtsamkeit machen. *(Kabat-Zinn 1990 in Lenzeder 2009, S.15)* Dies benötige eine gewisse Zeit, die man sich erst schaffen muss, um Zeit alleine und in Stille zu verbringen, doch nähren diese ruhigen Augenblicke Körper und Seele. *(ebd.)* Informelle Übungen dagegen können in den Tagesablauf integriert werden, wie beispielsweise das Bemühen mit dem eigenen Atem in Kontakt zu bleiben. *(Kabat-Zinn 2000, S.52)* Dies ist eine Möglichkeit, Achtsamkeit in sein Leben zu bringen und sich mit dem eigenen Atem vertraut zu machen, beispielsweise in ruhigen Momenten oder im gesamten Tagesverlauf. Dadurch versetzt man Körper und Geist in den augenblicklichen Moment und man kann alles, was in diesem Augeblick in einem und um einen herum geschieht, wahrnehmen. Dies hilft, *„tiefe Ruhe und Klarheit zu finden."* *(ebd.)*

Da es gewisse Anstrengung erfordert, mit dem gegenwärtigen Augenblick in Kontakt zu treten und die Ganzheit zu erleben, ist es wichtig, diese Achtsamkeit mental einzuüben. Denn schließlich verbringen wir einen großen Teil des Lebens damit, eben nicht in einem Zustand der Achtsamkeit zu leben. Dadurch wird ein automatisches Verhalten eingeübt und unser *„keineswegs souveränes, mitfühlendes und verständnisvolles Handeln führt zu Konsequenzen, die unsere Probleme, unsere Verwirrung und unseren Mangel an Klarheit bezüglich unseres eigenen Lebens noch vergrößern."* *(ebd.)* Daher ist es wichtig, dass wir immer wieder neu die Absicht bestärken, achtsam sein zu wollen.

3. Achtsamkeitsbasierte Ansätze zur Bewältigung von Depressionen

3.1 Ziele der Kultivierung von Achtsamkeit und die Bedeutung für das Wohlbefinden

Nach den bisherigen Ausführungen über Achtsamkeit und wie man sie im Leben kultivieren kann, stellt sich die Frage, warum man achtsam sein und bewusst und ganzheitlich den gegenwärtigen Moment erleben sollte. Dazu möchte ich nun das Ziel von Achtsamkeit näher beleuchten und den Einfluss auf das allgemeine Wohlbefinden darstellen. Außerdem werde ich erläutern, welche

Konzepte für Menschen mit Depressionen entwickelt wurden, die darauf basieren. Im Anschluss daran möchte ich einige Studien vorstellen, die sich mit diesen Fragen empirisch beschäftigt haben.

Schon Buddha sah in der Achtsamkeit einen Weg aus der inneren und äußeren Bedrängnis. Für ihn war rechte Achtsamkeit eine *„unerlässliche Grundlage für rechtes Leben und Denken, um größere innere Kraft und größeres, reineres Glück zu entwickeln."* (Lenzeder 2009, S.15) Der Weg dieser Achtsamkeit wurde von Buddha durch den „Edlen Achtfachen Pfad zur Leidaufhebung" gewiesen und hat als letztes Ziel die endgültige Leidaufhebung. *(ebd.)* In diesem Weg, der schon damals wie auch heute noch gilt, erkennen wir einen Zusammenhang zwischen der Kultivierung von Achtsamkeit und dem Weg aus der inneren und äußeren Bedrängnis bzw. der Aufhebung von Leid.

Auch verschiedene Modelle beschäftigen sich mit Praktizierung von Achtsamkeit sowie deren Zielen.

Wird Achtsamkeit richtig praktiziert, kann nach dem „Model of Mindfulness" von Shapiro, Carlson, Astin und Freedman (2006) eine objektivere Sichtweise entwickelt werden und wir erhalten dadurch die Fähigkeit, Emotionen und Gedanken neu bewerten zu können. Dadurch besteht die Möglichkeit, sich von Gedanken und alten Erfahrungen zu distanzieren und von einem beobachtenden Standpunkt aus zu handeln. Dadurch können wir diese Erfahrungen wahrnehmen und mit ihnen umgehen, anstelle von ihnen kontrolliert zu werden. *(Vgl. Lenzeder 2009, S.29 f.)*

Auch schon für das Modell von Goleman (1995) war Achtsamkeit eine Voraussetzung für Kontrolle: nämlich die Fähigkeit, sich seiner Emotionen bewusst zu sein, was eine Voraussetzung für Kontrolle und Lenkung dieser darstellt. *(ebd., S.34)*

Beziehen wir in diese Gedankengänge das Salutogenese-Modell von Antonovsky mit ein, fällt auf, dass mit Erfahrungen umzugehen bzw. die Handhabbarkeit von Ereignissen eine der drei Komponenten ist, die das Kohärenzgefühl positiv beeinflusst und damit auch die Erhaltung und Wiederherstellung von Gesundheit. Sehen wir diese Modelle also im Zusammenhang mit dem Salutogenese-Model, können wir als Ziel die Stärkung der Gesundheit und den positiven Einfluss auf das Wohlbefinden erkennen.

Auch Heidenreich, Junghanns-Royack und Michalak (2007) beschäftigen sich mit der zentralen Frage, wie die Vermittlung von Achtsamkeit das Wohlbefinden fördern kann.

Einig mit den vorher aufgeführten Quellen sind sie sich darin, dass Achtsamkeit dazu führt, dass auch unangenehme Empfindungen intensiv erlebt werden: *„Unter einer Achtsamkeitsperspektive erhalten auch Zustände von Leid ihre Würde."* (Heidenreich et al. 2007, S.70) Durch Achtsamkeit können automatisierte Denk- und Verhaltensschemata ins Bewusstsein gerückt werden, ungünstige Geisteszustände können daher frühzeitig erkannt werden. Dadurch ist ein besserer Umgang mit sich selbst, den Gedanken, Gefühlen und Handlungen möglich. *(ebd.)*

Jedoch machen die Autoren auch klar, dass die Annahme, dass Achtsamkeit Wohlbefinden fördert, sehr stark von der Definition des Begriffs „Wohlbefinden" abhängt. Nach buddhistischen Auffassungen gibt es zwei zentrale unterschiedliche Quellen von Wohlbefinden: Zum einen den affektiven Zustand, der durch angenehme sensorische, ästhetische und intellektuelle Stimulation entsteht und zum anderen einen Zustand, der durch psychische Balance und Einsicht in die Natur der Realität gekennzeichnet ist (Sukha). Ziel ist nicht, die erste Form von Wohlbefinden zu erreichen, da diese von äußeren Umständen abhängig ist, sondern Sukha als tiefere Form des Wohlbefindens. Diese setze allerdings ein dauerhaftes und intensives Training der Achtsamkeit voraus. *„Zentrales Element buddhistischer Auffassungen ist [also] Sukha, eine tiefere Form des Wohlbefindens, dessen Erreichung dauerhaftes und intensives Training der Achtsamkeit verlangt und die durch eine psychische Balance und Einsicht in die Natur der Realität charakterisiert ist. Damit erhalten auch unangenehme Zustände von Leid ihre Würde und werden als prinzipiell kompatibel mit dieser tieferen Form von Wohlbefinden betrachtet."* (ebd.)

Anderssen-Reuster (2011) geht genauer darauf ein, dass Achtsamkeit nicht nur für das Wohlbefinden eine Rolle spielt, sondern dass diese auch für eine Veränderung von Symptomen (beispielsweise die einer Depression) eine Voraussetzung ist. *(Vgl. Anderssen-Reuster 2011, S.1)*

Denn vieles, auch neurotische und dysfunktionale Prozesse, laufen schematisch und automatisiert ab. Bewusste Übung bei der Wahrnehmung könne dazu beitragen, Alternativen dazu zu erleben, was nach dieser Quelle eine Voraussetzung für die Veränderung von Symptomen, Erlebnisweisen und Emotionen darstellt. Diese bewusste Übung könne durch die Praxis der Achtsamkeit stattfinden: Sie helfe zu erkennen, wie Wahrnehmungen, Wertungen und Affekte entstehen, die das eigene Erleben bestimmen. Dadurch könne sie helfen, aus einem destruktiven Erlebens- und Verhaltensschema auszusteigen, wodurch die Gegenwart wesentlicher und lebendiger und die Abläufe bedeutsamer werden. *(ebd.)*

Anderssen-Reuster begründet dies so, dass sowohl Angenehmes als auch Unangenehmes wesentlich von der Wahrnehmung und Bewertung des Individuums abhängen. Aus diesem Grund liegen die Möglichkeiten der Einflussnahme nicht im Außen, sondern in der Erkenntnis, dass Wahrnehmung und Interpretation von uns geschaffen werden. Daher können wir uns selbst achtsam zuschauen und durch die Praxis der Achtsamkeit innere Freiheiten schaffen, die einen Ausweg aus verschiedenen intrapsychischen Einengungen ermöglichen. *(ebd.)*

Insgesamt gehen alle Quellen darauf ein, welches Ziel das Praktizieren von Achtsamkeit hat: Alle sehen einen Einfluss von Achtsamkeit auf die Sichtweise und Wahrnehmung der Gegenwart und auf das Erleben dieser.

Diese veränderte Wahrnehmung hat unterschiedliche Konsequenzen: So könne durch eine objektivere Sichtweise besser mit Erfahrungen umgegangen werden oder durch das intensivere Erleben von unangenehmen Umständen auch diese gewürdigt und somit besser bewältigt werden. Eine bessere Wahrnehmung durch Achtsamkeit könne aber auch bewirken, dass Betroffene erkennen, dass Wahrnehmung und Interpretationen von ihnen selbst geschaffen werden und dadurch die Möglichkeit besteht, diese zu verändern. Einig sind sich die einzelnen Autoren jedoch darin, dass Achtsamkeit einen positiven Einfluss auf uns und unser Erleben hat.

Meiner Meinung nach fehlt aber die empirische Auseinandersetzung der verschiedenen Autoren mit der Frage, ob und wie Achtsamkeit das psychische Wohlbefinden positiv beeinflusst und damit eine Möglichkeit bietet, Menschen durch Krisen, wie beispielsweise die akute Phase einer Depression, zu begleiten.

3.2 Die Anwendung dieser Erkenntnisse bei Menschen mit Depressionen

Aus der oben aufgeführten Erkenntnis, dass Achtsamkeit einen positiven Einfluss auf das Wohlbefinden von Menschen haben kann, wurden Behandlungen für Menschen mit psychischen Störungen sowie auch speziell für Menschen mit Depressionen entwickelt.

Um diese dafür entwickelten Behandlungen einordnen zu können, gebe ich kurz einen allgemeinen Überblick über Ansätze, die sich das Ziel gesetzt haben, im therapeutischen Kontext Achtsamkeit zu vermitteln, und gehe dann auf die Möglichkeiten für Menschen mit Depressionen ein.

Diese Ansätze, die sich erheblich bezüglich des Ausmaßes unterscheiden, in dem Achtsamkeit in die Behandlung integriert wird, lassen sich nach Germer (2005) folgendermaßen einordnen:

Achtsamkeits**analoge** Prinzipien ähneln dem Achtsamkeitsprinzip mehr oder weniger stark, ohne jedoch mit ihm deckungsgleich zu sein. Solche Behandlungsweisen sind oft in klassischen psychotherapeutischen Ansätzen enthalten, lassen sich jedoch auch in der verhaltenstherapeutischen Arbeit finden.

Achtsamkeits- bzw. akzeptanz**informierte** Ansätze vermitteln dagegen gezielt Achtsamkeit bzw. Akzeptanz. Hauptziel ist jedoch nicht der Aufbau von Achtsamkeit, sondern ihre Elemente werden mit anderen Behandlungselementen in das Setting integriert. So werden beispielsweise keine ausgedehnten formellen Meditationsübungen eingesetzt.

Achtsamkeits- bzw. akzeptanz**basierte** Ansätze sind dadurch charakterisiert, dass zwar auch ergänzende Inhalte vermittelt werden (beispielsweise Psychoedukation), jedoch Achtsamkeit bzw. Akzeptanz die grundlegenden Therapieprinzipien in der Behandlung darstellen. Auch intensive Meditationsübungen werden regelmäßig durchgeführt, weswegen diese Ansätze den deutlichsten Bezug zur Achtsamkeitstradition aufweisen. Hierzu zählen hauptsächlich die achtsamkeitsbasierte Stressreduktion und die achtsamkeitsbasierte kognitive Therapie zur Rückfallprophylaxe bei Depressionen. Jedoch wird von Meibert, Michalak und Heidenreich (2006) deutlich darauf hingewiesen, dass diese Behandlungen keinen Ersatz für eine medizinische oder psychotherapeutische Behandlung darstellen, sondern nur ergänzend sinnvoll sein können.

Eine Betrachtung der achtsamkeitsanalogen und der achtsamkeitsinformierten Ansätze ist für die Behandlung von Menschen mit Depressionen aus meiner Sicht weniger relevant und würde den Rahmen dieser Arbeit sprengen. Aus diesem Grund werde ich nun die achtsamkeitsbasierten Ansätze darstellen. Zwar nennen sowohl Lenzeder (2009) als auch Heidenreich und Michalak (2006) neben der achtsamkeitsbasierten Stressreduktion und der achtsamkeitsbasierten kognitiven Therapie weitere relevante Achtsamkeitsinterventionen der achtsamkeitsbasierten Ansätze (hauptsächlich für andere psychische Erkrankungen, wie Borderline-Störungen und Abhängigkeitserkrankungen), doch möchte ich mich dennoch auf die für Depressionen wichtigen Ansätze beschränken. Da sich Michalak und Heidenreich ausführlich mit diesem Thema beschäftigen und in verschiedenen Quellen diesen Ansätzen ganze Kapitel widmen, werde ich mich im Folgenden hauptsächlich auf sie beziehen.

3.2.1 Achtsamkeitsbasierte Stressreduktion – Mindfulness-Based Stress Reduction (MBSR) nach Kabat-Zinn (1990)

Nach Kabat-Zinn zählt die Mindfulness-Based Stress Reduction (MBSR) heute zu den wichtigsten Therapieprogrammen, die auf Achtsamkeit basieren, und wird bei Menschen mit unterschiedlichen seelischen und körperlichen Erkrankungen angewendet. *(Vgl. Hacker 2006, S.36)*

MBSR ist ein achtwöchiges, achtsamkeitsbasiertes Stressreduktionsprogramm, das von Kabat-Zinn und seinen Mitarbeitern entwickelt wurde und seit Ende der 70er Jahre in der von ihm gegründeten Stress-Reduction-Clinic in Massachusetts erfolgreich angewendet wird. *(Vgl. Tiefenthaler-Gilmer 2002 in Meibert et al. 2006, S.141)*

Mit acht wöchentlichen Sitzungen von ca. zwei Stunden Dauer sowie einem „Tag der Achtsamkeit" ist MBSR eine Kurzzeitintervention, deren Struktur und Inhalt zum Ziel hat, die Selbstregulationsfähigkeit der Teilnehmer und deren Selbstvertrauen und Selbstwirksamkeitserleben zu stärken. Dadurch verändere sich nicht nur unmittelbar die Einstellung gegenüber der Gesundheit und das Bewusstsein über die persönliche Verantwortung für körperliches und geistiges Wohlbefinden, sondern die Teilnehmer bekommen auch Methoden an die Hand, die ihnen helfen, während ihres gesamten Lebens etwas zu ihrer Gesunderhaltung beizutragen. *(Vgl. Heidenreich/Junghanns-Royack/Michalak 2007, Meibert/Michalak/Heidenreich 2006)*

Während der Sitzungen werden Achtsamkeitsübungen vorgestellt, die auch zu Hause selbstständig praktiziert werden sollen. Diese Übungen sind der Body-Scan (Körperreise) im Liegen, eine Atemmeditation im Sitzen sowie Ruhe- und Bewegungsübungen aus dem Yoga. Neben der Einführung in diese Übungen steht jedes Treffen unter einem Thema: Von der Hinführung, was Achtsamkeit bedeutet, über den Umgang mit angenehmen und unangenehmen Erlebnissen bis zur Praktizierung im Alltag. *(Vgl. Altner 2011, S.246)* Wie diese Kurse im Detail aufgebaut sind, kann in dieser Arbeit nicht ausreichend bearbeitet, dafür aber in Meibert, Michalak und Heidenreich (2006) nachgelesen werden.

Diese Kurse sind für Menschen geeignet, die durch akute chronische körperliche oder psychische Beschwerden oder Stress-Symptome belastet sind. Sowohl bei somatischen Problemen (wie beispielsweise chronischen Schmerzzuständen, häufigen Infekten, Magenproblemen) als auch bei psychischen Problemen (z.B.

Angststörungen oder Panikattacken sowie auch Phasen akuter Depression) sollte jedoch zunächst der Bedarf einer medizinischen oder psychotherapeutischen Behandlung abgeklärt und gegebenenfalls eingeleitet werden. Denn MBSR gilt als sinnvolle Ergänzung zu diesen Behandlungen, nicht aber als Ersatz. *(Vgl. Meibert et al. 2006, S.146)*

Doch warum gilt dieser Ansatz als geeignet für die oben genannten Erkrankungen und speziell für Menschen mit Depressionen? Nach Meibert, Michalak und Heidenreich (2006) verbessert er die Stressbewältigungskompetenz und Entspannungsfähigkeit.

Moderne Stressforschung zeigt, dass alltägliche Probleme (sogenannte daily hassles) an uns zehren, wenn wir nicht gelernt haben, auf konstruktive Weise damit umzugehen und uns genügend Zeit für Entspannung und Ruhe zu gönnen. Physiologische Veränderungen, wie z.B. Anstieg des Blutdrucks, der Atemfrequenz und des Muskeltonus, bereiten unseren Körper darauf vor, auf Gefahrensituationen mit Kampf oder Flucht zu reagieren. In unserer Gesellschaft sind wir jedoch eher mit psychosozialen Problemen konfrontiert, denen wir nicht mit Kampf oder Flucht begegnen können, weswegen es häufig nicht zu der entsprechend notwendigen Abreaktion kommt. So kann die Einleitung der Entspannungsphase nach Kaluza (1996) verzögert oder verhindert werden, wodurch es zu einer verlängerten Stressreaktion kommt. *(Vgl. Meibert et al. 2006, S.153 f.)* Dies kann verschiedene negative Folgen für die Gesundheit haben und dadurch beispielsweise die Entstehung einer Depression begünstigen.

Achtsamkeit soll dem entgegenwirken und dazu beitragen, Stress zu reduzieren:

„Wenn wir mehr Achtsamkeit praktizieren, ist es möglich, nach und nach dem Stress seine Selbstverständlichkeit zu nehmen und wieder aufmerksamer zu werden, für die Grenzen, die Körper und Geist uns aufzeigen. Durch das Schaffen eines Ausgleichs durch Entspannung und Phasen von Stille und Meditation kann man die anstehenden Aufgaben dann mit mehr Gelassenheit und Kraft bewältigen." *(Meibert et al. 2006, S.155)* Diese Fähigkeiten werden in den Kursen eingeübt.

Das MBSR-Programm geht also über die Beseitigung von Stress-Symptomen hinaus. Durch das Schaffen eines Bewusstseins für die eigenen Grenzen und der Entwicklung von Gelassenheit und Kraft für anstehende Aufgaben können Menschen nicht nur durch eine akute Phase der Depression begleitet werden, sondern Achtsamkeit und Akzeptanz kann auch präventiv genutzt werden, um einer weiteren depressiven Episode vorzubeugen.

3.2.2 Achtsamkeitsbasierte kognitive Therapie zur Rückfallprophylaxe bei Depressionen – Mindfulness-based cognitive therapy for depression (MBCT) von Segal, Williams und Teasdale (2002)

Um das Rückfallrisiko von Menschen zu senken, die unter depressiven Störungen leiden, wurde speziell das Mindfulness-based cognitive therapy for depression (MBCT) als neue Therapieform von Segal, Williams und Teasdale entwickelt. *(Vgl. Hacker 2006, S.36)*

Auch dieses Programm erstreckt sich über acht zweistündige Sitzungen, in denen zum einen das Erlernen der Aufmerksamkeitslenkung und zum anderen der Umgang mit derzeitigen und zukünftigen Stimmungsschwankungen im Vordergrund steht. Die Gruppengröße ist mit maximal 12 Teilnehmern jedoch deutlich kleiner als bei der MBSR. Im Jahr nach dem Ende des Programms finden zusätzlich vier weitere Sitzungen statt, um gemeinsam mit den ehemaligen Kursteilnehmern die Gelegenheit zu bekommen, erneut gemeinsam zu üben und über die Erfahrungen sprechen zu können. *(Vgl. Michalak/ Heidenreich 2006, S.214 f.)*

Im Rahmen dieses Programms soll die zentrale Fähigkeit erlernt werden, in Zeiten, in denen ein Rückfall droht, ungünstige Geisteszustände zu erkennen und aus ihnen auszusteigen.

Denn eines der Probleme bei depressiven Störungen ist, dass das Risiko eines erneuten Auftretens der Depression auch nach Abklingen einer akuten Episode hoch ist. Für die Gründe hierfür gibt es zahlreiche Theorien, von denen ich mich auf die Ausführungen von Segal, Williams und Teasdale (2002) beschränken werde, da diese relevant für die Entwicklung der MBCT sind. Nach diesen seien vor allem zwei kognitive Prozesse bei Rückfällen von zentraler Bedeutung. Zum einen die leichtere Aktivierbarkeit von negativen Kognitionen, Grundannahmen und Erinnerungen: Die meisten Menschen können gelegentliche Zustände von Niedergeschlagenheit bewältigen. Bei depressiven Personen löse dies jedoch oft eine einschneidende Änderung der Gedankenmuster aus, die negative Selbsturteile oder Erinnerungen an depressive Zustände beinhalten. Diese verschlechtern wiederum die Stimmung und können zu einem depressiven Aufschaukelungsprozess führen. Zum anderen sei die Verarbeitung dieser Gedankenmuster von Bedeutung: Die Personen glauben, dass Nachgrübeln über die Situation helfen könnte, was aber eher kontraproduktiv ist. Denn durch das Nachdenken über Ursachen und mögliche Folgen der depressiven Stimmung werden Probleme und Unzulänglichkeiten fokussiert und die Diskrepanz zwischen dem derzeitigen Zustand und dem wünschenswerten Zustand wird deutlich. *(Vgl. Michalak/Heidenreich 2006, S.203 ff.)* Diese Aussagen müssen kritisch gesehen werden, da sie vielen anderen Modellen, sowohl psychologischen als auch neurobiologischen, die zur Erklärung der Rückfälle dienen, widersprechen. Doch konnten die Annahmen auch in einer Reihe von experimentellen Studien bestätigt werden (Vertiefung zum Thema siehe Segal/Williams/Teasdale 2002). Auch die Studienergebnisse der Wirksamkeit der MBCT (siehe 3.2.3) bestätigen diese Überlegungen.

Segal, Williams und Teasdale (2002) gehen aufgrund dieser Überlegungen davon aus, dass die Haltung, die eine Person gegenüber ihren Gedanken, Bildern und Erinnerungen einnehme, entscheidend dafür ist, die Depressionsspirale zu verlassen. *„Betrachtet eine Person ihre (negativen) Gedanken als notwendigerweise wahre und valide Aussagen über ihr Selbst, so ist die Gefahr deutlich erhöht, dass sie in den Teufelskreis der Depressionsaufschaukelung einsteigt. Betrachtet sie Gedanken und Gefühle hingegen als vorübergehende mentale Ereignisse, die genau so, wie sie entstanden sind, auch wieder verschwinden werden, muss sie sich nicht damit identifizieren und kann gelassener und im Vertrauen auf ihre „Eigendynamik" des Geschehens Gedanken und Gefühle betrachten, ohne sich in ihnen zu verstricken." (Michalak/Meibert/Heidenreich 2011, S.282)* In diesem Zusammenhang wurden Segal, Williams und Teasdale auf das Mindfulness-Based Stress Reduction-Programm von Kabat-Zinn aufmerksam.

Daher baut die Mindfulness-based cognitive therapy for depression auf diesen Gedankengängen auf: Denn der eben erwähnte depressive Aufschaukelungsprozess soll unterbrochen werden, um eine weitere depressive Episode zu verhindern. Die Kultivierung von Achtsamkeit, welche auch das zentrale Anliegen des MBSR-Programms ist, kann in besonders intensiver Weise fördern, dass sich die betroffene Person im gegenwärtigen Augenblick wahrnimmt und dabei eine achtsame Haltung gegenüber Gedanken, Gefühlen und dem körperlichen Empfinden entwickelt. Dadurch wird nicht nur ein Nachgrübeln verhindert, sondern auch ein frühzeitiges Wahrnehmen von Veränderungen in Gefühlen und Gedanken gefördert, sodass ein Ausstieg aus dem Aufschaukelungsprozess möglich wird. Neben den zentralen Elementen der MBSR wurden auch Elemente aus klassischen kognitiven Ansätzen integriert. *(Vgl. Michalak/Heidenreich 2006, S.207 f.)*

Aus diesen Gedanken ergab sich, dass innerhalb dieses Programms grundsätzliche Prinzipien und Fähigkeiten vermittelt werden, die das Aussteigen aus dem depressiven Aufschaukelungsprozess ermöglichen und dadurch der

Rückfallprophylaxe dienen. Der Fokus wird dabei auf das Wahrnehmen und Erleben des gegenwärtigen Augenblicks gelegt und darauf, diesen als vollkommen anzunehmen, anstatt einen speziellen Zustand erreichen zu wollen. Dazu gehört auch die Achtsamkeit gegenüber den eigenen Gedanken, Gefühlen und dem Körperempfinden, um dadurch ungünstige Geisteszustände früher wahrnehmen und sie loslassen zu können. Loslassen bedeutet, auch negative Empfindungen und Situationen zu akzeptieren. Auch Erlebnisse sollen achtsam betrachtet und akzeptiert werden, um auch hierin das Wunderbare entdecken zu können. *(Vgl. ebd., S.209 ff.)* Wie diese Fähigkeiten genau in den Kursen vermittelt werden, kann in dieser Arbeit ebenfalls nicht ausreichend bearbeitet, allerdings bei Meibert, Michalak und Heidenreich (2006) nachgelesen werden.

3.2.3 Studienergebnisse zu MBSR und MBCT

Es gibt verschiedene Studien, die sich mit der Wirksamkeit dieser achtsamkeitsbasierten Ansätze beschäftigen. Im Folgenden werde ich den Forschungsstand zur Wirksamkeit der MBSR und MBCT vorstellen.

3.2.3.1 Wirksamkeit der Mindfulness-Based Stress Reduction

Michalak, Meibert und Heidenreich (2011) nennen in ihren Ausführungen verschiedene Studien, die die Wirksamkeit des MBSR-Programms bestätigen.

Demnach zeigen die Ergebnisse zweier randomisierter Studien von Astin (1997) und Shapiro et al. (1998) an einer Allgemeinbevölkerungsstichprobe, dass Stress und Angst durch die Teilnahme an einem MBSR-Kurs reduziert werden konnten.

Neben verschiedenen Untersuchungen bei Krebspatienten, Menschen mit chronischen Schmerzen oder Betroffenen von Binge Eating Disorder, die alle einen positiven Einfluss von MBSR feststellten, gab es auch weitere Untersuchungen mit Betroffenen, die unter unterschiedlichen körperlichen und/oder psychischen Erkrankungen oder Beschwerden litten. Sie bestätigten ebenfalls die Wirksamkeit von MBSR. Auch speziell bei depressiver Symptomatik ergaben sich Verbesserungen durch Achtsamkeit. *(Vgl. Michalak/ Meibert/Heidenreich 2011, S.312 ff.)*

Zwar bestätigen die verschiedenen Studien die Wirksamkeit des MBSR-Programms, doch ist meiner Meinung nach kritisch zu sehen, dass diese Studien in ihren Ausführungen unzureichend dargestellt sind. Des Weiteren kritisieren auch verschiedene Autoren beispielsweise Mängel am Untersuchungsdesign oder die Stichprobengröße. Auch der Einfluss von anderen Faktoren, wie beispielsweise die Erwartungen der Betroffenen an die Behandlung, bleibe in den Studien ungeklärt. Doch selbst wenn diese Studien kritisch gesehen werden, zeigt meiner Meinung nach der Behandlungserfolg in der von Kabat-Zinn gegründeten Stress Reduction Clinic in Massachusetts, in der dieses Programm Menschen mit verschiedensten Erkrankungen (darunter auch Menschen mit Depressionen) schon über viele Jahre hinweg angeboten wird, die Wirksamkeit der MBSR.

3.2.3.2 Wirksamkeit der Mindfulness-Based cognitive therapy for depression

Die Wirksamkeit der MBCT wurde deutlich genauer in zwei verschiedenen Studien untersucht.

Teasdale, Segal, Williams, Ridgeway, Soulsby und Lau (2000) haben 145 ehemals depressive Patienten zwei Gruppen zugeteilt: Einer Gruppe, dessen Mitglieder normal behandelt wurden, und einer anderen, in der zusätzlich mit dem bereits beschriebenen MBCT-Programm behandelt wurde. Die Teilnehmenden mussten mindestens zwei depressive Episoden in der Vorgeschichte aufweisen, durften jedoch zu Behandlungsbeginn nicht depressiv sein und keine antidepressive Medikation erhalten. Die Rückfallraten der Patienten wurden über einen Zeitraum von 60 Wochen erfasst. Diese Untersuchung brachte folgendes Ergebnis: Bei den Patienten, die nur zwei depressive Episoden in der Vorgeschichte aufwiesen (23% der Gesamtstichprobe), unterschieden sich die Rückfallraten der beiden Gruppen nicht. Jedoch zeigte sich bei denjenigen, die drei oder mehr depressive Episoden in der Vorgeschichte aufwiesen und zusätzlich mit der MBCT behandelt wurden eine deutliche Reduktion der Rückfallrate. Diese erlitten in den 60 Wochen zu 37% einen Rückfall, die Gruppe mit der normalen Behandlung zu 66%. Die Autoren vermuteten, dass der Grund dafür darin liegt, dass bei den Betroffenen mit drei oder mehr depressiven Episoden in der Vorgeschichte die Häufigkeit der Aktivierung von negativen Gedanken eine besonders große Rolle spielt, wie es unter 3.2.2 beschrieben ist. Da dieses Programm an solchen Prozessen ansetzt, zeigen sich die Unterschiede hier besonders deutlich. *(Vgl. Michalak/Heidenreich 2006, S.238 f.)*

Um dies zu überprüfen, wiederholten Ma und Teasdale (2004) die Untersuchung an einer Stichprobe von 73 ehemals depressiven Patienten. Auch hier zeigte sich das gleiche Ergebnis: Die Personen, die in der Vorgeschichte drei oder mehr depressive Episoden erlebt haben und zusätzlich mit MBCT behandelt wurden, hatten eine deutlich niedrigere Rückfallrate verglichen mit denjenigen, die normal behandelt wurden. Auch hier wurde das Rückfallrisiko um mehr als die

Hälfte gesenkt. Bei denjenigen mit zwei Rückfällen in der Vorgeschichte zeigte sich wiederholt kein Unterschied zwischen den beiden Gruppen. *(ebd.)*

Die Ergebnisse der beiden Studien lassen meiner Meinung nach keinen Zweifel daran, dass das MBCT-Programm als Rückfallprophylaxe bei Depressionen geeignet ist und einen beachtlichen Erfolg erzielen kann.

3.3 Bedeutung für die Soziale Arbeit: Wie kann sie diese Methode einsetzen?

Nach einem Zitat gibt es, *„ebenso wenig wie es die Depression [...] oder die Ursache einer Depression gibt [...], die eine, einzig wirksame Behandlungsweise."* (Eberhardt-Metzger 2006, S.46) Menschen sind sehr individuell und reagieren daher auch unterschiedlich auf Behandlungen. Daher denke ich, dass alle Beteiligten offen sein sollten für alternative Behandlungsansätze, die zusätzlich zu bisherigen Behandlungen angewendet werden können. Durch diese Arbeit möchte ich dafür sensibilisieren, dass es alternative Ansätze gibt und diese sehr Erfolg versprechend sein können. So kann Betroffenen selbst die Entscheidung überlassen werden, ob diese in die Behandlung einfließen sollen.

Da es viele Bereiche gibt, in denen die Soziale Arbeit mit Menschen in Berührung kommt, die an Depressionen leiden, ist dieses Wissen von Vorteil, um betroffene Menschen bestmöglich versorgen zu können.

So können Betroffene zum einen über die Möglichkeiten der achtsamkeitsbasierten Ansätze informiert werden. Denn meiner Meinung nach ist es gerade im ambulanten Bereich nicht allein Aufgabe der Ärzte, angemessen über die verschiedensten (vor allem alternativen) Möglichkeiten zu informieren. Bei der Beratung und Begleitung von psychisch erkrankten Menschen im ambulanten Bereich könnten die verschiedenen Möglichkeiten angesprochen werden und Betroffene gegebenenfalls bei der Durchführung (Teilnahme eines Kurses) unterstützt werden.

Des Weiteren kann die Soziale Arbeit selbst Achtsamkeit vermitteln, um das Wohlbefinden zu verbessern. Dafür gibt es verschiedene Möglichkeiten: In stationären Einrichtungen wie in Kliniken oder Wohnheimen können Elemente aus dem MBSR- oder MBCT-Programm angewendet werden, um den Betroffenen zu vermitteln, wie wichtig es für sie und ihre Gesundheit ist, achtsam mit sich selbst umzugehen. Dies kann sowohl durch einen Sozialarbeiter selbst als auch durch eine dazu ausgebildete Person von außerhalb geschehen. Auch in ambulanten Einrichtungen gibt es die Möglichkeit, innerhalb von Beratungsgesprächen, Betroffenen Übungen beizubringen, um achtsam mit sich selbst umzugehen. Denn diese Gespräche haben nicht nur eine beratende, sondern auch eine begleitende und unterstützende Funktion. Im Rahmen der Begleitung und der Unterstützung im Alltag können bei Interesse Achtsamkeitsübungen gemeinsam praktiziert werden.

Dies sind nur einige Beispiele, wie die Soziale Arbeit dieses Wissen anwenden kann. Insgesamt kann sie also den Rahmen dafür schaffen, Betroffenen die Vorteile dieses Programms näher zu bringen und Achtsamkeit zu vermitteln, sodass diese davon profitieren können.

4. Fazit

Insgesamt ist also zu sagen, dass das Praktizieren von Achtsamkeit nach verschiedenen Modellen einen positiven Einfluss auf das allgemeine Wohlbefinden hat. Auf diesen Gedankengängen basieren zwei verschiedene Modelle, die speziell für Menschen mit Depressionen entwickelt wurden. Zum einen ist hier die Mindfulness-Based Stress Reduction von Kabat-Zinn (1990) zu erwähnen, die in Phasen akuter Depression angewendet werden kann und als sinnvolle Ergänzung zu Medikation und psychotherapeutischen Behandlungen gilt. Zum anderen ist die Mindfulness-Based cognitive therapy for depression von Segal, Williams und Teasdale (2002) als Rückfallprophylaxe von Menschen mit Depressionen von großer Bedeutung, die ebenso auf den Überlegungen von Kabat-Zinn basiert. Die Wirksamkeit beider Programme kann durch verschiedene Studien und Erfolge von behandelten Patienten bestätigt werden.

Die Soziale Arbeit kann diese Erkenntnisse wie bereits erwähnt auf verschiedene Art und Weise nutzen, um Betroffenen einen Zugang dazu zu bieten und den Rahmen zur Praktizierung von Achtsamkeit zu schaffen. Doch möchte ich in diesem Zusammenhang nochmals darauf hinweisen, dass sowohl jede Person als auch jede Depression unterschiedlich ist und dementsprechend auch Behandlungen von unterschiedlichem Erfolg sind. Nicht jeder Mensch mit einer depressiven Erkrankung kann in akuter Depression durch die Praktizierung von Achtsamkeit unterstützt werden und nicht bei jedem kann das Risiko eines Rückfalls verringert werden. Denn jede Person kann sich auch unterschiedlich darauf einlassen. Sich auf dieses Programm einlassen zu können und Achtsamkeit richtig zu praktizieren ist nach dem „Model of Mindfulness" von Shapiro, Carlson, Astin und Freedman (2006) jedoch eine wichtige Voraussetzung für die deren Wirksamkeit.

Literaturverzeichnis

Altner, N. (2006): Achtsamkeitspraxis als Weg zu einer integralen Salutogenese. In: Heidenreich, T.; Michalak, J. (Hrsg.): Achtsamkeit und Akzeptanz in der Psychotherapie. Tübingen

Altner, N. (2011): Stressbewältigung durch Achtsamkeit als Intervention für Menschen mit chronischen Schmerzen. In: Anderssen-Reuster, U. (2011): Achtsamkeit in Psychotherapie und Psychosomatik. Haltung und Methode. Dresden

Anderssen-Reuster, U. (2011): Was ist Achtsamkeit? In: Anderssen-Reuster, U. (2011): Achtsamkeit in Psychotherapie und Psychosomatik. Haltung und Methode. Dresden

Bischkopf, J. (2005): Angehörigenberatung bei Depression. München

Deutsches Institut für Medizinische Dokumentation und Information (2011): Psychische und Verhaltensstörungen. Online im Internet: http://www.dimdi.de/static/de/klassi/diagnosen/icd10/htmlgm2011/block-f30-f39.htm

Eberhardt-Metzger, C. (2006): „Es ist, als ob die Seele unwohl wäre…" Depression – Wege aus der Finsternis. Forscher bringen Licht in die Lebensfinsternis. In: Bundesministerium für Bildung und Forschung (Hrsg). Online im Internet: http://www.deutsche-depressionshilfe.de/stiftung/bilder/es_ist_als_ob_die_seele_unwohl_waere.pdf

Germer, C.K. (2005): Mindfulness and psychotherapy. New York

Hacker, W. (2006): Mindfulness – die besondere Medizin. Online im Internet: http://www.zi-mannheim.de/fileadmin/user_upload/pdfdateien/presse06/mindfuln_psychheut_maerz06.pdf

Heidenreich, T.; Junghanns-Royack, K.; Michalak, J. (2007): Mindfulness-based therapy: Achtsamkeit vermitteln. In: Frank, R. (2007): Therapieziel Wohlbefinden. Heidelberg

Heidenreich, T.; Junghanns-Royack, K.; Michalak, J. (2011): Achtsamkeitsbasierte Therapieansätze: Stand der empirischen Forschung. In: Anderssen-Reuster, U. (2011): Achtsamkeit in Psychotherapie und Psychosomatik. Haltung und Methode. Dresden

Kabatt-Zinn, J.; Kabatt-Zinn, M. (2000): Achtsamkeit. Mit den Kindern wachsen. Freiburg im Breisgau

Kabatt-Zinn, J. (2006): Achtsamkeit für Anfänger. Online im Internet: http://www.arbor-verlag.de/files/9783936855616.pdf

Kornbichler, T. (2004): Aufbruch aus der Depression. Stuttgart

Mayer, K.C. (2009): Depression. Online im Internet: http://www.neuro24.de/d3.htm

Lenzeder, G. (2009): Achtsamkeit und ihre Bedeutung für das Wohlbefinden. Eine explorative Studie. Norderstedt

Meibert, P.; Michalak, J.; Heidenreich, T. (2006): Achtsamkeitsbasierte Stressreduktion – Mindfulness-Based Stress Reduction (MBSR) nach Kabat-Zinn. In: Heidenreich, T.; Michalak, J. (Hrsg.): Achtsamkeit und Akzeptanz in der Psychotherapie. Tübingen

Michalak, J.; Heidenreich, T. (2006): Achtsamkeitsbasierte kognitive Therapie zur Rückfallprophylaxe bei Depressionen. In: Heidenreich, T.; Michalak, J. (Hrsg.): Achtsamkeit und Akzeptanz in der Psychotherapie. Tübingen

Michalak, J.; Meibert, P.; Heidenreich, T. (2011): Achtsamkeitsbasierte Kognitive Therapie bei Depressionen. In: Anderssen-Reuster, U. (2011): Achtsamkeit in Psychotherapie und Psychosomatik. Haltung und Methode. Dresden

Segal, Z.V.; Williams, J.M.G.; Teasdale, J.D. (2002): Mindfulness-based cognitive therapy for depression: a new approach to preventing relapse. New York

Wittchen, H.-U. (2005): Depression. Wege aus der Krankheit. Basel

Wittchen, H.-U., Jacobi, F. (2005): Epidemiologie. In: Stoppe, G.; Bramesfeld A.; Schwartz, F.-W. (2006): Volkskrankheit Depression? Bestandsaufnahme und Perspektiven. Berlin/Heidelberg

Wolfersdorf, M. (2001): Krankheit Depression erkennen, verstehen, behandeln. Bonn

Wolfersdorf, M. (2011): Depressionen verstehen und bewältigen. Berlin/Heidelberg

Einzelbände

Franziska Thieme: Das buddhistische Konzept Achtsamkeit im Netzwerk der Copingstile

978-3-640-46120-2

Stefanie Gmerek: Achtsamkeitsbasierte Ansätze in der Psychotherapie von Abhängigkeitsstörungen

978-3-656-88071-4

Nicola König: Durch Achtsamkeit aus der Depression – Achtsamkeitsbasierte Ansätze zur Behandlung von Depressionen

978-3-656-03050-8